（典藏版）

百部国学传世经典

中华国学经典盛宴／获取先贤核心智慧

国语

【春秋】左丘明／著

张建欣／主编

漓江出版社

图书在版编目（CIP）数据

国语／（春秋）左丘明著；张建欣主编. -- 桂林：漓江出版社，2022.3

（百部国学传世经典）

ISBN 978-7-5407-8956-5

Ⅰ. ①国… Ⅱ. ①左… ②张… Ⅲ. ①中国历史-春秋时代-史籍 Ⅳ. ①K225.04

中国版本图书馆 CIP 数据核字（2020）第 230951 号

国语　GUOYU

作　　者　【春秋】左丘明　著
主　　编　张建欣

出 版 人　刘迪才
策划编辑　陈植武　林晓鸿
责任编辑　林晓鸿
助理编辑　秦　灵
装帧设计　林晓鸿　宋双成
责任监印　杨　东

出版发行　漓江出版社有限公司
社　　址　广西桂林市南环路 22 号
邮　　编　541002
发行电话　010-65699511　0773-2583322
传　　真　010-85891290　0773-2582200
邮购热线　0773-2582200
网　　址　www.lijiangbooks.com
微信公众号　lijiangpress

印　　制　北京飞达印刷有限责任公司
开　　本　710mm×1000mm　1/16
印　　张　28
字　　数　500 千字
版　　次　2022 年 3 月第 1 版
印　　次　2022 年 3 月第 1 次印刷
书　　号　ISBN 978-7-5407-8956-5
定　　价　45.00 元

前言

中华民族有着数千年的文明历史，创造了光辉灿烂的古代文化，其中中国传统国学是我国辉煌灿烂的文化典籍的核心部分，它博大精深、源远流长，显示出中华文化的深厚根基，给人类留下了丰富的精神财富。它塑造了我们中华民族的民族精神，开启心智，滋润生命，陶冶人格，塑造灵魂。

开卷有益，忙碌的人们闲暇之时，应该用传统国学来陶冶自己的情操，开阔自己的心胸，提高自己的人文修养，用先人的哲思来涤荡自己忙碌的心灵。我们应该坚持阅读的爱好，在潮流文化的强大攻势下，让传统文化永驻我们的心田。“复兴国学，从根本上讲，是复兴中华民族的自尊心、自信心。”我们要甄选传世经典著作中最经典的部分来读，要以开放的胸襟和燃烧的激情去承接古人的经典大论与哲思华章，以自豪而不狂妄、执着而不僵化的精神风貌来直面当今社会的竞争与挑战。

为了弘扬中国传统文化，帮助读者深刻了解我们的历史与文化，用经典历史文学知识陶冶情操、提高文化修养，同时使国学得到承传，得以弘扬光大，我们精心编排了本书。

本书选取了国学经典著作中很多优秀的作品及资料，博采各类经典作品的长处，并有所创新，以使得本书风格迥异、卓然超群，相信会给读者带来全新感受。

由于时间仓促，书中难免有不尽之处，恳请读者朋友提出宝贵意见，在此深表谢意。

导读

要了解春秋时代的历史，《国语》是不得不读的史书。根据现有的史料来看，《国语》是我国历史上第一部国别体史学著作。它不是一部系统的史书，记载的主要是历史人物的言论，尤其那些指导性的、有前瞻性的政治言论。所以准确地说，《国语》是一部国别体的、以记言为主的史料汇编。

关于《国语》的作者，汉代史学家、文学家司马迁在《报任安书》中说："左丘失明，厥有《国语》。"东汉史学家班固在《汉书·司马迁传》中说："及孔子因鲁史记而作《春秋》，而左丘明论辑其本事以为之《传》，又纂异同为《国语》。"也就是说，这两位史学大家都认为《国语》与著名的儒家经典《春秋左氏传》（简称《左传》）是春秋末期鲁国史官左丘明的作品。

左丘明，生卒年不详，一般认为与孔子（公元前 551—前 479 年）同时或稍早于孔子，但是也有人认为他是孔子的后学，目前很难考证。左丘明的父亲和祖父都是鲁国的史官，有研究者认为他姓丘，因为他的父亲任左史官，他因此被称为左丘明；当然也有研究者认为他就姓左，名丘明，或复姓左丘，名明。左丘明出生地是鲁国的都君庄（今山东省肥城市），现在通常认为左丘明曾与孔子同时在鲁定公在位时担任鲁国官员，二人志同道合。孔子说过："巧言、令色、足恭，左丘明耻之，丘亦耻之。匿怨而友其人，左丘明耻之，丘亦耻之。"（《论语·公冶长》）

通常认为左丘明为了诠释经过孔子修订的鲁国史书《春秋》，而创作了《左传》。但是，目前研究者多数认为《左传》是一部独立的史书。《左传》是中国第一部叙事详细的编年体史书，是出色的历史散文作品，显示出左丘明的卓越才华，左丘明也因此被誉为中国史学的开山鼻祖，也是儒家最为推崇的先贤之一。根据司马迁的说法推断，左丘明应该是在完成《左传》之后才着手创作《国语》的，却不幸失明了。他没有气馁，在他人的帮助下，利用自己以前存下的史料，顽强地创作出《国语》。汉代时，人们将《左传》视为"《春秋》内传"，将《国语》视为"《春秋》外传"，认为它们都是解释《春秋》的书。经过历代学者的考辨，今天已经没有所谓的"《春秋》外传"的说法了。

《国语》共分为《周语》《鲁语》《齐语》《晋语》《郑语》《楚语》《吴语》《越语》八部分，而春秋时代其他重要的诸侯国，如秦国、燕国、宋国、卫国等的"语"，由于编者资料有限而没能收入。全书上起周穆王西征犬戎，下至三家分晋，历时五百余年。其中，《晋语》的篇幅最大，达一百二十七条，完整地记载了春秋时期晋国走向巅峰、称霸诸侯却最终被瓜分的历史进程；《郑语》的篇幅最小，仅有两条。不同国别和时代的历史人物，其思想倾向也有很大的差异，通常来说《周语》《鲁语》的思想倾向于儒家，讲究周代的礼乐和文化；《齐语》核心是记载管仲辅佐齐桓公成就霸业的史实，法家倾向相对明显；《越语》描写范蠡对越王句践的进言，有黄老之道的阴阳刚柔之术；《晋语》《吴语》中，带有纵横捭阖的纵横家色彩；《楚语》文学气息浓厚，文风深厚浑朴，有豪迈之气。

《国语》的文辞以优美著称，唐代文学家柳宗元曾写了著名的《非国语》批判《国语》，其中写道："左氏《国语》，其文深闳杰异，固世之所耽嗜而不已也。""余惧世之学者溺其文采而沦于是非，是不得由中庸以入尧、舜之道。"柳宗元以维护儒家传统为出发点创作这篇文章，但"深闳杰异""溺其文采"等说法，从文学的角度看来，恰恰是对《国语》优美文辞的赞美。《国语》语言通俗易懂，接近当时的口语，表达流利通畅，表现力很强。作为以记录言论、辩论为主反映历史事件的书，《国语》的论说技巧非常成熟，多数言论都是围绕着同一个论点层层剖析，观点鲜明，条理清晰，结构紧凑，环环相扣，组成一篇篇精彩的论说文章。书中很多对话风趣生动，寥寥数笔就能体现出人物的性格。同时，《国语》虽以记言为主，但有时也会交代前因后果。例如：《周语》中记载周厉王弭谤的故事，生动地揭露了周厉王的残暴和愚蠢，并交代了因此造成的后果，故事性很强；《晋语》中记载骊姬陷害太子申生的故事，情节曲折，富有传奇色彩。而"董叔欲为系援"一条，就是一篇充满幽默和讽刺意味的绝妙小品文；《吴语》《越语》中关于吴越争霸时权谋的运用和战争场面的描写，以及对阖闾、夫差、伍子胥、句践、范蠡等关键人物言论的记载，有声有色，极富文采。

《国语》作为国别史的鼻祖，在史学史上占据着重要位置，对后世的《三国志》《战国策》等国别体史书的影响也非常大。《国语》保留春秋珍贵史料的贡献是毋庸置疑的：没有《国语》，"防民之口，甚于防川"（《周语上》）的千古名言就无法流传下来；没有《国语》，吴越争霸的很多细节我们就无从知晓；没有《国语》，春秋时期朝聘、飨宴、辩诘、应对时常用的言辞我们无法得知，一些财政、外交、教育、法律、婚姻等方面的细节也会随历史湮没。《国语》有着较为进步的思想，弘扬道德，尊崇礼教，尊重人才，反对专制和腐败，重视人民的意志，以民心的向背作为施政的依据，认为人民驱逐乃至杀死暴君都是无可厚非的。《周语上》说：“防民之口，甚于防川，川壅而溃，伤人必多，民亦如之。是故为川者，决之使导；为民者，宣之使言。”《楚语下》说：“夫君国者，将民之与处；民实瘠矣，君安得肥？”类似言论在书中随处可见，闪耀着民本思想的光辉。

《国语》这部史学和文学杰作语言流利，通俗易读，但毕竟时代悬隔，现代人读来依然会有一定的难度。所以，我们博采众家之长编著了译注本《国语》，希望对读者认识和继承祖先的宝贵文化遗产有所助益。

目录

周语上

周语中

周语下

鲁语上

鲁语下

齐语

晋语一

晋语二

晋语三

晋语四

晋语五

晋语六

晋语七

晋语八

晋语九

郑语

楚语上

楚语下

吴语

越语上

越语下

周语上

祭公谏穆王征犬戎[①]

原文

穆王将征犬戎，祭公谋父[②]谏曰："不可。先王耀德不观兵[③]。夫兵戢而时动[④]，动则威，观则玩[⑤]，玩则无震[⑥]。是故周文公之《颂》曰[⑦]：'载戢干戈，载櫜弓矢。我求懿德，肆于时夏，允王保之。'[⑧]先王之于民也，懋正其德而厚其性[⑨]，阜其财求而利其器用[⑩]，明利害之乡[⑪]，以文修之[⑫]，使务利而避害，怀德而畏威，故能保世以滋大[⑬]。

注释

①穆王：指周穆王，姬姓，名满，昭王之子。征：以上讨下曰征。犬戎：又称西戎，是古代戎族的一支。

②祭（zhài）公谋父：祭公，字谋父，周王室卿士。祭，西周王畿内封国，周公之后。

③耀德：宣扬道德教化。耀，明。观兵：检阅部队。这里有炫耀武力的意思。

④戢（jí）：收敛，收藏。时动：以时出兵。

⑤玩：黩武。这里有轻慢的意思。

⑥震：威慑力。

⑦周文公：指周公旦，为周武王之弟，谥号"文"。《颂》：指《诗经·周颂·时迈》，内容赞美周武王的功绩。

⑧"载戢"五句：讲述周武王克商后偃武修文。载，乃，于是。櫜（tuó），装东西的袋子。肆，散布。允，确实。

⑨懋（mào）：勉励，鼓励。性：性情。

⑩阜：厚，丰富。求：通“赇”，财物，财富。用：耒耜一类的农具。
⑪明利害之乡：为百姓指明利害方向。乡，方向。
⑫以文修之：用礼法文德教化百姓。文，礼法。修，教导。
⑬保世：长保社稷。滋：益，更加。

译文

周穆王打算讨伐犬戎，祭公谋父劝谏说：“不可以。先王崇尚道德教化而不是炫耀武力。军力平时要敛藏起来，在适当的时候才能用，动用了才能显示出它的威力；如果经常炫耀武力就会显得轻慢，轻慢就没有震慑力。正因为如此，周文公才会在《颂》诗中说：‘收起盾和戟，藏好弓和矢。周王崇尚的是美好的德行，并将它散布到华夏大地，周王一定能长保疆土。’先王对待百姓，勉励他们端正德行并敦厚性情，丰富他们的财物，为他们提供便利的兵器和农具，为他们指明利害方向，用礼法文德来教化人民，使他们趋利避害，感怀德政而惧怕兵威，所以周代能够长保社稷并日益强大。

原文

“昔我先王世后稷[①]，以服事虞、夏[②]。及夏之衰也，弃稷不务[③]，我先王不窋用失其官[④]，而自窜于戎、狄之间[⑤]，不敢怠业，时[⑥]序其德，纂修其绪[⑦]，修其训典[⑧]，朝夕恪勤[⑨]，守以敦笃[⑩]，奉以忠信，奕世载德[⑪]，不忝[⑫]前人。至于武王，昭前之光明而加之以慈和[⑬]，事神保民，莫弗欣喜。商王帝辛[⑭]，大恶[⑮]于民。庶民不忍，欣戴[⑯]武王，以致戎于商牧[⑰]。是先王非务武也，勤恤民隐而除其害也[⑱]。

注释

①世：世代。稷：上古时代掌管农业的农官。
②服事虞、夏：周人先祖曾担任虞舜和夏朝的农官。
③弃稷不务：废弃后稷农官，荒废农业生产。
④不窋（zhú）：周代始祖弃的后代。用：因此。官：职务。

⑤自窜于戎、狄之间：不窋在夏太康时失去后稷官职，自夏迁于邠，故云。

⑥时：时时，一直。

⑦纂修其绪：继承周人先祖的后稷事业。纂，同“缵”，继承。绪，事业。

⑧修：整理。训典：记载先王训诫的经典。

⑨恪勤：恭敬勤劳。

⑩敦笃：敦厚朴实。

⑪奕世：一代接一代。载德：成就德行。

⑫忝：辱没。

⑬昭：彰显。前之光明：先王的明德。

⑭辛：指商纣王，名辛。

⑮大恶：指为政暴虐。

⑯欣戴：欣然拥戴。

⑰商牧：指商都附近的牧野，在今河南汲县。

⑱勤恤：尽心体恤。民隐：人民的忧患。

译文

“过去我们周人从始祖弃开始就世代掌管农业，做虞舜、夏禹的农官。至夏朝衰落时，荒废了农业生产，我先王不窋因此失去了农官的职务，独自隐匿戎、狄之间，他不敢荒废祖业，时时谨守先人的美德，继承先人的事业，修治先人的训诫和典籍，整天恭敬勤劳，坚守敦厚朴实的准则，世代被人称颂有德，从未辱没先人。到了武王时，他彰显先王的明德，加之慈爱和善，侍奉神灵，养育百姓，没有人不喜欢他。商纣王帝辛，对百姓暴虐严酷。百姓不堪忍受，欣然拥戴武王，这才有了牧野的决战。这说明先王并非崇尚武力，而是尽心体恤百姓的忧患，为他们除害。

原文

“夫先王之制，邦内甸服①，邦外侯服②，侯、卫宾服③，蛮、夷要服④，戎、狄荒服⑤。甸服者祭⑥，侯服者祀⑦，宾服者享⑧，要服者贡⑨，荒服者王⑩。日祭、月祀、时享、岁贡、终王⑪，先王之

训也。有不祭则修意，有不祀则修言，有不享则修文，有不贡则修名，有不王则修德，序成而有不至则修刑[12]。于是乎有刑不祭，伐不祀，征不享，让不贡，告不王。于是乎有刑罚之辟[13]，有攻伐之兵[14]，有征讨之备[15]，有威让之令[16]，有文告之辞[17]。布令陈辞而又不至，则增修于德而无勤[18]民于远，是以近无不听，远无不服。

注释

①邦内：以天子都城为中心，方圆千里之内的地方。甸：王田。服：从事其职业。

②邦外：王畿（jī）以外的地方。侯服：王畿之外方五百里的领地。

③侯、卫宾服：从侯服到卫服之间，本来是侯、甸、男、采、卫五服，此处举侯、卫而包括五服。宾服，以宾客身份侍奉天子。

④蛮、夷要服：距离王城三千五百里为蛮圻（qí），距离王城四千里为夷圻。要服，通过要结友好关系而侍奉天子。

⑤戎、狄荒服：距离王城四千五百里为戎，距离王城五千里为狄。荒服，居政教荒疏之地而侍奉天子。

⑥祭：指供应王室每天祭祀用的物品。

⑦祀：指供应王室每月祭祀用的物品。

⑧享：指供应王室每季祭祀用的物品。

⑨贡：指供应王室每年祭祀用的物品。

⑩荒服者王：荒服者三十年到王城一次，以当地宝物做进见的礼物，尊天子为王。

⑪日祭：天子祭祀祖考。月祀：天子每月祭祀曾祖和高祖。时享：天子每季祭祀远祖宗庙。岁贡：天子每年献享于坛。终王：戎狄旧君死后，新君要入朝尊王。终，指世终。

⑫序成：上述五者次序已成。修刑：修治刑诛。

⑬刑罚之辟：指刑不祭。辟，治。

⑭攻伐之兵：指伐不祀。

⑮征讨之备：指征不享。

⑯威让之令：指让不贡。

⑰文告之辞：指告不王。

⑱勤：劳。

译文

“先王的制度是，王畿之内的诸侯封地为甸服，甸服之外的地方为侯服，侯服之外为宾服，蛮夷地区为要服，戎狄地区为荒服。甸服地区负责天子日祭所需的供给，侯服地区负责天子月祀所需的供给，宾服地区每季奉献祭品，要服邦国每年入朝进贡，荒服地区三十年一次入朝尊王。诸侯每日的祭、每月的祀、每季的享、每年的贡、终身一次的朝见，这些都是先王留下的训示。如果有不供给日祭物品的诸侯，天子就要反省自己；有不供给月祀物品的诸侯，天子就要修明政令；有不按时献享的诸侯，天子就要修治礼法；有不入朝进贡的诸侯，天子就要修治名号；有不来朝见天子的，天子就要修治德行。如果这些次序已成还有不履行职责的，就要修治刑诛进行惩处。于是对不供给日祭者有刑罚之治，对不供给月祀者有攻伐之兵，对不按时献享者有征讨之备，对不入朝进贡者有威责之令，对不入朝尊王者有文辞之告。如果颁布政令，发出文告还有不履行职责的，就要进一步修治德行，而不轻易烦扰百姓辛苦远征。正因为如此，近处诸侯没有不听从王命的，远方诸侯没有不归服的。

原文

“今自大毕、伯士之终也①，犬戎氏以其职②来王。天子曰：‘予必以不享征之③，且观之兵④。’其无乃废先王之训而王几顿乎⑤！吾闻夫犬戎树惇，能帅⑥旧德，而守终纯固⑦，其有以御我矣！”

注释

①大毕、伯士：犬戎的两位君主。终：终老，死。

②职：职守，所在服列应尽的职责。

③以不享征之：犬戎本处荒服，穆王却以宾服之礼指责犬戎，出兵征讨。

④观之兵：向犬戎炫耀兵威。

⑤其、无乃：均为表示揣测的副词，大概。几：其。顿：败坏。

⑥帅：遵循，秉承。

⑦守终：始终。纯固：忠诚，专一。

译文

“自从大毕、伯士两位君主死后，犬戎新君按照他们所在服列应尽的职责来朝见天子。天子却说：‘我一定要按照不来享献的罪名征讨犬戎，而且要对犬戎炫耀武力。’这样不是废弃先王的训示而使王业败坏吗？我听说犬戎国君秉性敦厚，能遵循祖先的遗德，始终专一地遵守荒服之礼，他们怕是有充分的理由抵御天朝了！”

原文

王不听，遂征之，得四白狼，四白鹿以归①。自是荒服者不至。

注释

①白狼、白鹿：为犬戎的贡品。

译文

穆王不听祭公劝阻，于是发兵征讨犬戎，结果只获得四头白狼、四头白鹿而回。从这以后，荒服的邦国便再也不来朝见周天子了。

邵公谏厉王弭谤①

原文

厉王②虐，国人谤王。邵公③告曰：“民不堪命矣！”王怒，得

卫巫[4]，使监谤者，以告，则杀之。国人莫敢言，道路以目[5]。王喜，告召公曰："吾能弭谤[6]矣，乃不敢言。"召公曰："是障[7]之也。防民之口，甚于防川。川壅而溃[8]，伤人必多，民亦如之。是故为川者决之使导[9]，为民者宣之使言[10]。故天子听政，使公卿至于列士献诗[11]，瞽[12]献曲，史献书，师箴[13]，瞍赋[14]，矇诵[15]，百工谏[16]，庶人传语，近臣尽规[17]，亲戚补察，瞽史教诲，耆艾修之[18]，而后王斟酌焉，是以事行而不悖。民之有口也，犹土之有山川也，财用于是乎出；犹其有原隰衍沃也[19]，衣食于是乎生。口之宣言也，善败于是乎兴[20]，行善而备败，所以阜财用衣食者也。夫民虑之于心而宣之于口，成而行之，胡可壅也？若壅其口，其与能几何？"王不听，于是国人莫敢出言，三年乃流王于彘。

注释

①谤：公开指责别人的过失。

②厉王：西周国君，姬姓，名胡。

③邵公：邵穆公，名虎，当时在周王室担任卿士。

④卫巫：卫国的巫师，据说其可以找出诽谤周厉王的人。

⑤道路以目：人们在路上遇见，不敢说话，只能用眼色示意。

⑥弭（mǐ）谤：止息诽谤。

⑦障：引申为堵塞。

⑧壅：堵塞。溃：决口。

⑨为川者：治理河道的人。决：排除。导：通畅。

⑩为民者：治理民众的人。宣：宣导。

⑪献诗：献诗以讽。

⑫瞽（gǔ）：盲人乐官。

⑬师箴：小师进箴言纠正国君得失。师，小师。箴，箴言，劝告的话。

⑭瞍赋：瞍朗诵公卿列士的讽谏诗篇。瞍，没有眸子的盲人。赋，不歌而诵。

⑮矇诵：矇诵读箴谏之语。矇，有眸子而看不见的叫矇。诵，诵读。

⑯百工谏：各类工匠以与其执掌技艺相关的事进谏。百工，各类工匠。一说，百工指乐工。

⑰近臣：左右侍奉、保卫国君的臣子。尽规：进陈，规谏。

⑱耆（qí）艾：六十岁的人叫耆，五十岁的人叫艾。代指老臣。修：劝诫，监督。

⑲原：宽阔、平坦的土地。隰：低下、潮湿的土地。衍：低下、平坦的土地。沃：有河流灌溉的沃野。

⑳兴：体现。

译文

周厉王暴虐，都城的百姓指责厉王的过失。邵公劝谏说："百姓忍受不了您的政令了。"厉王大怒，找来卫国的巫师，命他监察那些指责自己的人，一旦发现，就杀掉他们。于是没有人敢再说话，人们在路上遇见，只能用眼色示意。厉王大喜，告诉邵公说："我能止息百姓的指责了，没人敢乱说了。"邵公说："这是把百姓的口堵住了。堵塞百姓的口，比堵塞大河的危害还要严重。被堵塞的大河决口，一定会淹死很多人，堵塞百姓的口也是这样。所以，治理河道的人要疏通河道使之畅通，治理民众的人要引导他们畅所欲言。因此，天子处理政事，要让公卿、大夫、士献上讽谏诗歌，乐师向天子进献乐曲，史官献呈史书，小师进箴言，瞍者朗诵，蒙者吟咏，各类工匠劝谏，百姓传递自己的意见，近臣尽力规劝，宗室姻亲补过，乐师及史官施行教诲，元老重臣劝诫、监督，而后天子对各种意见进行斟酌，这样就政令通达而无所违逆了。百姓有口，就如同土地有山川，财富用度就是从山川生产出来的；又如同土地有高原、湿地、平川、沃野，衣服和食物都由此产出。口用来发表言论，国家政事的好坏才能体现出来。推行好的政令，预防意想不到的祸患，这才是充实国家财政、保证百姓衣食丰足的做法。百姓考虑而后说出口，国君认为可行就推行它，怎么能够堵塞呢？如果把他们的口堵住了，又能维持多久呢？"厉王不听劝告，于是百姓没人敢说话，三年之后厉王便被流放到了彘地。

芮良夫[1]论荣夷公专利

原文

厉王说荣夷公[2]，芮良夫曰："王室其将卑[3]乎！夫荣公好专利[4]而不知大难。夫利，百物之所生也，天地之所载[5]也，而或专之，其害[6]多矣。天地百物，皆将取焉，胡可专也？所怒甚多，而不备大难，以是教王，王能久乎？夫王人者[7]，将导利而布之上下者也[8]，使神人百物无不得其极[9]，犹日怵惕[10]，惧怨之来也。故《颂》[11]曰：'思文后稷，克配彼天。立我蒸民，莫匪尔极。'[12]《大雅》[13]曰：'陈锡载周。'[14]是不布利而惧难乎？故能载周，以至于今。今王学专利，其可乎？匹夫专利，犹谓之盗，王而行之，其归[15]鲜矣。荣公若用，周必败。"既[16]，荣公为卿士，诸侯不享[17]，王流于彘。

注释

①芮良夫：周王室大夫，又称芮伯。

②说：通"悦"，喜，喜欢。荣夷公：荣国君主，封地在荣（今陕西境内），谥号"夷"。

③卑：微，衰落。

④专利：独占财利。专，擅，独占。

⑤载：养育。

⑥害：指危害国家。

⑦王（wàng）人者：统治人民的君王。王，统治，领有一国或一地。

⑧导利：疏通财利。上下：指神明和百姓。

⑨极：适当。

⑩怵（chù）惕：畏惧。

⑪《颂》：指《诗经·周颂·思文》。

⑫“思文后稷”四句：赞颂周人始祖的文德，强调其功业及对百姓的恩德。克，能。蒸，众。极，至德。

⑬《大雅》：指《诗经·大雅·文王》。

⑭陈锡载周：意谓文王施恩赐利，使周朝大业得以传承。陈，布施。锡，赐。

⑮归：归附。

⑯既：之后，后来。

⑰享：献贡。

译文

周厉王宠幸荣夷公，芮良夫说：“周王室大概要衰落了吧！荣公喜欢独占财利而不知大难临头。财利，由各种物质所产生，由天地养育生成，如果有人要独占它，那么对国家的危害就大了。天地万物，人人都要取用，怎么能够独占呢？荣公因为独占而结怨太多，对大灾祸又毫无防备，他用这种方法教导国君，国家能长治久安吗？统治人民的君王，要疏通财力使它合理地分配给神明和百姓，使神、人和万物各得其所，即使这样，还每天感到警惕不安，害怕会招致怨恨。所以《诗经·周颂·思文》说：‘想起文德广布的始祖后稷，功业能够与天匹配。让百姓得以安定地生活，无不受到他的恩惠。’《诗经·大雅·文王》说：‘文王广泛地布恩赐利，使周朝的天业得以传承。’难道这不是布施利益而怀有畏戒之心吗？因而文王能够成就周人大业，一直延续至今。如今厉王却学着独占财利，岂能做这样的事？普通百姓独占财利，尚且被称为盗贼，如果厉王这样做，那么民心就不那么容易归附了。荣公若被重用，周王室一定会衰落。”后来，荣公担任卿士，诸侯不再入朝献贡，厉王也被流放到彘地。

虢文公谏宣王不籍[①]千亩

原文

宣王即位，不籍千亩。虢文公[②]谏曰："不可。夫民之大事在农，上帝之粢盛[③]于是乎出，民之蕃庶[④]于是乎生，事之供给于是乎在，和协辑睦于是乎兴[⑤]，财用蕃殖于是乎始，敦庞纯固于是乎成[⑥]，是故稷为大官。古者，太史顺时觇[⑦]土，阳瘅愤盈[⑧]，土气震发[⑨]，农祥晨正[⑩]，日月底于天庙[⑪]，土乃脉[⑫]发。

注释

①籍：籍田，古代天子在春季进行的象征性耕田仪式。

②虢文公：周宣王的卿士，又称虢季，西虢国（虢国）国君，谥号"文"。

③粢（zī）盛：盛放在器皿中用于祭祀的谷物。

④蕃庶：繁衍。蕃，生息。庶，众多。

⑤辑：聚集。睦：和睦。

⑥敦：厚。庞（páng）：大。

⑦觇（mì）：看，察看。

⑧瘅（dàn）：厚，即阳气旺盛。愤：积累。盈：满。

⑨震：震动。发：发起。

⑩农祥：指房宿，二十八星宿之一。晨正：指立春，二十四节气之一。

⑪天庙：指二十八星宿中的室宿和壁宿。

⑫脉：条理。农书曰："春土长冒撅，陈根可拔，耕者急发。"

译文

周宣王登上王位后，籍田之礼被废止。虢文公向宣王劝谏说："不可以。农业是人民安身立命的根本，祭祀的谷物靠其生产，人民的繁衍靠其生养，国事的供养靠其保障，和睦的局面由其形成，所有的财物用度都离不开它，敦厚淳朴的民风正是在其基础之上形成的，因此掌管农业的官职很重要。古时候，太史会在不同的季节察看地气的变动情况，阳气积聚并升腾时，土气震动，房宿现于南天，人间正值立春，日月运行至室宿和壁宿，地气便会依次发动，土地就可以耕耘了。

原文

"先[①]时九日，太史告稷曰：'自今至于初吉[②]，阳气俱蒸[③]，土膏[④]其动。弗震弗渝[⑤]，脉其满眚[⑥]，谷乃不殖。'稷以告王曰：'史帅阳官以命我司事曰[⑦]：距今九日，土其俱动。王其祗袚[⑧]，监农不易。'王乃使司徒[⑨]咸戒公卿、百吏、庶民，司空[⑩]除坛于籍，命农大夫咸戒农用[⑪]。

注释

①先：指前文立春那天。

②初吉：二月初一。《诗》云："二月初吉。"

③蒸：升腾。

④膏：土地湿润。

⑤震：动。渝：变。

⑥眚（shěng）：灾祸。

⑦史：太史。阳官：春官。司事：主管农事的官员。

⑧祗（zhī）：恭敬。袚（fú）：古时一种除灾求福的祭祀；扫除。

⑨司徒：地官，掌管民事、郊祀等的高级官员。

⑩司空：掌管水利、营建之事的高级官员。

⑪农大夫：田官。农用：农用器具。

译文

“距立春还有九日的时候，太史告诫农官道：‘从这一天到二月初一，阳气升腾，土地湿润萌动。若不适时翻动，土地可能郁结而成灾异，谷物就不能生长。’农官据此禀明天子：‘太史率领春官命令我们主管农事的官员说：“九日之后，地气开始活动。大王将斋戒并举行籍田礼，你们主管农事，不要误了农时。”’于是，天子命司徒遍告公卿、百官以及负责籍田的百姓，司空会在籍田除草筑台，并命令田官准备好农具。

原文

“先时五日，瞽告有协风[①]至，王即斋宫，百官御事，各即其斋三日。王乃淳濯飨醴[②]，及期，郁人荐鬯[③]，牺人[④]荐醴，王祼[⑤]鬯，飨醴乃行，百吏、庶民毕从。及籍，后稷监之，膳夫、农正陈籍礼[⑥]，太史赞[⑦]王，王敬从之。王耕一坺[⑧]，班三之[⑨]，庶民终于千亩。其后稷省功，太史监之；司徒省民，太师监之。毕，宰夫[⑩]陈飨，膳宰[⑪]监之。膳夫赞王，王歆太牢[⑫]，班尝之，庶人终食。

注释

①协风：和风，立春日的暖风。协，和。

②淳濯飨醴（lǐ）：斋戒，沐浴，饮醴酒。淳，浇。濯，洗。飨，饮。醴，甜酒。

③郁人：《周礼》称掌管酒器的官员为郁人。郁，郁金香草。鬯（chàng）：一种与郁金香草调和饮用的祭祀用酒。

④牺人：掌管醴酒的官员。

⑤祼（guàn）：洒。古代帝王祭祀时的一种礼节，以酒洒地或以酒敬宾客。

⑥膳夫：掌管天子膳食的官员。农正：田大夫，主管土地、祭祀。

⑦赞：引导。

⑧坺（fú）：翻耕土地。

⑨班：次序。三之：翻耕土地的数量依次增加三倍。

⑩宰夫：官名，同“膳夫”。

⑪膳宰：膳夫的长官。

⑫歆：飨。太牢：古代帝王祭祀时，猪、牛、羊三牲具备称“太牢”。

译文

“距离籍田礼举行还有五天的时候，乐官禀告和风将至，于是，天子抵达斋宫，随礼诸官各司其职，一起斋戒三日。天子要沐浴饮醴酒，籍田礼举行之日，郁人进献醇香的鬯酒，牺人进献甘甜的醴酒，天子以酒洒地，宴飨自此而始，官吏、百姓各得其乐。籍田礼举行时，农官负责监察，膳夫、农正安排籍礼，太史在前引导，天子在后虔诚地践行礼仪。天子垂范，翻耕一定数量的土地，各级官吏依次增加三倍的工作量来翻耕土地，到最后轮到百姓时就会将整片籍田翻耕完毕。然后，农官会检查土地的翻耕质量，太史负责监督；司徒会检查百姓的出工情况，太师负责监督。籍田礼完毕后，宰夫会安排宴席，膳宰负责监督。膳夫在前引导，天子率先享用太牢，百官次之，百姓最后进食。

原文

“是日也，瞽帅音官以风土①。廪于籍东南，钟而藏之，而时布之于农。稷则遍诫百姓纪农协功②，曰：‘阴阳③分布，震雷出滞④。土不备垦，辟⑤在司寇。’乃命其旅曰：‘徇⑥。’农师⑦一之，农正再之，后稷三之，司空四之，司徒五之，太保⑧六之，太师⑨七之，太史⑩八之，宗伯九之，王则大徇。耨获亦如之⑪。民用莫不震动，恪恭于农，修其疆⑫畔，日服其镈⑬，不解于时，财用不乏，民用和同。

注释

①风土：土风。古人以音乐省察民风、水土，风气和则水土养。

②纪：犹治理。协：同。

③阴阳：同“日夜”。

④滞：蛰虫。

⑤辟：罪责。

⑥徇：开始行动。

⑦农师：官名，农官。

⑧太保：三公之一，负责辅佐天子，监察百官，官位次于司徒。

⑨太师：三公之首，职责与太保类似。

⑩太史：官名，掌管政府的典籍制度。

⑪如之：如此。

⑫疆：边界。

⑬镈（bó）：古代锄一类的农具。

译文

“籍田礼举行当日，乐师会率领乐官通过审听音乐来了解民风、水土。粮仓建在籍田东南方，收获的谷物储存在里面，耕作时按时令分发给民众当种子。主管农业的官员会训诫百姓，要同心协力耕作，说：‘日夜等分，春雷响而蛰虫出。田地不全部翻耕，罪责在司寇。’然后，他会命令下属，说：‘开始干吧。’农师第一个行动，农正次之，后稷第三，司空第四，司徒第五，太保第六，太师第七，太史第八，宗伯第九，然后天子率领百官举行籍田之礼。收获的时候亦如此。百姓手中的农具无不挥动，大家虔诚地从事农务，修整其田界，天天拿着锄具劳作，农忙时节更不懈怠，国家财物因此而丰裕，百姓生活因此而富足，社会风气也因之而变得良善与和谐。

原文

“是时也，王事唯农是务，无有求利于其官以干农功①，三时务农而一时讲②武，故征则有威、守则有财。若是，乃能媚于神而和于民矣，则享祀时至而布施优裕也。

注释

①求利于其官：让官员做别的事情以谋求私利。干：干扰，扰乱。
②讲：习。

译文

“这种季节，天子的主要事务就是农业生产，从不让官员做其他事情谋求私利去扰乱农业生产，一年四季，三个季节用来务农，一个季节用来修武，因此国家征伐时有战斗力、守备时有财力。像这样，天子才能取悦神明而让百姓和睦相处，才能在祭祀、宴飨时供应充裕。

原文

“今天子欲修先王之绪而弃其大功，匮神乏祀而困民之财，将何以求福用民？”王不听。三十九年，战于千亩①，王师败绩于姜氏之戎②。

注释

①千亩：地名，在今山西介休一带。
②姜氏之戎：西戎的一支，据说为上古传说人物四岳的后人。

译文

“如今天子打算继承先王的功业却舍弃了先王的籍田之功，祭祀神明的祭品因此匮乏，百姓的收入因此短缺，以后天子拿什么祷告神明、驱使百姓呢？”宣王不听劝谏。周宣王三十九年，千亩发生战事，周天子的军队被西戎的一支姜氏之戎打败。

仲山父谏宣王料[1]民

原文

宣王既丧南国之师[2]，乃料民于太原[3]。仲山父谏曰："民不可料也！夫古者不料民而知其少多，司民协孤终[4]，司商[5]协民姓，司徒协旅，司寇[6]协奸，牧[7]协职，工[8]协革，场[9]协入，廪[10]协出，是则少多、死生、出入、往来者皆可知也。于是乎又审之以事，王治农于籍，蒐[11]于农隙，耨获亦于籍，狝于既烝[12]，狩于毕时[13]，是皆习民数者也，又何料焉？不谓其少而大料之，是示少而恶事也。临政示少，诸侯避之；治民恶事，无以赋令。且无故而料民，天之所恶也，害于政而妨于后嗣。"王卒料之，及幽王[14]乃废灭。

注释

①料：统计。

②丧：亡，丧失，指在千亩战败。南国：江汉一带。

③太原：今山西太原。

④司民：掌管人口统计工作的官员。孤：没有父亲的孩子。终：死。

⑤司商：掌管赐族、授姓工作的官员。

⑥司寇：掌管司法工作的官员。

⑦牧：掌管畜牧的官员。

⑧工：掌管各种工艺生产的官员。

⑨场：掌管农场苗圃事宜的官员。

⑩廪：掌管粮仓的官员。

⑪蒐（sōu）：春季田猎。

⑫狝（xiǎn）：秋季田猎。既烝：仲秋时节。

⑬狩：冬季田猎。毕时：指农务完毕之时。

⑭幽王：周幽王，宣王之子，名宫涅（shēng）。

译文

周宣王丧失了南国的军队后，准备在太原统计国中的人口。仲山父劝谏道："在这种情况下统计人口是不合时宜的！古时候不用统计就能知道百姓的数量，司民统计出生与死亡的人口数量，司商统计不同姓氏的人口数量，司徒掌握能征调的兵员数量，司寇掌握在押人犯的数量，牧人掌握从事畜牧业的人数，百工掌握从事手工业的人数，场人掌握收获的谷物数量，廪人掌握支出的粮食数量，因此人口的多少、死生，财物的进出、往来就都明明白白了。同时又能在具体事务中加以核实，天子在立春时举行籍田之礼，春季农闲时进行田猎，收获时亲往籍田，仲秋时节进行田猎，冬季农务完毕后进行田猎，这些场合都是大致了解人口数量的好机会，何必去刻意统计呢？忽略国中人口少的事实，反而高调地进行人口统计，这无疑是在展示本国的孱弱与政事的败坏。执政者向人展示百姓减少，诸侯就会纷纷躲避、疏远；治理百姓却政事败坏，政令就无法推行。况且无缘无故地统计国中人口的数量，也是上天所厌恶的，这种做法既妨害政事，又会对后代的统治造成伤害。"宣王最终还是统计了国中的人口，到周幽王时，西周就灭亡了。

西周三川皆震伯阳父论周将亡①

原文

幽王二年②，西周三川皆震。伯阳父曰："周将亡矣！夫天地之气，不失其序③；若过其序，民乱之也④。阳伏而不能出，阴迫而不

能烝[5]，于是有地震。今三川实震，是阳失其所而镇[6]阴也。阳失而在阴[7]，川源必塞[8]；源塞，国必亡。夫水土演而民用也[9]。水土无所演，民乏财用，不亡何待？昔伊、洛竭而夏亡[10]，河竭而商亡[11]。今周德若二代之季矣[12]，其川源又塞，塞必竭。夫国必依山川，山崩川竭，亡之征[13]也。川竭，山必崩。若国亡不过十年，数之纪[14]也。夫天之所弃，不过其纪。”是岁也，三川竭，岐山[15]崩。十一年，幽王乃灭，周乃东迁。

注释

①西周：镐（hào）京。三川：泾水、渭水、洛水，皆出于岐山。震：地震。伯阳父：宣王和幽王两朝太史。

②幽王二年：周幽王二年为公元前780年。

③序：时序，春夏秋冬四时之顺序。

④民乱之也：谓周王扰乱了次序。伯阳父不敢直斥周王，故曰“民”。

⑤阴迫而不能烝：阳气在下，阴气迫之而不能升腾。烝，升腾。

⑥镇：压，压制。

⑦阳失而在阴：阳失其位，在阴之下。

⑧川源：水的源头。塞：堵塞。

⑨夫水土演而民用也：意谓水使土地润泽而生物为民生所用。

⑩伊、洛竭而夏亡：伊水、洛水皆在洛阳附近，夏桀时洛阳为国都。相传伊水、洛水干涸，夏朝灭亡。

⑪河竭而商亡：商朝的都城朝歌在黄河边上。相传黄河干涸，商朝灭亡。

⑫二代：夏、商。季：末世。

⑬征：征兆。

⑭数之纪：数字超过十以后，又从一开始数，故将十作为终极。纪，数起于一，终于十，十则更，故曰纪。

⑮岐山：山名，在今陕西岐山境内。

译文

周幽王二年，西周泾、渭、洛三川地区都发生地震。伯阳父说：“西周要亡了！天气和地气交替运行，不能乱了次序；如果失去正确的次序，百姓就要大乱。阳气潜伏在下出不来，阳气为阴气所迫而不能升腾，这样便有了地震。如今泾、渭、洛三川发生地震，这是由于阳气失其所而压制阴气。阳气失位，在阴的位置，河流的源头一定会被堵塞；水源堵塞，国家一定会灭亡。水土滋养万物而为百姓生活所用。水土无法滋养万物，民生财用就会匮乏，不亡国还等什么？从前伊水、洛水干涸而夏朝灭亡，黄河干涸而商朝灭亡。现在周朝的德行也像夏、商二代的末世，泾、渭、洛三川的源头又被堵塞，水源堵塞就一定会导致河流干涸。国家一定要依赖山川，山峦崩塌、河流枯竭，这是国家灭亡的征兆。河流枯竭了，山峦会随之崩塌。如果这样下去，国家要灭亡不会超过十年，十是计数的极限。上天要抛弃的国家，不会超过十年这个极数。”这一年，泾、渭、洛三川枯竭，岐山崩塌。到周幽王十一年，西周灭亡，周平王被迫向东迁都洛阳。

内史过论神[1]

原文

十五年[2]，有神降于莘[3]，王问于内史过[4]，曰：“是何故？固有之乎？”对曰：“有之。国之将兴，其君齐明、衷正、精洁、惠和[5]，其德足以昭[6]其馨香，其惠足以同[7]其民人。神飨[8]而民听，民神无怨，故明神降之，观其政德而均布[9]福焉。国之将亡，其君贪冒、辟邪、淫佚、荒怠、粗秽、暴虐[10]；其政腥臊[11]，馨香不登[12]；其刑矫诬[13]，百姓携贰[14]，明神不蠲而民有远志[15]，民神怨痛，无所依怀[16]，故神亦往焉，观其苛[17]慝而降之祸。是以或见神以兴，亦或以亡。昔夏之兴也，融降于崇山[18]；其亡也，回禄信于聆隧[19]。商之兴也，梼杌次于丕山[20]；其亡也，夷羊[21]在牧。周之兴也，鸑鷟[22]鸣于岐山；其衰也，杜伯射王于鄗[23]。是皆明神之志[24]者也。”

注释

①神：神灵。

②十五年：周惠王十五年，即公元前662年。

③莘：虢国的地名，在今河南陕县。

④内史：周大夫，常奉王命策命臣下。过：人名。

⑤齐明：专一明智。衷正：中正公允。精洁：精粹高洁。惠和：仁爱和顺。

⑥昭：昭示。

⑦同：和睦，团结。

⑧飨：通“享”，享用。

⑨均布：平均布散。

⑩贪冒：贪婪。荒怠：荒怠政务。

⑪其政腥臊：比喻政治黑暗、腐败。

⑫登：升，升腾。

⑬矫：以诈用法。诬：诬陷无辜。

⑭携贰：离心。携，离。

⑮蠲（juān）：清洁。远志：叛逆之心。

⑯依怀：依归。

⑰苛：苛政。

⑱融：祝融，相传为黄帝后裔。崇山：今河南嵩山。古人认为夏都阳城在今河南登封，嵩山在其附近。

⑲回禄：火神。信：古代行军在一个地方驻扎两宿叫作信。聆隧：夏时的地名。

⑳梼（táo）杌（wù）：鲧。一说为传说中的猛兽，借指恶人。次：古代行军驻扎在一个地方两夜以上。丕山：山名，在今河南境内。

㉑夷羊：一种神兽。

㉒鹫（yuè）鷟（zhuó）：凤凰的别称。

㉓杜伯射王于鄗：传说周宣王错杀杜伯，三年之后，宣王打猎，被杜伯的魂灵射死。杜伯，杜国的君主。鄗，即镐京，西周国都。

㉔志：记录，记载。

译文

周惠王十五年，有神灵降临到虢国莘地，惠王问内史过，说：“是什么原因？有过类似的事吗？”内史过回答说：“有过。国家将要兴旺，君主通常专一明智、中正公允、精粹高洁、仁爱和顺，他的德行足以使祭品更加芳香，他的仁惠足以使全国人民同心同德。神灵欣然享用祭品而百姓乐于听从政令，人民和神灵都没有怨恨，所以神灵降临，来观察君主的政治德行而平均布散福佑。国家将要败亡，君主贪图财利、辟邪不正、纵欲放荡、荒怠政务、粗暴污秽、残暴酷虐；政治黑暗，祭品的芳香掩而不彰；他的刑罚纵恶惩善而使民众涣散，因此神灵不佑，民众有叛逆的意图，人民和神灵都怨恨他，没有谁依附、归顺他，因此神灵也会降临，观察昏君暴虐邪恶而给他降下灾祸。所以，有时神灵出现国家兴旺，有时神灵出现国家灭亡。过去夏朝兴起时，祝融降临于崇山；夏朝灭亡时，回禄出现于聆隧。商朝兴起时，梼杌降临于丕山；商朝的灭亡时，神兽夷羊出现于牧野。周朝兴起时，鸑鷟在岐山鸣叫；周朝衰落时，杜伯的魂灵在镐京射杀宣王。这些都是神灵降临人间的记载。”

原文

王曰：“今是何神也？”对曰：“昔昭王娶于房[1]，曰房后，实有爽德[2]，协于丹朱[3]，丹朱凭身以仪之[4]，生穆王焉。是实临照[5]周之子孙而祸福之。夫神壹不远徙迁[6]，若由是观之，其丹朱之神乎？”王曰：“其谁受之？”对曰：“在虢土。”王曰：“然则何为？”对曰：“臣闻之，道[7]而得神，是谓逢福；淫而得神，是谓贪祸。今虢少荒[8]，其亡乎？”王曰：“吾其若之何？”对曰：“使太宰以祝、史帅狸姓[9]，奉牺牲、粢盛、玉帛往献焉[10]，无有祈[11]也。”

注释

①昭王：西周国君，周康王之子，名瑕。房：国名。

②爽德：失德。此指与丹朱私通，有失贞德。

③协：要好。丹朱：尧的儿子。

④凭：依附。仪：匹配。

⑤临照：悬照。

⑥壹：一心，专一。徙迁：离开。

⑦道：有道。

⑧少：通“稍”，逐渐，渐渐。荒：荒淫。

⑨太宰：王室的卿士，掌管祭祀。祝：太祝，掌管祈福。史：太史。狸姓：丹朱后人。

⑩奉：通“捧”，带着。牺牲：古代为祭祀而宰杀的牲畜。

⑪祈：祈祷。

译文

惠王问：“现在降临的是什么神呢?”内史过答道：“过去昭王娶了房国的女子，称为房后，房后德行有缺，与丹朱相好，好像丹朱依附在她身上与其相配，生下了穆王。这位丹朱实在是悬照在周人子孙头上、主宰他们祸福的神灵。神是专一的，不会远离，由此可见，是丹朱之神降临了吧!”惠王问：“将由谁来承担呢?”内史过答道：“神降临在虢国的土地上。”惠王问：“究竟是祸还是福?”内史过回答：“我听说，正直而遇到神，叫作迎福；淫邪而遇到神，叫作遭祸。如今虢国的政治逐渐荒淫，恐怕要亡国了吧?”惠王问：“我该怎么办?”内史过回答说：“派宰相同祝、史，带上丹朱的狸姓后代，奉上祭祀的牛羊、粮食、玉器、布帛前往莘地献给神，不要有什么祈求。”

原文

王曰："虢其几何[1]？"对曰："昔尧临民以五[2]，今其胄[3]见，神之见也，不过其物[4]。若由是观之，不过五年。"王使太宰忌父帅傅氏及祝、史奉牺牲、玉鬯往献焉[5]。内史过从至虢，虢公亦使祝、史请土焉[6]。内史过归，以告王曰："虢必亡矣。不禋[7]于神而求福焉，神必祸之；不亲于民而求用焉，人必违之。精意以享[8]，禋也；慈保庶民，亲也。今虢公动匮百姓以逞其违[9]，离民怒神而求利[10]焉，不亦难乎！"十九年[11]，晋取虢。

注释

①几何：多久。

②临：治。五：尧为土德，与之相配的数字是五。

③胄：后裔。指丹朱之神。

④物：数，即五。

⑤太宰忌父：周公忌父。傅氏：丹朱之后，狸姓，在周为傅氏。玉鬯：古代祭祀用的以圭为柄的灌酒器。

⑥虢公亦使祝、史请土焉：《左传》记载，虢公请虢国的祝应、史嚚祈求神赐予土地。

⑦禋（yīn）：泛指祭祀。

⑧精意：精诚的心意。享：献。

⑨逞：快意。违：邪念。

⑩求利：指求神赐土地。

⑪十九年：周惠王十九年，为公元前658年。

译文

惠王问："虢国还可以支撑多久？"内史过回答说："过去，尧五年巡守一次，如今他的后代出现，虽然神已经出现，但数目也不会超过五。假如以这一点来看，虢国的国运不超过五年。"惠王派遣太宰周公忌父率领傅氏以及太祝、太史奉上祭祀用的牲畜、玉鬯去虢国献神。内史过跟随太宰来到虢国，虢公也派虢国的祝官和史官祈求神赐土地。内史过回到周，把自己见到的都告诉惠王："虢国肯定会灭亡。并不诚心祭神却求神赐福，神肯定会降下祸患；不善待人民而只向人民索取财物，人民必定会违抗。以精诚的心意奉献供品，这叫作诚心祭祀；慈爱地守护庶民，这叫作亲民。如今虢公动不动就让百姓匮乏以满足自己的欲望和邪念，最终致使民众离心、神灵愤怒，却祈求神赐土地，这难道不是一件难事吗？"惠王十九年，晋国攻取虢国。

内史兴[1]论晋文公必霸

原文

襄王使太宰文公及内史兴赐晋文公命，上卿逆于境，晋侯郊劳[2]，馆诸宗庙[3]，馈九牢，设庭燎[4]。及期，命于武宫[5]，设桑主[6]，布几筵，太宰莅之，晋侯端委[7]以入。太宰以王命命冕服[8]，内史赞之，三命而后即冕服。既毕，宾、飨、赠、饯如公命侯伯之礼而加之以宴好。内史兴归，以告王曰："晋不可不善也，其君必霸。逆王命敬，奉礼义成。敬王命，顺之道也；成礼义，德之则也。则德以导[9]诸侯，诸侯必归之。且礼所以观忠、信、仁、义也[10]，忠所以分也，仁所以行也，信所以守也，义所以节也。忠分

则均，仁行则报，信守则固，义节则度[11]。分均无怨，行报无匮，守固不偷[12]，节度不携。若民不怨而财不匮，令不偷而动不携，其何事不济！中能应外，忠也；施三服义，仁也；守节不淫，信也；行礼不疚[13]，义也。臣入晋境，四者[14]不失，臣故曰晋侯其能礼矣，王其善之。树于有礼，艾[15]人必丰。”王从之，使于晋者道相逮也。及惠后之难，王出在郑，晋侯纳之。襄王十六年[16]立晋文公，二十一年以诸侯朝王于衡雍且献楚捷[17]，遂为践土[18]之盟，于是乎始霸。

注释

①内史兴：周内史叔兴父。

②郊劳：到郊外迎接并慰劳。

③宗庙：古时天子祭祀先祖的场所。

④庭燎：设在厅堂上的大火把。

⑤武宫：指晋文公的祖父晋武公的宗庙。

⑥桑主：用桑木做的牌位，用于祭祀已安葬的死者。

⑦端委：指玄色的礼服（端）、礼帽（委）。这是当时没有爵位的士人的衣着，晋文公因未得到周天子的任命，故而只能穿这样的衣服。

⑧冕服：冠冕和鷩衣。通常是士大夫以上或有爵位者的衣着。

⑨导：教导，准则。

⑩“且礼”句：意谓礼仪的表现有忠、信、仁、义四种。

⑪度：法度，法则。

⑫偷：苟且。

⑬疚：毛病。

⑭四者：指上文提到的忠、信、仁、义。

⑮艾：回报。

⑯襄王十六年：公元前636年。

⑰二十一年：指周襄王二十一年（公元前631年）。衡雍：地名，在今河南原阳以西。楚捷：指晋国在城濮之战中击败楚国，缴获兵甲甚多。

⑱践土：地名，在今河南原阳西南。

译文

周襄王派遣太宰文公与内史兴向晋文公颁赐任命，晋国的上大夫在边境迎接，晋文公更是亲往郊外慰劳，住处安排在晋国的宗庙，用丰盛的宴席来招待，厅堂之上火把通明。到了颁赐天子敕令的吉日，晋文公在祖庙武宫接受任命，祖庙内设立了晋献公的牌位，布置了筵席，仪式由太宰主持，晋文公穿戴玄色的礼服、礼帽进入。太宰代表周天子赐给晋文公冕服，内史兴赞唱礼仪，晋文公三次辞让后接受了冕服。仪式完毕，晋国对太宰和内史的酬谢、飨食、馈赠、郊送等礼仪仍按诸侯的等级进行，态度相当谦和诚挚。内史兴回去后，把自己的见闻禀报给周襄王，说："晋国不能不加以善待，其国君必将称霸。他们接受王命恭敬，执行礼仪妥当。尊敬王命，是重视尊卑之分的做法；礼仪周全，是推崇德行的表现。示范德行以作为诸侯的表率，诸侯必将归附于他。况且礼仪的表现有忠、信、仁、义四种，忠用于判断，仁用于施行，信用于维护，义用于节制。以忠判断才公正，以仁施行才有效，以信维护才稳固，以义节制才适度。判断公正就能杜绝怨恨的滋长，施行生效就能避免困乏的侵袭，维护稳固就能保障政令高效执行，适度节制就能更好地凝聚人心。若民众心无怨恨且财用充足，政令能得到高效、彻底落实，那么，还有什么事情是晋国无法办成的呢？表里相应，是忠；辞让受命，是仁；守节不越，是信；行礼无误，是义。我进入晋国境内，在此四项上未曾发现晋国君臣有半分疏漏，所以我据此认为晋侯是知礼的，请陛下务必善待他。如今善待知礼的晋侯，来日晋侯必会给您丰厚的报答。"周襄王采纳了内史兴的建议，派往晋国的使臣连续不断。及至惠后之难时，周襄王逃到了郑国，晋文公接纳了周襄王。襄王十六年，晋文公受封，襄王二十一年，晋文公率诸侯于衡雍朝见周天子并向天子进献缴获的楚国战利品，接着晋文公又主持了践土的会盟，晋国由此开始称霸诸侯。

周語中

襄王拒晋文公请隧

原文

晋文公既定襄王于郏[①]，王劳之以地，辞，请隧[②]焉。王不许，曰："昔我先王之有天下也，规方千里以为甸服，以供上帝山川百神之祀，以备百姓兆民之用，以待不庭不虞之患。其余以均分公侯伯子男[③]，使各有宁宇，以顺及天地，无逢其灾害，先王岂有赖焉。内官不过九御[④]，外官不过九品[⑤]，足以供给神祇而已，岂敢厌纵其耳目心腹以乱百度？亦唯是死生之服物采章，以临长百姓而轻重布之，王何异之有？今天降祸灾于周室，余一人仅亦守府，又不佞以勤叔父[⑥]，而班先王之大物以赏私德，其叔父实应且憎，以非余一人，余一人岂敢有爱？先民有言曰：'改玉改行。'[⑦]叔父若能光裕大德，更姓改物[⑧]，以创制天下，自显庸[⑨]也，而缩取备物以镇抚百姓，余一人其流辟[⑩]旅于裔土，何辞之有与？若由是姬姓也，尚将列为公侯以复先王之职，大物其未可改也。叔父其懋昭明德，物将自至，余何敢以私劳变前之大章[⑪]，以忝天下，其若先王与百姓何？何政令之为也？若不然，叔父有地而隧焉，余安能知[⑫]之？"文公遂不敢请，受地而还。

注释

①郏（jiá）：地名，在今河南洛阳附近。

②隧：开掘墓道安葬，为古时天子的葬礼。

③公侯伯子男：周代的爵位制度。

④内官：宫中的女官。九御：九嫔，指天子的妃子。

⑤九品：九卿，指少师、少傅、少保、冢宰、司徒、宗伯、司马、司寇、司空等官员。

⑥不佞：不才，襄王的谦称。叔父：指晋文公。

⑦改玉改行：更改佩玉，改变步行，使符合臣节。玉，佩玉。

⑧更姓改物：改朝换代。

⑨显庸：显出功能。

⑩辟：受到刑罚。

⑪章：成事、成文的制度。

⑫知：管。

译文

晋文公将周襄王护送回郏地助其复位，襄王赏赐土地给晋文公，文公推辞了，只是请求襄王允许他死后用隧礼入葬。襄王不许，说："从前先王夺取天下，划出方圆千里之地作为甸服，用以供给上帝山川百神的祭品，用以存储官员及百姓的用度，以应对随时可能发生的变故与灾患。余下的土地则按标准分配给公、侯、伯、子、男，使他们各有安居之所，以符合上下尊卑的等级，从而避免灾害的发生，先王何曾计较过个人的私利。他宫内的女官只有九御，宫外的官员只有九卿，勉强足以供奉神灵、主持祭祀罢了，哪里敢肆意追求声色、口腹之欲而败坏国家的法度呢？只是生前、死后服饰器物的色彩和花纹有所不同，以示地位高下的差异、尊卑贵贱的等级，除此之外，天子与众人何异？如今上天降灾难于周室，我能做的不过是尽量守护王室的财产，叔父也因我的无能而被烦扰，但若是改变先王的制度来回报我个人所受的恩惠，怕是叔父会遭受人们的憎恶，因为这些并非我个人的财产，我个人岂敢有吝惜之心呢？先民有言道：‘身上佩玉变了样，步伐气派不一样。’叔父若能弘扬美德，改朝换代，创建新的制度来彰显功业，采用天子的礼法教导百姓，即使我被流放到边地，又有什么话可说呢？若天下仍属于姬氏，叔父仍为诸侯，以恢复先王的规制为己任，那么像葬礼这样的体制就不能更改了。叔父能继续弘扬美德，您所需要的礼仪自然会得到，我怎敢为私情而更改先王的制度，以致愧对天下人，那我如何对得起先王和天下百姓？又如何推行政令？如若不然，叔父有土地可自行隧葬，我又怎么管得了呢？”晋文公于是不敢再请求隧葬，接受襄王赏赐的土地回晋国去了。

王孙满观秦师

原文

二十四年[①]，秦师将袭郑，过周[②]北门。左右皆免胄而下拜[③]，超乘[④]者三百乘。王孙满[⑤]观之，言于王曰：“秦师必有谪[⑥]。”王曰：“何故？”对曰：“师轻[⑦]而骄，轻则寡谋，骄则无礼。无礼则脱[⑧]，寡谋自陷[⑨]。入险而脱，能无败乎？秦师无谪，是道废[⑩]也。”是行也，秦师还，晋人败诸崤，获其三帅丙、术、视[⑪]。

注释

①二十四年：周襄王二十四年，即公元前628年。

②周：周的都城洛邑。

③左右：车左、车右。免胄：摘掉头盔。

④超乘：跳跃上下车，不庄重。

⑤王孙满：周共王儿子姬圉的曾孙。《左传》记载，王孙满当时只是一个儿童。

⑥谪：惩罚，贬谪。此指遭受挫败。

⑦轻：轻佻。

⑧脱：散漫。

⑨自陷：自己陷入困境。

⑩道废：古道废弃。

⑪丙：白乙丙。术：西乞术。视：孟明视。

译文

周襄王二十四年，秦国准备偷袭郑国，行军通过东周王城北门。有三百多辆战车，御车的车左、车右上的人只是摘下头盔，没解甲就下车致敬，然后跳跃上车。周大夫王孙满看见这一情形，对襄王说："秦国军队一定会有大灾祸。"襄王问："这是为什么呢？"王孙满回答说："秦国军队举止轻狂而骄横，举止轻狂就会缺少谋略，骄横就会不顾礼节。不顾礼节行为就会涣散，缺少谋略就会陷入困境。陷入困境又行为涣散，能不失败吗？秦国军队如果没有遇到灾祸，这只能说太没天理了。"这次出征，在回国途中，秦军在崤山被晋人击败，三员大将白乙丙、西乞术、孟明视也被俘虏。

单襄公① 论陈必亡

原文

定王②使单襄公聘于宋。遂假道③于陈，以聘于楚。火朝觌矣④，道茀不可行⑤，候⑥不在疆，司空⑦不视涂，泽不陂⑧，川不梁⑨，野有庾积⑩，场功⑪未毕，道无列树⑫，垦田若蓺⑬，膳宰不致饩⑭，司里⑮不授馆，国无寄寓⑯，县无施舍⑰，民将筑台于夏氏⑱。及陈，陈灵公与孔宁、仪行父南冠以如夏氏⑲，留宾不见。

注释

①单襄公：东周王室的卿士单朝。

②定王：东周国君，姬姓，名瑜。

③假道：借道。

④火：小星，也叫大火星，是二十八宿中心宿的主星。觌（dí）：见，显现。

⑤道茀（fú）不可行：野草堵塞道路。茀，草多塞路。

⑥候：候人掌管迎送宾客出入境的司仪官。

⑦司空：掌管土木建筑、水利工程的官长。

⑧陂（bēi）：堤岸。此处用作动词，筑堤。

⑨梁：水渠桥梁。此处用作动词，架桥。

⑩庾积：露天堆积。

⑪场功：庄稼收割。

⑫列树：在大道两边栽树作为道路的标识。

⑬蓺（yì）：种植。这里指庄稼稀疏。

⑭饩（xì）：食物。这里指活的牲畜。

⑮司里：掌管宾客馆舍的官员。

⑯国：国都。寄寓：指客馆。

⑰施舍：宾客休息、补给之处。

⑱夏氏：陈国大夫夏徵舒。

⑲陈灵公：陈国国君，名平国。孔宁、仪行父：陈国的卿士。南冠：楚国的帽子样式。

译文

周定王派单襄公到宋国聘问。聘问完毕后，又借道陈国，前往楚国聘问。当时，大火星已经在早晨出现，陈国的道路却仍旧野草塞道，难以行走，候人不在边境的岗位上，司空不视察道路，川泽未筑堤岸，河川上没有桥梁，野地里堆积着谷物，打谷场里的农活儿还没完工，道路两旁没有排列的树木，农田杂草丛生，膳夫不提供饮食，司里不安排客馆，国家没有寄居的旅社，郊县没有客舍，百姓都要去给夏徵舒修台观。单襄公进入陈国后，陈灵公与孔宁、仪行父二卿戴着楚国的帽子去了夏姬家中，丢下客人不管。

原文

单子归，告王曰："陈侯不有大咎[①]，国必亡。"王曰："何故？"对曰："夫辰[②]，角[③]见而雨毕，天根[④]见而水涸，本见而草木节解[⑤]，驷见而陨霜[⑥]，火[⑦]见而清风戒寒。故先王之教曰：'雨毕而除道[⑧]，水涸而成梁[⑨]，草木节解而备藏[⑩]，陨霜而冬裘[⑪]具，清风至而修城郭宫室。'故《夏令》[⑫]曰：'九月除道，十月成梁。'其时儆[⑬]曰：'收而场功，待而畚梮[⑭]，营室[⑮]之中，土功其始，火之初见，期于司里[⑯]。'此先王所以不用财贿，而广施德于天下者也。今陈国火朝觌矣，而道路若塞，野场若弃，泽不陂障，川无舟梁，是废先王之教也。

注释

①咎：灾祸。

②辰：星。

③角：二十八星宿中的角宿。

④天根：星名。即氐宿。东方七宿的第三宿，凡四星。

⑤本：二十八星宿中氐宿的别名。草木节解：草木凋谢。

⑥驷：二十八星宿中房宿的别名。陨：落。

⑦火：心宿。

⑧除道：修治道路。

⑨成梁：架桥梁。

⑩备藏：收藏。

⑪冬裘：冬天所穿的裘衣。

⑫《夏令》：夏代的《月灵》。夏历以建子之月为岁首，故周人多称夏历。

⑬儆：警诫。

⑭偫（zhì）：备办。畚（běn）：装土的笼子。梮（jū）：铲土的农具。

⑮营室：二十八星宿中的室宿。

⑯期：会。司里：春秋官名，掌授宾馆与民居。

译文

单襄公回国后，报告周定王说："陈侯如果不遭凶灾，国家也一定要灭亡。"周定王问："这是什么缘故？"单襄公说："角星早晨出现的时候，雨季就过去了；天根星早晨出现，河水就会干涸；氐星早晨出现，草木就开始凋落；房星早晨出现，地上就开始结霜；大火星早晨出现，秋风转凉就要准备御寒了。所以先王的教诲说：'雨季结束就要修整道路，河流干涸就要修造桥梁，草木凋谢便要储藏谷物，霜降来临就要准备好冬天的裘衣，寒风吹起就要修整城郭、宫室。'因此《夏令》说：'九月修路，十月架桥。'届时又提醒人们：'结束场院的农活，备好土箕和扁担，当营室之星见于中天时，营造工作就要开始，在大火星刚出现时，到司里去集合。’这就是先王不用花费多少钱财，却能够广施恩德于天下的道理。现在陈国大火星早晨出现，但道路仍旧被野草堵塞，田野、谷场如同被废弃一般，水泽边没有修堤，河上没有船只和桥梁，这是废弃了先王的教导啊。

原文

“周制[①]有之曰：‘列树以表[②]道，立鄙食以守路[③]。国有郊牧[④]，疆有寓望[⑤]，薮有圃草[⑥]，囿有林池[⑦]，所以御灾也。其余无非谷土[⑧]，民无悬耜[⑨]，野无奥草[⑩]。不夺民时，不蔑[⑪]民功。有优[⑫]无匮，有逸无罢[⑬]。国有班事[⑭]，县有序民[⑮]。’今陈国道路不可知，田在草间，功成而不收，民罢于逸乐，是弃先王之法制也。

注释

①周制：周朝制度。

②表：标识。

③鄙食：十里有庐，庐有饮食。鄙，边境。守路：守候过路之人。

④郊牧：城邑外供放牧用的空地。

⑤疆：边境。寓望：指边境设立的客舍或主管迎送的官吏。

⑥薮：水少而草木茂盛的湖泽。圃：大。

⑦囿：苑。林：积木。池：积水。

⑧谷土：适宜种谷的土地。

⑨悬耜：闲置的农具。

⑩奥草：深草。

⑪蔑：弃。

⑫优：优裕充足。

⑬逸：安逸。罢（pí）：通“疲”，疲劳，疲惫。

⑭国：城邑。班事：官员依次治事。

⑮县：县鄙。序民：百姓有序地劳作。

译文

“周朝制度规定：‘种植树木以标识道路，边远地区设立饮食供应处以便守卫道路，国都的郊外要有放牧的空地，边境地区要有客舍以及迎送宾客的官吏，水泽中要有茂盛的草木，苑囿里要有积木、积水，以防自然灾害。其余的地方没有不是农田的，百姓家中没有闲置的农具，田野中没有丛生的杂草。民时不被耽误，劳力不被浪费。生活富裕而不穷困，百姓安逸而不疲惫。都城中各类人员职责分明，郊外劳作的民众井然有序。’如今陈国道路两旁不见标识物，农田杂草丛生，庄稼成熟却无人收割，民众为君主的淫乐而疲于奔命，这是抛弃了先王的法制啊。

原文

“周之《秩官》[①]有之曰：‘敌国[②]宾至，关尹[③]以告，行理以节逆之[④]，候人为导[⑤]，卿出郊劳[⑥]，门尹除门[⑦]，宗祝执祀[⑧]，司里授馆[⑨]，司徒具徒[⑩]，司空视涂，司寇诘奸[⑪]，虞人入材[⑫]，甸人积薪[⑬]，火师监燎[⑭]，水师监濯，膳宰致饔[⑮]，廪人献饩，司马陈刍，工人展车，百官以物至，宾入如归。是故小大莫不怀爱。其贵国之宾至，则以班加一等，益虔。至于王吏，则皆官正莅事[⑯]，上卿监之。若王巡守，则君亲监之。’今虽朝[⑰]也不才，有分族[⑱]于周，承王命以为过宾[⑲]于陈，而司事莫至，是蔑先王之官也。

注释

①周之《秩官》：周朝记载官员级别及职责的典籍，已佚。

②敌国：爵位相当的国家，与下文“贵国”相对。

③关尹：负责边关出入境事务。

④行理：又作“行李”，小行人。节：符节。逆：迎接。

⑤导：引导宾客入朝，护送宾客出境。

⑥卿出郊劳：卿到城郊，用束帛慰劳宾客。

⑦门尹：又叫司门，看管城门的官吏。除门：打扫门庭。

⑧宗：宗伯。祝：太祝。执祀：俞樾说，当为“执礼”。

⑨授馆：将宾客安排到客馆。

⑩具徒：指挥服务的徒役。

⑪诘奸：诘问奸盗。

⑫虞人：官名，掌管山泽。入材：供应所需材料。

⑬甸人：官名，掌管生火做饭。积薪：堆积薪柴。

⑭火师：官名，掌管照明。燎：庭燎。

⑮饔（yōng）：熟食。

⑯官正：官长。莅：临。

⑰朝：单襄公之名。

⑱分族：亲族的分支。

⑲过宾：假道为过宾。

译文

“周朝《秩官》说：‘地位相等国家的使者前来，关尹负责向国君报告，小行人手持符节迎接，候人为宾客做引导，卿士到郊外慰劳，门尹打扫城门内外，宗祝负责来宾的祭祀，司里安排住处，司徒调派仆役，司空检查路况，司寇负责盘查可疑之人，虞人送来烧水用的木材，甸人运送燃料，火师照看火烛，水师料理洗濯，膳宰进献熟食，廪人进献谷物，司马备齐马匹草料，工匠检视车辆，百官按部就班，务必使宾至如归。所以客人不论高低贵贱，无不感激其盛情。如果是爵位高一等的国家的使者前来，各种礼节就要提高一个档次，表现得更加恭敬。至于王室的使者到来，那么各种岗位上都要有主管的官长亲自负责，由国家上卿监察。如果是天子下来巡视，就由国君亲临督查。’如今，我虽然庸碌，却也是王族的分支，作为天子使臣借道陈国，但是陈国主管官员竟然没有人前来接待，这是蔑视秩官制度啊。

原文

“先王之令有之曰：‘天道赏善而罚淫，故凡我造[①]国，无从非彝[②]，无即慆淫[③]，各守尔典[④]，以承天休[⑤]。’今陈侯不念胤[⑥]续之常，弃其伉俪[⑦]妃嫔，而帅其卿佐以淫于夏氏[⑧]，不亦嬻[⑨]姓矣乎？陈，我大姬之后也。弃衮冕[⑩]而南冠以出，不亦简[⑪]彝乎？是又犯先王之令也。

注释

①造：为。这里指治理。

②彝：常法。

③即：就。慆：怠慢。

④典：常法，大典。

⑤休：庆。指赏赐。

⑥胤：后代。

⑦伉俪：配偶。

⑧卿佐：孔宁、仪行父。夏氏：夏姬。

⑨嬻（dú）：亵渎，轻慢，对人不尊敬。

⑩衮冕：衮龙之衣和大冠，为公侯之服。

⑪简：简慢，怠慢。

译文

“先王的教训中有这样的话：‘天道惩恶扬善，所以大凡我们周室治理国家，无不遵循大纲常法，绝不纵容荒淫，恪守各自的常典，以承受上天的赏赐。’如今陈侯不顾念历代相承的法度，抛弃自己的夫人、妃嫔，率领孔宁、仪行父等卿佐与夏姬恣意淫乐，这不是亵渎同姓吗？陈国，是我周室大姬的后裔。陈侯抛弃王室赐予的礼服，换上楚服出门，这不是怠慢常法吗？这又违犯了先王的训令。

原文

“昔先王之教，懋[1]帅其德也，犹恐殒越[2]。若废其教而弃其制，蔑其官而犯其令，将何以守国？居大国之间，而无此四者[3]，其能久乎？”

注释

①懋：勤奋努力。

②殒越：坠落，落下。

③四者：先王之教、周制、周之《秩官》、先王之令。

译文

“先王的教导，即使努力遵行，还是怕有所闪失。如果废弃先王的教令和制度，藐视王室的使臣且违反王命，能拿什么来守护家园？陈国处于大国之间，而丢掉了先王之教、周制、周之《秩官》、先王之令四者，国家又怎能长久呢？”

原文

六年[1]，单子如楚。八年[2]，陈侯杀于夏氏。九年[3]，楚子[4]入陈。

注释

①六年：周定王六年，即公元前601年。

②八年：周定王八年，即公元前599年。

③九年：周定王九年，即公元前598年。

④楚子：楚庄王。

译文

周定王六年，单襄公行聘问之礼到楚国。周定王八年，陈侯被夏氏所杀。周定王九年，楚庄王攻入陈国。

刘康公[①]论鲁大夫俭与侈

原文

定王八年，使刘康公聘于鲁，发币[②]于大夫。季文子、孟献子皆俭[③]，叔孙宣子、东门子家皆侈[④]。

注释

①刘康公：周定王的卿士，食邑为刘国。

②发币：赠送见面礼。

③季文子：季孙行父，鲁国正卿。孟献子：孟文伯之子，鲁卿仲的孙子蔑，谥号“献”。

④叔孙宣子：鲁国下卿，叔孙侨如。东门子：指公孙归父，鲁国大夫。

译文

周定王八年，派刘康公出使鲁国访问，并赠送见面礼给鲁国的卿大夫。季文子、孟献子很节俭，而叔孙宣子、东门子两家很奢侈。

原文

归，王问鲁大夫孰贤。对曰：“季、孟其长处鲁乎！叔孙、东门其亡乎！若家不亡，身必不免。”王曰：“何故？”对曰：“臣闻之：为臣必臣，为君必君。宽肃宣惠[①]，君也；敬恪恭俭[②]，臣也。宽所以保本[③]也，肃所以济[④]时也，宣所以教施[⑤]也，惠所以和民也。本有保则必固，时动而济则无败功，教施而宣则遍，惠以和民则阜[⑥]。若本固而功成，

施遍而民阜，乃可以长保民矣，其何事不彻[⑦]？敬所以承命也，恪所以守业也，恭所以给事[⑧]也，俭所以足用也。以敬承命则不违，以恪守业则不懈，以恭给事则宽[⑨]于死，以俭足用则远于忧。若承命不违，守业不懈，宽于死而远于忧，则可以上下无隙矣[⑩]，其何任不堪？上任事而彻，下能堪其任，所以为令闻[⑪]长世也。今夫二子者俭，其能足用矣，用足则族可以庇。二子者侈，侈则不恤匮，匮而不恤，忧必及之，若是则必广其身[⑫]。且夫人臣而侈，国家弗堪，亡之道也。”王曰：“几何？”对曰：“东门之位不若叔孙[⑬]，而泰侈焉，不可以事二君。叔孙之位不若季、孟[⑭]，而亦泰侈焉，不可以事三君。若皆蚤世犹可，若登年[⑮]以载其毒，必亡。”

注释

①肃：整。宣：遍。

②恪：谨慎。恭：谦逊。

③本：根基，基业。

④济：成，成就。

⑤教施：教化施恩。

⑥阜：厚。

⑦彻：通达。

⑧给事：完成职事。

⑨宽：远。

⑩上下：君臣。隙：间隙，矛盾。

⑪令闻：美好的名声。

⑫广其身：扩大自身利益而不顾君上。

⑬东门之位不若叔孙：叔孙氏为卿，东门氏为大夫，地位低于叔孙氏。

⑭叔孙：下卿。季、孟：季孙氏、孟孙氏，世代为鲁国上卿。

⑮登年：延年。

译文

刘康公回到东周之后，周定王问鲁国大夫中哪一个贤明。刘康公回答说：“季孙氏、孟孙氏大概能够在鲁国长久地安身立命吧！叔孙氏、东门氏大概要败亡了吧！即使他们的家族不灭亡，那么他们自身一定逃不过祸患。”周定王问：

“这是什么缘故呢？”刘康公回答说：“我听说，做臣子的一定要遵守为臣之道，做君主的一定要恪守为君之道。政令宽和，吏治严整，处事公正，待民慈惠，这是君主应该做到的；敬事君上，严谨守家，恭顺为政，作风简朴，这时臣子应该做到的。政令宽和才能保障基业，吏治严整才能完成政务，处事公正才能实施教化，待民慈惠才能和睦群众。基业得到保障就一定稳固，适时行动而政令畅通就没有办不到的事，教化施恩宽大就会遍及民众，用惠爱和睦民众的话民生就会丰厚。如果根本稳固而且大功告成，施惠普遍而且民生丰厚，那么君主就可以长久地保有庶民，做什么事不能达到目的呢？敬事君上以完成君命，谨慎守家是用来守住家业的，恭顺为政就会避免受到刑戮，作风简朴就会远离困乏的忧愁。如果臣子承奉君命而不违反君臣伦理，守持家业而不懈怠，远离死罪，远于忧患，就可以做到君臣上下没有矛盾，什么重任不能承受呢？君上行政通达，臣下胜任其职，所以国家能够美名远扬且长治久安。如今季氏、孟氏二大夫节俭，能够做到财用充足，财用充足家族就可以得到庇护。叔孙氏、东门氏二大夫奢侈，奢侈就不会体恤财用匮乏的情况，财用匮乏而不知体恤，忧患一定降到他们头上，这样的话，他们一定会扩大自己的利益而不顾君主。况且身为人臣而奢侈无度，国家已不能承受，这是自取灭亡啊。”周定王问：“叔孙氏、东门氏能够撑多久？”刘康公回答说：“东门子家的地位比不上叔孙宣子，却比叔孙宣子奢侈，恐怕难以侍奉两代君主。叔孙宣子的地位比不上季文子、孟献子，而奢侈超过了季文子、孟献子，恐怕难以侍奉三代君主。如果他们短寿还可以免于灾祸，如果他们长寿而多行不义，一定会举家败亡。”

原文

十六年①，鲁宣公卒。赴者②未及，东门氏来告乱，子家奔齐③。简王十一年④，鲁叔孙宣伯亦奔齐⑤，成公未殁二年⑥。

注释

①十六年：周定王十六年，公元前591年。

②赴者：报丧的人。

③东门氏来告乱，子家奔齐：东门子家向周王室报告鲁国发生内乱，自己逃奔到齐国。

④简王十一年：公元前575年，为鲁成公十六年。

⑤鲁叔孙宣伯亦奔齐：叔孙宣子与鲁宣公夫人穆姜私通，想除掉季、孟，结果于鲁成公十六年被季、孟驱逐。

⑥成公未殁二年：成公去世前两年。殁，死，去世。

译文

周定王十六年，鲁宣公去世。报丧的使臣还没有到王都，东门氏就来报告发生了变乱，东门子家逃奔齐国。周简王十一年，叔孙宣子也逃奔齐国，这件事发生在鲁成公去世前两年。

王孙说请勿赐叔孙侨如

原文

简王八年[①]，鲁成公来朝，使叔孙侨如[②]先聘且告。见王孙说[③]，与之语。说言于王曰："鲁叔孙之来也，必有异焉。其享覲之币薄而言谄，殆请之也；若请之，必欲赐也。鲁执政唯强，故不欢焉而后遣之；且其状方上而锐下，宜触冒人。王其勿赐。若贪陵之人来而盈其愿，是不赏善也，且财不给。故圣人之施舍也议之，其喜怒取与亦议之。是以不主宽惠，亦不主猛毅，主德义而已。"王曰："诺。"使私问诸鲁，请之也。王遂不赐，礼如行人[④]。及鲁侯至，仲孙蔑[⑤]为介，王孙说与之语，说让。说以语王，王厚贿之。

注释

①简王八年：公元前 578 年。

②叔孙侨如：叔孙宣子。

③王孙说：周朝大夫。

④行人：官名，主管朝觐、聘问。

⑤仲孙蔑：季文子。

译文

周简王八年，鲁成公准备觐见周王，派叔孙宣子先去访问并向周简王报告消息。叔孙宣子见到周朝大夫王孙说，并与之进行交谈。王孙说对简王说："叔孙宣子这次前来，一定还有别的目的。他带来的聘礼少言辞却极为谄媚，想必是他自己主动要求来觐见我王的吧；若是他自己要求来的，他肯定是想求得赏赐。叔孙氏在鲁国的势力强大，因此尽管不情愿也只有派他前来；再看他的相貌上宽下尖，容易触犯他人。陛下不可赏赐他。如果贪婪强横的人来朝见而轻易满足其愿望，这并不是鼓励善行，并且财物根本满足不了他。所以圣人在给予与否的问题上是会慎重考虑的，在喜怒取予的问题上也会着重进行考虑。因此不主张宽宥，也不主张苛刻，赏罚得当即可。"简王回答说："好。"随即派人私下向鲁国打探，果然是叔孙宣子自己要求前来觐见天子的。简王便没有给他赏赐，像接待一般使者那样接待了他。到了鲁成公来朝见天子的时候，季文子陪同前来，王孙说与季文子进行了交谈，季文子很是谦和。王孙说便将此事告诉了简王，简王厚赏了季文子。

周语下

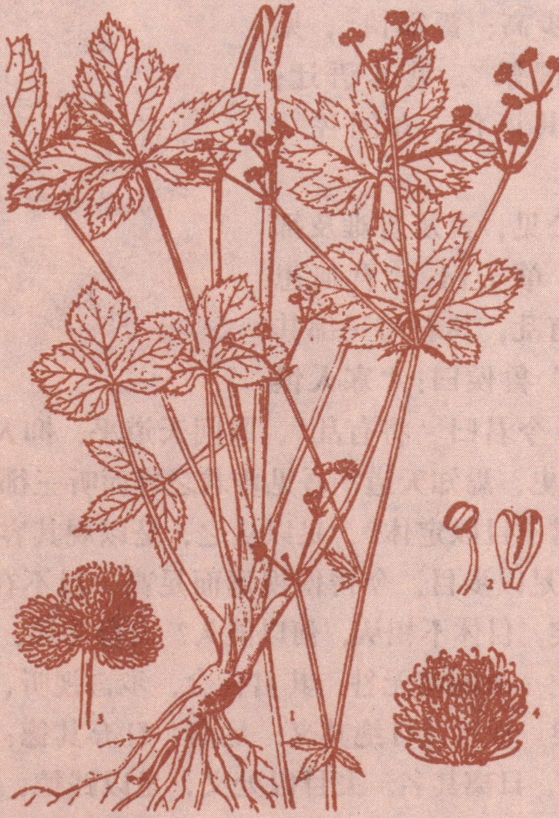

单襄公论晋将有乱

原文

柯陵之会[①]，单襄公见晋厉公视远步高；晋郤锜[②]，见其语犯；郤犨[③]，见其语迂；郤至，见其语伐；齐国佐[④]，见其语尽。

鲁成公见，言及晋难及郤犨之谮[⑤]。单子曰："君何患焉！晋将有乱，其君与三郤其当[⑥]之乎！"鲁侯曰："寡人惧不免于晋，今君曰'将有乱'，敢问天道乎，抑人故[⑦]也?"对曰："吾非瞽、史，焉知天道？吾见晋君之容而听三郤之语矣，殆必祸者也。夫君子目以定体[⑧]，足以从之，是以观其容而知其心矣。目以处义[⑨]，足以步目，今晋侯视远而足高，目不在体而足不步目，其心必异矣。目体不相从，何以能久？夫合诸侯，民之大事也，于是乎观存亡。故国将无咎，其君在会，步言视听，必皆无谪[⑩]，则可以知德矣。视远，日绝其义；足高，日弃其德；言爽[⑪]，日反其信；听淫[⑫]，日离其名。夫目以处义，足以践德，口以庇信，耳以听名者也，故不可不慎也。偏丧有咎，既丧则国从之。晋侯爽二[⑬]，吾是以云。

"夫郤氏，晋之宠人也，三卿而五大夫[⑭]，可以戒惧矣。高位实

疾颠[15]，厚味实腊[16]毒。今郤伯之语犯，叔迂、季伐。犯则陵人，迂则诬人，伐则掩人，有是宠也而益之以三怨，其谁能忍之！虽齐国子亦将与焉。立于淫乱之国，而好尽言，以招人过，怨之本也。唯善人能受尽言，齐其有乎？吾闻之，国德而邻于不修，必受其福。今君逼于晋而邻于齐，齐、晋有祸，可以取伯[17]，无德之患，何忧于晋？且夫长翟之人[18]利而不义，其利淫矣，流之若何？"鲁侯归，乃逐叔孙侨如。

简王十一年，诸侯会于柯陵。十二年，晋杀三郤。十三年，晋侯弑，于翼[19]东门葬，以车一乘[20]。齐人杀国武子。

注释

①柯陵之会：周简王十一年（公元前575年），诸侯在柯陵（今河南新郑西）举行盟会，史称柯陵之会。

②郤锜：郤克之子，晋国大夫。

③郤犨（chōu）：郤扬之子，苦成叔，晋国大夫。

④齐国佐：指齐大夫国武子。

⑤晋难：晋国的责难。指在此之前，晋国曾联合各国讨伐郑国，鲁国因未能按期会师而受到晋国国君的责难。郤犨之谮：指郤犨对晋侯说鲁成公的坏话。

⑥当：承担，承受。

⑦人故：人为原因。

⑧体：四肢。

⑨义：通"宜"，适宜（的方向）。

⑩谪：诘难。

⑪爽：差错。

⑫淫：过度。

⑬二：两个方面。

⑭三卿而五大夫：三个卿、五个大夫。指郤氏极得晋侯恩宠。

⑮颠：颠覆。

⑯腊（xī）：极，非常。

⑰取伯：称霸。伯，通“霸”。

⑱长翟之人：指叔孙侨如（叔孙宣子），鲁国大夫。他的父亲曾打败狄人（翟，通“狄”），俘虏长翟侨如，于是就给儿子取名为“侨如”。

⑲翼：晋国别都，在今山西沁水以西。

⑳车一乘：葬礼只用一车四马。依礼，诸侯葬礼应用车七乘。这里指未按诸侯的葬礼埋葬晋侯。

译文

在柯陵之会上，单襄公见晋厉公昂首阔步；晋国的郤锜，言辞凌人；郤犨，言语迂远不经；郤至，言辞虚夸；齐国大臣国佐，说话无所顾忌。

鲁成公会见单襄公，谈到晋国对鲁国的责难以及郤犨在晋侯面前诋毁自己的事。单襄公说：“您有什么好担心的呢？晋国将有内乱，晋国国君与三郤恐怕都难以幸免于难！”鲁成公说：“我担心无法逃避晋国的责难，如今你却说‘晋国将有内乱’，请问这是天意呢，还是人为的原因呢？”单襄公回答说：“我不是盲乐师或太史，又怎会知道天意呢？我只是见到了晋侯的仪容，听到了三郤的言辞，觉得他们必将招致灾祸。君子以目光引导行动的方向，脚步随之配合，因此观察一个人的仪容就能了解他的内心。目光应注视合适的方向，脚步应与目光配合，如今晋侯昂首阔步，目光不能引导行动的方向且无脚步配合，其内心一定有别的想法。目光与举止不协调，又怎么能长久呢？与诸侯会盟，是关乎国家安危的大事，从中可以观察国家的兴亡。因此，一个国家如果没有灾祸，其国君在盟会上的一言一行，必定无可指责，这样就可以了解他的德行。目视远方，就会偏离位置；脚步高抬，就会抛弃德行；言辞差错，就会丧失信用；听信乱言，就会毁掉声名。目光用以确定方向，脚步用以践行道德，嘴巴用以维护信用，耳朵用以明辨是非，所以不能不慎重啊。这四者疏忽了任何一个都有可能招致灾祸，国家也会随之遭殃。晋侯疏忽了两个方面，所以我说他将有灾祸。

“郤氏一族极得晋侯的恩宠，共有三人为卿、五人为大夫，应该警惕了。地位越高覆灭越快，味道越浓毒性越大。如今郤锜言语冲撞，郤犨言谈迂曲难明，郤至则自吹自擂。言语冲撞就会冒犯他人，言谈迂曲就会诽谤他人，自吹自擂就会掩人之美，郤氏在晋国如此受宠再加上这三人容易招人怨恨的恶习，又有谁会容忍他们呢？即便是齐国的国佐也会遭受灾祸。他身处淫乱动荡的国家，却喜欢直言不讳地发表言论，揭示别人的过错，这是招致怨恨的根源。心地善良的人才会接受他人的随意指摘，齐国有这样的人吗？我听说，推行德政的国家与不推行德政的国家为邻，一定能从中得到好处。如今您的国家靠近晋国又与齐国为邻，齐国、晋国发生灾祸，您就可以称霸诸侯了，需要担心的是您的国家是否具备美好的德行，晋国有什么好担心的呢？况且叔孙侨如热衷名利而不行仁义，他贪得无厌，将其放逐如何？”鲁成公回国后，就放逐了叔孙侨如。

周简王十一年，诸侯在柯陵会盟。周简王十二年，晋厉公杀了三郤。周简王十三年，晋厉公被栾书等人杀死，葬在翼城东门，葬礼也只用了一车四马。同年，齐灵公杀了国佐。

单襄公论晋周将得晋国

原文

晋孙谈之子周适周[①]，事单襄公，立无跛[②]，视无还[③]，听无耸[④]，言无远[⑤]。言敬必及天，言忠必及意[⑥]，言信必及身[⑦]，言仁

必及人[8]，言义必及利，言智必及事[9]，言勇必及制[10]，言教必及辩[11]，言孝必及神，言惠必及和，言让必及敌[12]。晋国有忧未尝不戚，有庆未尝不怡[13]。

注释

①晋孙谈：晋襄公之孙惠伯谈。周：惠伯谈之子，即后来的晋悼公姬周。适周：前往东周王室。

②跛（bì）：一只脚站着。

③还：环视。指眼珠乱转。

④耸：竖起耳朵听。

⑤远：不着边际。

⑥意：发自内心。

⑦言信必及身：跟人讲诚信要以身作则。

⑧言仁必及人：以博爱之心对待人为仁。

⑨言智必及事：能处理事务为智。

⑩制：法度。

⑪辩：同"遍"，遍施。

⑫敌：匹敌。指地位相等。

⑬怡：悦，开心。

译文

晋襄公之孙惠伯谈之子周前往东周，侍奉单襄公，他站立时不会斜着身子，看东西时眼珠不会乱转，听时不侧耳，不说不着边际的话。谈到恭敬一定授及上天，谈到忠恕必达内心，谈到诚信一定要说自身，谈到仁爱必推己及人，谈到大义必定要对他人有利，谈到才智必定涉及各项事务，谈到勇敢必定考虑法制，谈到教化必明辨，谈到孝道必及神明，谈到惠爱必言和睦，谈到礼让一定涉及地位相当之人。晋国有了忧患，他未尝不悲戚；晋国有了福佑，他未尝不开心。

原文

襄公有疾，召顷公[①]而告之，曰："必善[②]晋周，将得晋国。其行也文[③]，能文则得天地。天地所胙[④]，小而后国[⑤]。夫敬，文之恭也；忠，文之实[⑥]也；信，文之孚[⑦]也；仁，文之爱也；义，文之制[⑧]也；智，文之舆也；勇，文之帅也；教，文之施[⑨]也；孝，文之本也；惠，文之慈也；让，文之材[⑩]也。象天[⑪]能敬，帅意[⑫]能忠，思身[⑬]能信，爱人能仁，利制[⑭]能义；事建能智，帅义[⑮]能勇，施辩[⑯]能教，昭神[⑰]能孝，慈和能惠，推敌[⑱]能让。此十一者，夫子皆有焉。

注释

①顷公：单襄公之子。

②善：善待。

③文：经纬天地曰文，是一切美德的总称。

④胙（zuò）：保佑，赐福。

⑤小而后国：小则得国，大则得天下。

⑥实：实诚。

⑦孚：为人所信服。

⑧制：裁定事宜。

⑨施：施布德化。

⑩材：用处，运用。

⑪象天：模仿上天。

⑫帅意：遵循内心。

⑬思身：反思自己。

⑭利制：节制利益。

⑮帅义：见义勇为。

⑯施辩：施教普遍。辩，通"遍"。

⑰昭神：敬奉神明。

⑱推敌：谦让同僚。

译文

单襄公病重，召见儿子单顷公，告诉他说："你一定要善待晋国的公子周，他将会得到晋国。他的言行显示他有经天纬地之才，有经天纬地之才就可能得到天下。天地所福佑的人，即使出身不好也能拥有整个国家。敬，是谦恭的美德；忠，是忠诚的美德；信，是诚的美德；仁，是仁爱的美德；义，是合宜的美德；智，是美德的载体：勇，是美德的表率；教，是美德的施行；孝，是美德的根基；惠，是美德的慈爱；让，是美德的运用。模仿上天就能做到敬，遵循内心就能做到忠，反思自己就能做到信，惠爱他人就能做到仁，节制对利益的欲望就能做到义，办成大事就能做到智，见义勇为就能做到勇，尊卑有序就能做到教，尊显神明就能做到孝，慈爱和睦就能做到惠，谦让同僚就能做到让。这十一种美德，在公子周身上都能得到体现。

原文

"天六地五[①]，数之常也。经之以天，纬之以地。[②]经纬不爽，文之象也。文王质文[③]，故天胙之以天下。夫子被之矣[④]，其昭穆又近[⑤]，可以得国。且夫立无跛，正也；视无还，端也；听无耸，成[⑥]也；言无远，慎也。夫正，德之道也；端，德之信也；成，德之终也；慎，德之守[⑦]也。守终纯固，道正事信，明令德[⑧]矣。慎成端正，德之相也。为晋休戚[⑨]，不背本也。被文相德[⑩]，非国何取！

注释

①天六：天有阴、阳、风、雨、晦、明六气。地五：地有金、木、水、火、土五行。

②经之以天，纬之以地：以天之六气为经，以地之五行为纬。

③质文：文德昭然。

④夫子：指周。被：被服，继承。

⑤昭穆又近：按照父昭子穆、一昭一穆的次序，周与晋君最为亲近。

⑥成：心性稳定。

⑦守：守卫。

⑧明令德：美德得以彰显。

⑨休：喜悦。戚：悲伤。

⑩被文：禀受文德。相德：有正、端、成、慎四德辅助。

译文

“天有六气、地有五行，这是数理之常。天以六气为经，地以五行为纬。天经地纬毫无差池，这就是道德深厚的象征。周文王文德昭然，因此上天将天下赐给他。周继承其文德，且与晋国亲缘又接近，因此他可以得到晋国。况且站立时不歪斜，这是正；看东西目不斜视，这是端；听不侧耳，这是成；不说不着边际的话，这是慎。正，是通往道德的坦途；端，是通向德的凭据；成，是道德的终端；慎，是道德的守卫。始终坚守道德并使其纯粹、坚固，根本端正而行事有据，这说明他成就了善德。慎、成、端、正，是辅助德的。周为晋国而喜忧，这表明他不违背根本。他身具文德、谨慎、稳定、端庄、正直，这不是得到晋国的征兆又是什么！

原文

“成公之归[①]也，吾闻晋之筮[②]之也，遇《乾》之《否》[③]，曰：‘配[④]而不终，君三出焉。’一既往矣，后之不知[⑤]，其次必此[⑥]。且吾闻成公之生也，其母梦神规[⑦]其臀以墨，曰：‘使有晋国，三而畀驩之孙[⑧]。’故名之曰‘黑臀’，于今再[⑨]矣。襄公曰驩，此其孙也。而令德孝恭，非此其谁？且其梦曰：‘必驩之孙，实有晋国。’其卦曰：‘必三取君于周。’其德又可以君国，三袭[⑩]焉。吾闻之《大誓》故[⑪]，曰：‘朕梦协[⑫]朕卜，袭于休祥[⑬]，戎[⑭]商必克。’以三袭

也。晋仍无道而鲜胄[15]，其将失之矣。必早善晋子，其当之也。”顷公许诺。及厉公之乱，召周子而立之，是为悼公。

注释

①成公之归：晋文公庶子，名黑臀。归，自周归晋。

②筮：用蓍草占卜。

③《乾》：《周易》卦，卦象为乾下乾上。之：指变卦。《否》（pǐ）：《周易》中的《否》卦，卦象为坤下乾上。

④配：死后牌位能配祀先君，接受后世子孙的祭祀。

⑤后之不知：最后从周室回到晋国为君的人不知道是谁。

⑥其次必此：第二位从周室回到晋国为君的人一定是此人。

⑦规：画。

⑧三：三世为晋君。畀：给予。骦之孙：指周。周为晋襄公的曾孙，自孙以下皆可称孙。

⑨再：晋成公之后，其子晋景公、其孙晋厉公相继为君。

⑩三袭：指卦、梦、德三者相合。袭，合。

⑪《大誓》：周武王讨伐殷纣王的誓词。故：古训。

⑫协：合。

⑬休：美。祥：福兆。

⑭戎：兵。指加兵。

⑮仍：屡次。鲜胄：少有后代。

译文

“晋成公归国即位的时候，我听说晋国曾经卜过卦，卦象由《乾》卦变《否》卦，卦辞上说：‘可配祀先祖但子孙并不能长保君位，国君会三次出自东周。’晋成公已经回国为君了，将来的是谁我不知道，第二个肯定是孙周。况且我听说晋成公出生的时候，他的母亲梦见天神在他的屁股上用墨写字，说：‘让你拥有晋国，三世以后把君位交给骦的子孙。’因此晋成公的名字叫‘黑臀’，到现在为止已经历两代国君。晋襄公名叫骦，孙周就是晋襄公的曾孙。周具有孝顺、恭敬的美德，不是他为君又是谁呢？况且成公母亲梦中说‘一定是驩的曾孙拥有晋国’。卦辞上说：‘一定要三次从周室请回君主。’周的品德又可以君临晋国，卦辞、梦辞、德行三者相合。我听到《大誓》的解释说：‘我的梦与占卜相合，又与吉祥的预兆相应，发兵攻打殷商肯定能取胜。’周武王就是以梦、卦、德三者相合为依据的。如今晋国屡次出现无道的国君而缺少子嗣，必将失去晋国。你一定要趁早善待孙周，他将应验那些征兆。”单顷公答应了父亲的嘱托。及至晋厉公被杀，晋人迎接孙周归国即位，他就是晋悼公。

单穆公谏景王铸大钱①

原文

景王二十一年，将铸大钱。单穆公曰：“不可。古者，天灾降戾②，于是乎量资币③，权轻重④，以振救⑤民。民患轻⑥，则为作重币以行之，于是乎有母权子⑦而行，民皆得焉。若不堪重，则多作轻而行之，亦不废重，于是乎有子权母而行，小大⑧利之。

注释

①单穆公：周王室的卿士，单靖公的曾孙。景王：名贵，周灵王次子。大钱：大面额的钱币。

②戾：至，到。

③量：度量。币：货币。

④权：权衡。轻重：轻币与重币。

⑤振救：拯救，救助。

⑥轻：币轻而物贵。

⑦母权子：重币为母，轻币为子。

⑧小大：指小钱和大钱。

译文

周景王二十一年，周王室准备铸造大面额的钱币。单穆公劝谏说："不能这样做。古时候，天灾降临，于是度量货币，权衡钱币的轻重，以便救济民众。若民众嫌钱轻而物重，就铸造大额钱币投入流通，于是大钱协同小钱一起流通，民众都从中得到好处。如果民众担心钱币过重，就多铸小钱投入流通，与此同时不废除大钱，于是小钱协同大钱一起流通，小钱与大钱都有利于民众。

原文

"今王废轻而作重[①]，民失其资，能无匮乎？若匮，王用将有所乏[②]，乏则将厚取[③]于民。民不给，将有远志[④]，是离民[⑤]也。且夫备[⑥]有未至而设之，有至而后救之，是不相入[⑦]也。可先而不备，谓之怠；可后而先之，谓之召灾。周固羸[⑧]国也，天未厌祸[⑨]焉，而又离民以佐灾，无乃不可乎？将民之与处而离之，将灾是备御而召之，则何以经国？国无经，何以出令？令之不从，上之患也，故圣人树德于民以除之。

注释

①废轻而作重：废除旧的小钱，铸造新的大钱，这样民众手中旧的小钱就失去了作用。

②若匮，王用将有所乏：如果民众财用匮乏，无法缴纳赋税，那么周王也会因此匮乏。

③厚取：重敛。

④远志：指远离逃亡之心。

⑤离民：离散民心。

⑥备：国家储备。

⑦入：混同。

⑧羸：瘦弱。

⑨天未厌祸：指上天不断降灾。

译文

“如今君王废除小钱而铸造大钱，百姓手头的小钱没法使用，财用能不匮乏吗？如果百姓财用匮乏，那么君王也会因此财用匮乏，而君王一旦匮乏，就会加重对百姓的征敛。百姓无法负担，就会萌生逃离之心，这是离散民心啊。国家有防灾的措施，也有救灾的措施，不能互相取代。可以提前做好防范而没有做，叫作懈怠、疏忽；应该灾后补救的措施却在灾害前用了，叫作招致灾祸。东周已经是弱国了，上天接连不断地降祸，而王室又离散民心以助长灾害，这恐怕不行吧？应该与百姓和睦相处却要离散他们，可以预防的灾难却非要把它招来，还如何治国呢？治国没有策略，如何下达政令？下达政令百姓不从，这是君主的忧患，所以圣人要在百姓中施加恩德来消除这些忧患。

原文

“《夏书》①有之曰：‘关石和钧②，王府则有③。’《诗》④亦有之曰：‘瞻彼旱麓，榛楛济济⑤。恺悌君子，干禄恺悌⑥。’夫旱麓之榛楛殖⑦，故君子得以易乐干禄焉。若夫山林匮竭，林麓散亡，薮泽肆既⑧，民力凋尽，田畴⑨荒芜，资用⑩乏匮，君子将险哀之不暇，而何易乐之有焉？

注释

①《夏书》：《尚书·夏书·五子之歌》，已逸。今本《五子之歌》为伪书。

②关石：指均衡赋税。和钧：平均。

③有：富有。

④《诗》：指《诗经·大雅·旱麓》。

⑤瞻：看。旱：山名。麓：山脚。榛、楛：两种树木。济济：茂盛的样子。

⑥恺（kǎi）悌（tì）：和乐平易的样子。干禄：求俸禄。

⑦殖：生长。

⑧肆：极。既：尽。

⑨田畴：谷地为田，麻地为畴。

⑩资用：钱财费用。

译文

“《夏书》中说：‘均衡赋税，王室的库藏就会充盈。’《诗经·大雅·旱麓》也说：‘你看那旱山的山脚，长满了茂盛的林木。欢乐平和的君子，欢乐平和地收获。’旱山脚下的林木繁茂生长，君子才欢乐平和地得到福禄。如果山林枯败，林麓败亡，湖泊水尽，民力凋敝，农田荒芜，钱财费用紧缺，君子哀愁灾难还来不及，哪里有什么欢乐、平和可言呢？

原文

“且绝民用以实王府，犹塞川原而为潢汙也①，其竭也无日矣。若民离而财匮，灾至而备亡②，王其若之何？吾周官之于灾备也③，其所怠弃者多矣，而又夺之资，以益其灾，是去其藏而翳其人也④。王其图之！”王弗听，卒铸大钱。

注释

①原：同“源”。潢（huáng）汙：静止的死水。

②备亡：国家储备缺少。

③周官：周王室六官。灾备：防备灾害。

④藏：储藏。翳（yì）：屏蔽。人：民众。

译文

“况且搜尽民财来充实王府，这就像堵塞河的源头来积存死水一样，很快就会干涸。如果民众离散而财用匮乏，灾难到来而没有防备措施，君王该做何打算？我们周王室官员对于预防灾害，疏漏的地方太多了，如今又剥夺民众的财用，来加重这些灾祸，这是夺取百姓的储藏而置他们于死地呀。君王还是仔细考虑一下吧！”周景王不听劝谏，结果还是铸造了大钱。

单穆公谏景王铸大钟

原文

二十三年[①]，王将铸无射，而为之大林[②]。单穆公曰："不可。作重币以绝民资，又铸大钟以鲜其继。若积聚既丧，又鲜其继，生何以殖？且夫钟不过以动声，若无射有林，耳弗及也。夫钟声以为耳也，耳所不及，非钟声也。犹目所不见，不可以为目也。夫目之察度也，不过步武[③]尺寸之间；其察色也，不过墨丈寻常[④]之间。耳之察和也，在清浊[⑤]之间；其察清浊也，不过一人之所胜[⑥]。是故先王之制钟也，大不出钧[⑦]，重不过石[⑧]。律度量衡[⑨]于是乎生，小大器用于是乎出，故圣人慎之。今王作钟也，听之弗及，比之不度，钟声不可以知和，制度不可以出节，无益于乐，而鲜民财，将焉用之！

注释

①二十三年：周景王二十三年。

②大林：钟名，音高相当于林钟的乐钟。

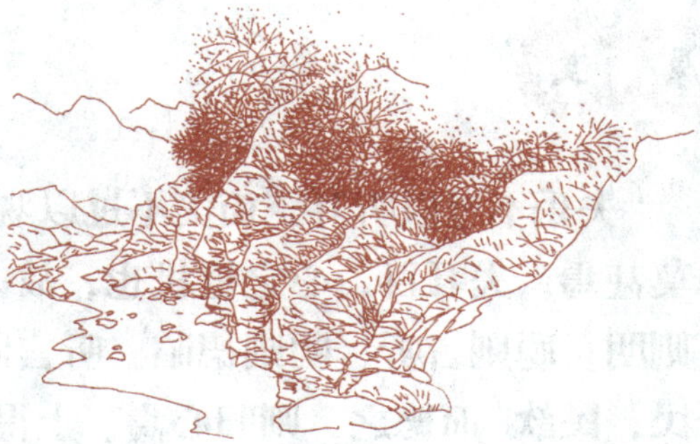

③步武：古代长度单位，六尺为步，半步为武。指不远的距离。

④墨文寻常：古代长度单位，五尺为墨，倍墨为丈；八尺为寻，倍寻为常。这里指不太远的距离。

⑤清浊：指钟音色的清越与浑厚。

⑥胜：胜任，举。

⑦钧：乐调。

⑧石：古代计量单位，一百二十斤为一石。

⑨律度量衡：中国古代音律和度量衡的制定标准是一致的，标准律管与度量衡之间有着严格的对应关系。古人以律管定义度量衡，又以度量衡校正律管。

译文

周景王二十三年，景王将要铸造无射乐钟并铸造与之配套的大林乐钟。单穆公说："不行。老百姓已经深受重币发行之苦，此时再铸造大钟将加重百姓的生活负担。民生业已凋敝，若是再度耗费民力、民财，百姓将何以生存呢？何况乐钟不过是用来奏乐的，若无射之音配以林钟，耳朵就无法听它的乐音了。钟声是让耳朵听的，既然耳朵听不到，那钟声也就不算钟声了。就好比眼睛看不清楚物体，不能用眼睛去硬看。眼睛所能观测的范围，不过在数尺之间；眼睛所能分辨的颜色，不过在数丈之内。用耳朵辨识五声的和谐，音色的轻重缓急易于分清，但声音的清浊却难以分辨。所以先王铸造的乐钟，音域始终不超过标准，重量也不超过一百二十斤。律、度、量、衡的标准因此确定了下来，各种各样的器物都依据既定的标准来制造，所以圣人铸钟时往往非常慎重。如今大王铸造乐钟，耳朵难以听到和谐之音，规格上又不符合法度，既然铸造乐钟无益于礼乐教化，又会极大地耗费民财，那铸造它又有什么用呢！

原文

“夫乐不过以听耳，而美不过以观目。若听乐而震，观美而眩，患莫甚焉。夫耳目，心之枢机也，故必听和而视正。听和则聪，视正则明。聪则言听，明则德昭。听言昭德，则能思虑纯固。以言德于民，民歆①而德之，则归心焉。上得民心，以殖义方②，是以作无不济，求无不获。然则能乐。夫耳内和声，而口出美言，以为宪令，而布诸民，正之以度量，民以心力，从之不倦，成事不贰，乐之至也。口内味而耳内声，声味生气。气在口为言，在目为明。言以信名③，明以时动。名以成政，动以殖生。政成生殖，乐之至也。若视听不和，而有震眩，则味入不精，不精则气佚，气佚则不和。于是乎有狂悖之言，有眩惑之明，有转易之名，有过慝④之度。出令不信，刑政放纷，动不顺时，民无据依，不知所力，各有离心。上失其民，作则不济，求则不获，其何以能乐？三年之中，而有离民之器二⑤焉，国其危哉！”

注释

①歆：犹“歆歆”，心悦诚服。

②殖：树立。方：道。

③名：号令。

④慝（tè）：奸邪，邪恶。

⑤二：指周景王铸大钱、大钟二事。

译文

“音乐为的是给耳朵以享受，美物为的是让人悦目赏心。若听音乐让人心绪不平，观美物让人目眩神迷，那岂不是事与愿违了。经由耳目，最能连接人的心灵，所以耳朵应该非和谐之音不听，眼睛应该非合礼之物不看。听和谐之声，耳朵会变得聪敏；看合礼之物，眼睛会变得明澈。耳朵聪敏就能听得进善语雅言，眼睛明澈就能看得见美好的德行。接纳善言，身践良行，思想也就会变得纯正而坚定。如此一来，百姓就能心悦诚服地接受天子的教化，天下也就自然得以大治了。一个言行合乎道义的君主，一个赢得天下民心的君主，没有什么事是他办不成的。之后才能讲求音乐。耳朵听的、嘴里说的皆为善语良言，政令修明，制度清晰，天下百姓也就自然会乐于受王驱使了，完成君王的使命而没有二心，这是音乐所能达到的极致。口中进食美味，耳朵听取和谐之声，声音与美味相互交融，就成为口中的雅言与眼中的光明。语言用以发布政令，目明用以顺应季节而行动。政令用以完成国家大事，顺时而动用以繁殖万物。政事完成且万物繁殖，这就是音乐达到的极致。若声音与美味无法转化为精气，以至于精气散佚，身心的和谐就难以达成。就会让人轻吐狂悖之言，于是就易让人目眩神迷，于是就有了政令的前后失据，于是就导致了恶法的横行、难调。天子颁布的政令难以取信于民，刑罚、律政混淆错乱，行动举措不遵循天道农时，百姓不知所措，左右之人当然就会离心离德。君王无法巩固民心，想做的事就将举步难行，需求将难以满足，铸造乐器又怎会获得百姓的支持呢？如果三年之内接连办了两件让百姓失望的事情，国家就危险了！”

原文

王弗听，问之伶州鸠①。对曰："臣之守官弗及也。臣闻之，琴瑟尚宫，钟尚羽，石尚角，匏竹利制②，大不逾宫，细不过羽。夫宫，音之主也，第以及羽。圣人保③乐而爱财，财以备器，乐以殖财。故乐器重者从细，轻者从大。是以金尚羽，石尚角，瓦丝尚宫，匏竹尚议，革木一声④。

注释

①伶：官名，掌管音乐。州鸠：人名。

②利制：因乐器材质、形制不同而异，没有固定的偏尚。

③保：安。

④革木：指鼓和柷。一声：乐器音色缺乏变化，没有清浊之分。

译文

景王不听劝告，又向乐官伶州鸠问询。伶州鸠回答说："我的职责不能知道这些。我听闻，琴瑟适合演奏宫调，钟适合演奏羽调，石磬适合演奏角调，笙和箫依据形制不同而异，但低弘不越过宫调，尖细不越过羽调。宫音，是五音中的主音，从大到细依次到羽音。圣人因保有音乐而珍惜资财，资财可以置办乐器，音乐可以增加财富，所以乐器材质重者声音尖细，材质轻者声音低弘。金属质地的乐器适宜演奏羽调，石质乐器适宜演奏角调，瓦质与丝质乐器适宜演奏宫调，匏质与竹质的乐器声音悠扬，皮革质地与木质的乐器声音单调，没有变化。

原文

“夫政象乐，乐从和[①]，和从平。声以和乐，律以平声。金石以动之，丝竹以行之，诗以道之，歌以咏之，匏以宣之，瓦以赞[②]之，革木以节之。物得其常曰乐极[③]，极之所集曰声，声应相保曰和，细大不逾曰平。如是，而铸之金，磨之石，系之丝木，越[④]之匏竹，节之鼓而行之，以遂[⑤]八风。于是乎气无滞[⑥]阴，亦无散阳，

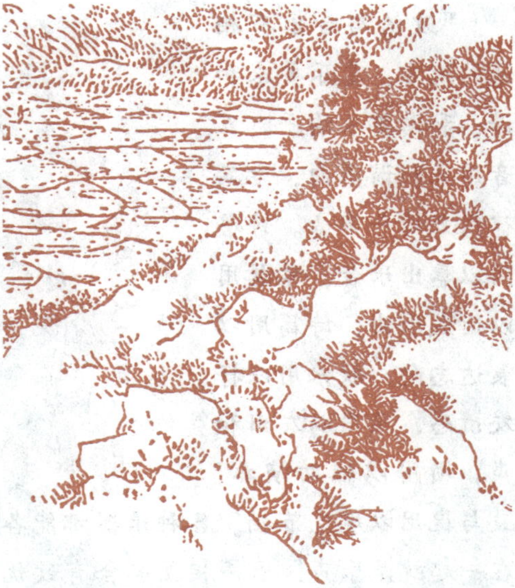

阴阳序次，风雨时至，嘉生繁祉，人民和利，物备而乐成，上下不罢，故曰乐正。今细过其主妨于正[⑦]，用物过度妨于财，正害财匮妨于乐。细抑大陵，不容于耳，非和也。听声越[⑧]远，非平也。妨正匮财，声不和平，非宗官[⑨]之所司也。

注释

①和：指八音和谐。

②赞：辅助。

③物：事。极：中。

④越：打孔。

⑤遂：顺应。

⑥滞：凝滞，累积。

⑦细：指无射。主：正声。

⑧越：迂回。

⑨宗官：宗伯，乐官一类的官职。

译文

“政治与音乐有相通的地方，奏乐要求和谐，和谐要求均平。五音用来和谐乐曲，十二律用来均平声音。钟磬用以奏出乐音，琴瑟用以衍成乐曲，诗篇用以表达志向，歌咏用以抒发情感，笙用以发出和声，埙用以辅助演奏，

鼓与柷用以规范节拍。各种乐器都能各尽其长，音乐就中正，中正之音汇集在一起就是乐声，乐声相互配合有致就是和谐，乐声的高低音不相干扰就是均平。正因如此，用金属铸成钟，用石头磨成磬，用丝系于木，用匏和竹打孔，用鼓声调节奏乐，以顺应八方之风。于是阴气就不会郁积不发，阳气也不会散而不凝，阴阳之气按次序流转通畅，风雨就会按时降临，万物受其福祉，民众深受祥和之利，品物齐备而音乐和谐，举国上下不会疲于奔命，这就是乐正。现今尖细的音声盖过正声喧宾夺主，耗费过度损害了财用，正声受到妨害而财用感到匮乏就有害于音乐的最终完成。无射尖细的音声受到大林钟低声音的抑制凌掩，难以入耳，音乐就不能算和谐。无射尖细的音声听起来细微、迂远，音乐就不能算平正。干扰正声使财用匮乏，其音声又不能和谐平正，这些就不是乐官所能管的了。

原文

“夫有和平之声，则有蕃殖之财。于是乎道之以中德[①]，咏之以中音[②]，德音不愆以合神人[③]，神是以宁，民是以听。若夫匮财用、罢民力以逞[④]淫心，听之不和，比之不度，无益于教而离民怒神，非臣之所闻也。”

注释

①中德：中庸之德。

②中音：中正平和之音。

③德音：道德音律。愆：过失。

④逞：快。

译文

“有中正平和的乐音，便有繁衍增殖的财富。然后用中庸之德加以引导，用中正平和之音去咏唱，道德音律没有差池，用来沟通神人，神灵因此而安宁，百姓因此而顺从。至于耗费财物、疲惫民众用以满足个人的贪欲，入耳的音乐不和谐，所奏之乐又不合法度，无益于教化，反而离散百姓、激怒神灵，这就不是我所知道的事了。”

原文

王不听，卒铸大钟。二十四年，钟成，伶人[①]告和。王谓伶州鸠曰：“钟果和矣。”对曰：“未可知也。”王曰：“何故？”对曰：“上作器，民备乐之，则为和。今财亡民罢，莫不怨恨，臣不知其和也。且民所曹[②]好，鲜其不济也。其所曹恶，鲜其不废也。故谚曰：‘众心成城，众口铄金。’三年之中而害金再兴焉，惧一之废也。”王曰：“尔老耄[③]矣，何知？”二十五年，王崩，钟不和。

注释

①伶人：乐人。

②曹：群。

③耄：八十曰耄。这里指年老昏聩。

译文

周景王不听劝告，执意铸造大钟。周景王二十四年，大钟铸成，乐人向景王报告说钟声和谐。景王对伶州鸠说："钟声还是和谐的。"伶州鸠回答说："陛下不明白其中的缘故。"景王问："为什么这么说呢?"伶州鸠回答说："君王铸造乐器，百姓衷心支持，这才是真正的和谐。如今大王铸造乐器，劳民伤财，招致百姓怨恨，我不知道和谐在哪里。百姓都支持的事情，很少有办不成的，百姓厌恶的事情，很少有办成的。所以谚语说：'众志成城，众口铄金。'三年内劳民伤财的事情做了两次，恐怕至少有一件是会被废弃的。"景王说："你老糊涂了，懂得什么?"二十五年，景王去世，大钟所奏的乐声不再和谐。

鲁语上

曹刿[1] 问战

原文

长勺之役[2]，曹刿问所以战于庄公[3]。公曰："余不爱衣食于民[4]，不爱牲玉于神[5]。"对曰："夫惠本而后民归之志[6]，民和而后神降之福。若布德于民而平均其政事，君子务治而小人务力，动不违时，财不过用[7]，财用不匮，莫不能使共祀[8]。是以用民无不听[9]，求福无不丰。今将惠以小赐[10]，祀以独恭[11]。小赐不咸[12]，独恭不优[13]。不咸，民不归也；不优，神弗福也。将何以战？夫民求不匮于财，而神求优裕于享[14]者也，故不可以不本。"公曰："余听狱虽不能察[15]，必以情断之。"对曰："是则可矣。知夫苟[16]中心图民，智虽弗及，必将至焉。"

注释

①曹刿：鲁国大夫，一说曹沫。

②长勺之役：公元前 684 年，齐国和鲁国在鲁国长勺交战。长勺，在今山东曲阜。

③庄公：鲁桓公之子，姬姓，名同。

④不爱衣食于民：对民众不吝惜衣食。爱，吝惜。

⑤不爱牲玉于神：对神不吝惜牺牲圭璧。

⑥民归之志：民众志归于上。

⑦不过用：使用不超过礼的规定。

⑧莫不能使共祀：没有不能提供祭祀的。

⑨用：役使。听：顺从。

⑩小赐：小恩小惠。

⑪独恭：独自恭敬。

⑫咸：都，普及。

⑬优：优厚，丰裕。

⑭享：食。

⑮狱：诉讼，案件。察：遍察。

⑯苟：真诚。

译文

长勺之战，曹刿问鲁庄公凭什么与齐国打仗。庄公说："对民众我从不吝惜衣食，祭祀神灵我从不吝惜牺牲和玉器。"曹刿说："君主的恩惠要大民众才会志归于上。如果对民众广布恩德并公平地推行政令，君主勤于治国，百姓勤于农业生产，各种措施不违背农时，花费不超过收入，那么国家的财用就不会匮乏，百姓也能供给祭品。这样一来民众就没有不听从的，祈求降幅没有不满足的。如今您只给民众施行小恩小惠，仅仅是自己恭敬地向神灵供奉祭品。小恩小惠不能遍及民众，独自供奉难以充裕。恩泽不能遍及民众，民心就不能归附；不能优厚地祭神，神就不会赐福。您拿什么与齐国作战呢？民众所追求的是财用不匮乏，神追求的是祭品充裕，所以君主的恩惠是不得不大的。"庄公说："我审理百姓案件时，不敢说明察秋毫，但一定要按照情理断案。"曹刿说："这样就可以作战了。您心中真的在为民众考虑，即使智慧达不到，也一定能接近治国之道。"

臧文仲[1]如齐告籴

原文

鲁饥，臧文仲言于庄公曰："夫为四邻之援，结诸侯之信，重之以婚姻，申之以盟誓，固国之艰急是为[2]。铸名器，藏宝财，固民之殄病是待。今国病矣，君盍以名器请籴于齐[3]！"公曰："谁使？"对曰："国有饥馑，卿出告籴，古之制也。辰也备卿，辰请如齐。"公使往。

注释

①臧文仲：姬姓，臧氏，名辰，鲁国的卿士。

②艰急是为：应对危急之事。

③名器：钟鼎一类的国家重器。籴：借粮。

译文

鲁国发生了饥荒，臧文仲为此向鲁庄公谏言道："我们平时援交四方邻国，与诸侯缔结信约，又通过联姻来巩固两国的关系，以盟誓加强友好关系，本来就是为了应对国家的艰难情况并挽救国家的危难。铸造钟鼎等国家重器，储藏宝器财物，本来就是准备拯救百姓的困苦。如今国家遭逢灾害，国君何不以钟鼎宝器作为抵押向齐国借粮呢？"庄公问："派谁去合适？"臧文仲回答道："国家发生饥荒，卿大夫到他国求购粮食，这是自古以来的制度。我也充列卿位，我请求到齐国求购粮食。"庄公便派他前往。

原文

从者曰："君不命吾子，吾子请之，其为选事[①]乎？"文仲曰："贤者急病而让夷[②]，居官者当事不避难，在位者恤民之患，是以国家无违。今我不如齐，非急病也。在上不恤下，居官而惰，非事君也。"

注释

①选事：挑选差事。暗示臧文仲在主持工作时有挑肥拣瘦的嫌疑。

②夷：平。

译文

臧文仲的随从人员说："国君没让您去，您却主动要求去，这不是没事找事吗？"文仲说："贤人争做难事而将容易的事情交给别人去做，当官的人遇到难事不逃避，身居高位的人能体恤百姓的艰难与不易，国家才能安定。如今我不去齐国，就是不能为国分忧了。处于上位而不体恤百姓，当官却懈怠政事，这不是臣子侍奉君主应该做的。"

原文

文仲以鬯圭与玉磬如齐告籴[①]，曰："天灾流行，戾于弊[②]邑，饥馑荐[③]降，民羸几卒，大惧乏周公、太公之命祀，职贡业事之不共而获戾[④]。不腆[⑤]先君之币器，敢告滞[⑥]积，以纾执事[⑦]；以救弊邑，使能共职。岂唯寡君与二三臣实受君赐，其周公、太公及百辟神祇实永飨而赖之！"齐人归其玉而予之籴。

注释

①鬯圭：用于祭祀的玉器。玉磬：古代宫廷内演奏雅乐时使用的一种玉制乐器。

②弊：通“敝”。

③荐：屡次。

④戾：罪过。

⑤腆：丰厚。

⑥滞：长久。

⑦纾：缓。执事：指齐国官员。

译文

臧文仲带着鬯圭和玉磬到齐国借粮，他说：“天灾流行，降临鲁国，饥荒一再发生，百姓羸弱不堪，多被饿死或逃亡，我们非常担心难以保障周公、太公祭品的供给，以及难以向王室进贡物品而获罪。所以特来献上先君的宝器，以换取贵国积蓄的粮食，如此一来，既缓解了贵国管粮人的压力，又救济了我国，使我国恢复正常的秩序。不仅是鲁国君臣受到贵国的恩赐，周公、太公及天地神灵都仰赖贵国的救助而不至于断了祭祀！”齐国人归还了鲁国的玉器并将粮食借给鲁国。

展禽论祭爰居[1] 非政之宜

原文

海鸟曰爰居，止于鲁东门之外三日，臧文仲使国人祭之。展禽曰："越[2]哉，臧孙之为政也！夫祀，国之大节[3]也；而节，政之所成也。故慎制祀以为国典。今无故而加典，非政之宜也。

注释

①爰居：海鸟名。

②越：越礼。指思想言论与现实脱节。

③节：制度。

译文

有一只名叫爰居的罕见海鸟，在鲁国东门外连续停留了三天，臧文仲令国都的人去祭祀海鸟。展禽说："臧孙辰治理政事太越礼了！祭祀，是国家的重大制度；而制度，则是政令通行的保障。所以要慎重地制定祭祀制度作为国家大典。现在无故增加祭祀海鸟之礼，并非合宜的政令。

原文

"夫圣王之制祀也，法施于民则祀之，以死勤事则祀之，以劳定国则祀之，能御大灾则祀之，能扞[①]大患则祀之。非是族[②]也，不在祀典。昔烈山氏[③]之有天下也，其子曰柱，能殖[④]百谷百蔬；夏之兴也，周弃继之，故祀以为稷。共工氏之伯九有也[⑤]，其子曰后土，能平九土，故祀以为社[⑥]。黄帝能成命百物[⑦]，以明民共财[⑧]，颛顼能修之[⑨]。帝喾能序三辰以固民，尧能单均刑法以仪民，舜勤民事而野死，鲧鄣洪水而殛死，禹能以德修鲧之功，契为司徒而民辑[⑩]，冥[⑪]勤其官而水死，汤以宽治民而除其邪[⑫]，稷勤百谷而山死[⑬]，文王以文昭，武王去民之秽[⑭]。故有虞氏禘黄帝而祖颛顼，郊尧而宗舜[⑮]；夏后氏禘黄帝而祖颛顼，郊鲧而宗禹；商人禘舜而祖契，郊冥而宗汤；周人禘喾而郊稷，祖文王而宗武王；幕[⑯]，能帅颛顼者也，有虞氏报焉；杼，能帅禹者也，夏后氏报焉；上甲微，能帅[⑰]契者也，商人报焉；高圉、大王，能帅稷者也，周人报焉。凡禘、郊、祖、宗、报，此五者国之典祀也。

注释

①扞（hàn）：通“捍”，抵挡，抵御。

②族：类。

③烈山氏：炎帝神农氏。

④殖：种植。

⑤共工氏：为中国古代神话中的水神。九有：九州。

⑥社：土地神。

⑦黄帝：华夏始祖，号轩辕氏。成命百物：给百物命名。

⑧明民：使民众明理。共财：与民众共享山川财富。

⑨颛顼：传说为黄帝之孙、昌意之子，号高阳氏。修之：继承黄帝的事业。

⑩契（xiè）：商人始祖，尧时任司徒，掌管教化。辑：和。

⑪冥：契的六世孙，夏朝时任水官，死于任上。

⑫汤：商朝开国君主。邪：指夏桀暴政。

⑬山死：传说后稷死于黑水之山。

⑭武王：周文王之子姬发。去民之秽：指武王伐纣，废除殷纣王的暴政。

⑮舜：应为“喾”。

⑯幕：舜的后人虞思，为夏朝诸侯。

⑰帅：遵循。

译文

“圣明的帝王祭祀典法的制定法，凡是以完善的法规全面推行到百姓中去的人就祭祀他，勤于政事、死而后已的人祭祀他，有安邦定国大功劳的人祭祀他，能抵御大的自然灾害的人祭祀他，能捍卫族群利益、消除忧患的人祭祀他。不属于这一类的人，不在祭祀大典的行列。从前烈山氏统治天下的人，他的儿子叫柱，能够繁育各种谷物和蔬菜；夏朝兴盛之后，周人始祖弃继承他的事业，因此将稷作为谷神祭祀。共工氏称霸九州的时候，他的儿子叫后土，能够平治九州水土，因此把他作为土地神祭祀。黄帝能够为天地万物命

名，以启发百姓财产共有的道理，颛顼能补正黄帝的事业。帝喾制定历法以安定天下，尧能够做到刑罚公平，为民众提供行为准则，舜勤于民事而死于野外，鲧治理洪水不成功而被处死，禹能够以美德补正鲧的治水事业，契为禹的司徒而能够使百姓和睦，冥勤于自己的官职而死于治水，商汤能以宽容的胸怀治理天下并去除邪恶之人，后稷勤于播种百谷而死在山中，文王以文德闻名，武王能够推翻殷纣王的残暴统治以为民除害。因此，有虞氏禘祭黄帝而以颛顼为祖进行配祭，郊祭尧而宗祀舜；夏后氏禘祭黄帝而以颛顼为祖进行配祭，郊祭鲧而宗祀禹；商人禘祭帝喾而以契为祖进行配祭，郊祭冥而宗祀汤；周人禘祭帝喾而以后稷为祖进行配祭，祖祭周文王而宗祭武王；幕，能够遵循颛顼的事业，因此受到有虞氏报祭；杼，能够遵循禹的事业，因此受到夏后氏报祭；上甲微，能够遵循契的事业，因此受到商人报祭；高圉、大王，能够遵循后稷事业的人，周人以他们配祭后稷。禘、郊、祖、宗、报，这五大祭祀方式是国家祭祀根本的大典。

原文

“加之以社稷山川之神，皆有功烈①于民者也；及前哲令德之人，所以为明质②也；及天之三辰③，民所以瞻仰也；及地之五行，所以生殖也；及九州名山川泽，所以出财用也。非是不在祀典。

注释

①功烈：功业。

②质：信义，诚信。

③三辰：日、月、星。

译文

“加上社稷山川的神灵，都是有功业于民众的人；延及前代拥有智慧和美德的人，是为了申明信义；还有天上的日、月、星，它们是民众所瞻仰的对象；以及地上的金、木、水、火、土五行，它们是民众用来繁衍生息的事物；祭祀九州名山、大川、大泽，是为了民众的生活财用。不是这类事物都不在祭祀大典之列。

原文

“今海鸟至，己不知而祀之，以为国典，难以为仁且智矣。夫仁者讲①功，而智者处②物。无功而祀之，非仁也；不知而不能问，非智也。今兹海其有灾乎？夫广川③之鸟兽，恒知避其灾也。”

注释

①讲：论。
②处：命名以便区分。
③广川：大江大河。

译文

“如今有海鸟来到这里，臧文仲自己不懂原因就盲目祭祀，还作为国家大典来对待，难以称得上仁智之举。仁者讲论功过，智者明察事物。海鸟无功于鲁国而祭祀它，这不能说是仁；不知海鸟为何飞来而不能问，这不能说是智。如今大海上有灾难吗？广阔海域上的鸟兽，往往是懂得逃避灾难的。”

原 文

是岁也，海多大风，冬暖。文仲闻柳下季[①]之言，曰："信吾过也，季子之言不可不法也。"使书以为三策[②]。

注 释

①柳下季：名展禽，是鲁孝公之子公子展的后裔。

②策：古代用以记事的竹、木片，编在一起的叫"策"。

译 文

这一年，海上大风特别频繁，冬天气候温暖。臧文仲听到柳下季的话，说："这的确是我的过失，柳下季的话不可不严肃对待啊。"派人将柳下季的话写在三份简册上。

里革更书逐莒太子仆[①]

原 文

莒太子仆弑纪公[②]，以其宝来奔。宣公使仆人以书命季文子曰[③]："夫莒太子不惮[④]以吾故杀其君，而以其宝来，其爱我甚矣。为我予之邑。今日必授，无逆命矣。"里革遇之而更其书曰："夫莒

太子杀其君而窃其宝来，不识穷固又求自迩[5]，为我流之于夷。今日必通，无逆命矣。”明日，有司复命，公诘之，仆人以里革对。公执之，曰：“违君命者，女亦闻之乎？”对曰：“臣以死奋笔，奚啻[6]闻之也！臣闻之曰：‘毁则者为贼，掩贼者为藏，窃宝者为宄[7]，用宄之财者为奸。’使君为藏奸者，不可不去也。臣违君命者，亦不可不杀也。”公曰：“寡人实贪，非子之罪。”乃舍之。

注释

①里革：鲁国太史，名克，又称里季。莒（jǔ）：国名，在今山东莒县一带。仆：莒国太子名。

②纪公：莒国国君，己姓，名庶其。

③宣公：鲁国国君，姬姓，名便，鲁文公之子。季文子：鲁国正卿季孙行父。

④惮：难。

⑤穷固：穷途末路。迩：近。

⑥奚啻：不仅仅。

⑦宄（guǐ）：奸邪，作乱。

译文

莒国太子仆杀死了自己的父亲莒纪公，携带国宝投奔鲁国。鲁宣公差遣仆人带着文书命令季文子说：“莒国太子为了我甘愿担负弑父的大罪，并且给我带来了莒国的国宝，他是多么爱戴我啊。你替我赐城邑给他。今天就要办好，这是命令。”里革遇到传诏的仆人，将诏书的内容改为：“莒太子弑其君父，并偷取莒国国宝来投奔我鲁国，他认识不到自己已走投无路，还敢来求我鲁国帮助他，替我把他流放到东夷。今天就通告天下，不得违命。”次日，仆人回来复命，宣公追问此事，仆人便将里革更改诏书的事情如实向宣公做了禀报。宣公逮捕了里革，说：“违背君命的下场，你知道吗？”里革回答说：“我冒死更改诏书，自然是清清楚楚！我听闻：‘破坏法则的人是乱贼，隐匿赋人的人叫窝主，偷窃宝物的人叫内贼，使用内贼盗取财物的人叫奸邪。’除掉那些可能导致国君成为窝主、奸邪的人义不容辞。我违背了国君的命令，也该当死罪。”宣公说：“这件事确实是我的贪欲所致，不是你的罪过。”于是赦免了里革。

子叔声伯[1]辞邑

原文

子叔声伯如晋谢季文子，郤犨欲予之邑，弗受也。归，鲍国[2]谓之曰：“子何辞苦成叔之邑，欲信让耶？抑知其不可乎？”对曰：“吾闻之，不厚其栋，不能任重。重莫如国，栋莫如德。夫苦成叔家欲任两国而无大德，其不存也，亡无日矣。譬之如疾，余恐易焉。苦成氏有三亡：少德而多宠，位下而欲上政，无大功而欲大禄，皆怨府也。其君[3]骄而多私，胜敌[4]而归，必立新家。立新家，不因民不能去旧；因民，非多怨民无所始。为怨三府，可谓多矣。其身之不能定，焉能予人之邑！”鲍国曰：“我信不若子，若鲍氏有衅，吾不图矣。今子图远以让邑，必常立矣。”

注释

①子叔声伯：鲁国大夫。

②鲍国：鲍叔牙之玄孙，鲁国大夫。

③其君：指晋厉公。

④胜敌：指晋国在鄢陵之战中击败楚国。

译文

子叔声伯前往晋国谢罪并请求释放季文子，郤犨想请晋君封给他城邑以示笼络，子叔声伯没有接受。回国后，鲍国问他："你为何不接受郤犨为你请封的城邑，是真的不想接受吗，还是本来就知道这件事办不成？"子叔声伯回答说："我听说，房梁不粗壮，不能承担重压。最重的压力莫过于国家，最好的栋梁莫过于有德了。郤犨想把持晋鲁两国的政事却又没有很高的德行，他的地位不会长久，灭亡之期不远了。就如同得了疾病，他怕是不会长远了。郤犨招致败亡的缘故有三：缺少德行却深受君宠，地位卑下却妄图干预国政，未建大功却想要丰厚的俸禄。这些都会招致他人的怨恨。晋厉公骄纵，身边又围绕着众多小人，如今他打败楚国得胜而归，肯定会封赏新大夫。立了新大夫，撤销那些让百姓厌恶的官吏，民众首先就会攻击那些招怨多的官员。郤犨在三个方面招来怨恨，可以说已经足够多了。他尚且自身难保，又如何能为别人求来城邑！"鲍国说："我确实不如你。倘若鲍氏家族有什么祸兆，我是无法预测的。现在你非常有远见地拒绝了城邑，你的地位必将牢固不破。"

里革论君之过

原文

晋人[①]杀厉公，边人[②]以告，成公[③]在朝。公曰："臣杀其君，谁之过也？"大夫莫对，里革曰："君之过也。夫君人者，其威大矣。失威而至于杀，其过多矣。且夫君也者，将牧民而正其邪者

也，若君纵私回[④]而弃民事，民旁有慝无由省之[⑤]，益邪多矣。若以邪临民，陷而不振[⑥]，用善不肯专，则不能使，至于殄灭[⑦]而莫之恤也，将安用之？桀奔南巢[⑧]，纣踣于京[⑨]，厉流于彘，幽灭于戏[⑩]，皆是术[⑪]也。夫君也者，民之川泽也。行而从之，美恶皆君之由，民何能为焉。”

注释

①晋人：指晋国卿士栾书、中行偃。

②边人：鲁国边境官员。

③成公：鲁宣公之子，姬姓，名黑肱。

④回：奸邪。

⑤省：检察。

⑥陷：下坠。振：救助。

⑦殄（tiǎn）灭：消灭，灭绝。

⑧南巢：地名，在今安徽巢湖。

⑨踣（bó）：倒毙。京：指商的都城朝歌。

⑩戏：戏水，在陕西临潼东面。

⑪术：道，即失威多过之道。

译文

晋人杀死了晋厉公，鲁国防守边境的官员将这个消息上报朝廷，鲁成公正好在朝廷上。成公听到问：“臣子杀死自己的君主，这是谁的过错？”无人作答。里革说：“这是君主的过错。统治万民的人，他的威严是不可侵犯的。丧失威严以至于被臣子所杀，他的过错一定是太多了。况且做君主的人，应该是治理民众并挽救他们中邪恶的人，如果君主放纵私邪而废弃民事，民众之中普遍存在邪恶，君主没有办法省察，那么助长的邪恶就很多了。如果以邪恶的办法治理民众，政事就会败坏而无法挽回，施行仁政不能专一到底，就无法指使民众，国君到了灭亡境地也没人体恤，那要这个君主有什么用？夏桀逃奔南巢，殷纣王毙于京师，周厉王被流放到彘地，周幽王被灭于戏水，都是失威多过之道造成的啊。国君，如同滋养万民的川泽。国君推行的政令民众都听从，好坏都由君主决定，民众怎么能左右国君的意志呢？”

季文子论妾马

原文

季文子相宣、成①，无衣帛之妾②，无食粟之马。仲孙它③谏曰：“子为鲁上卿，相二君矣，妾不衣帛，马不食粟，人其以子为爱④，且不华国⑤乎！”文子曰：“吾亦愿之。然吾观国人，其父兄之食粗而衣恶者犹多矣，吾是以不敢。人之父兄食粗衣恶，而我美妾与马，无乃非相人者乎！且吾闻以德荣为国华⑥，不闻以妾与马。”

注释

①相：辅佐。宣、成：指鲁宣公和鲁成公。

②衣（yì）：穿。帛：丝织品。

③仲孙它：鲁国大夫，孟献子之子，又称子服它。

④爱：吝啬。

⑤不华国：不能荣华鲁国。

⑥德荣：以有德为光荣。国华：为国家增光添彩。

译文

季文子在鲁宣公、鲁成公时期都曾担任相国，他的侍妾不穿丝绸，马匹不喂精粮。仲孙它劝谏说：“您是鲁国的上卿，辅助两朝君主，妾室不穿丝绸，马匹不喂精粮，别人恐怕会认为您吝啬，而且这样国家也有失体面啊！”季文子说：“我也愿意衣食华贵。但是我看到国人之中，父兄吃粗粮、穿破衣的还很多，所以我不敢奢华。别人的父兄吃粗粮、穿破衣，而我却优待妾室和马匹，这恐怕不是做相国的人吧！而且我听说以有德为荣可以为国家增光添彩，没听过以妾室和马匹为国家增光添彩的道理。”

原文

文子以告孟献子①，献子囚之七日。自是，子服之妾衣不过七升之布②，马饩不过稂莠③。文子闻之，曰：“过而能改者，民之上也。”使为上大夫。

注释

①孟献子：仲孙它之父仲孙蔑。

②子服：仲孙它。七升之布：指极粗的布衣。升，八十缕为一升。

③饩（xì）：草料。稂（láng）：狼尾草。莠（yǒu）：狗尾草。

译文

季文子把这件事告诉孟献子，孟献子为此把儿子仲孙它关了七天。从此以后，仲孙它的侍妾穿的都是粗布衣服，喂马的饲料也只是狼尾草和狗尾草。季文子听到此事后说：“有错误而能改正，就是人中俊杰啊。”于是推荐仲孙它担任上大夫。

鲁语下

叔孙穆子[1]聘于晋

原文

叔孙穆子聘于晋，晋悼公[2]飨之，乐及《鹿鸣》之三[3]，而后拜乐三。晋侯使行人[4]问焉，曰："子以君命镇抚弊邑，不腆先君之礼，以辱从者，不腆之乐以节之。吾子舍其大而加礼于其细，敢问何礼也?"

注释

①叔孙穆子：鲁国卿大夫。

②晋悼公：晋国国君，名周，继承晋厉公之位。

③《鹿鸣》之三：指《诗经·小雅·鹿鸣之什》中的前三篇《鹿鸣》《四牡》和《皇皇者华》。

④行人：掌管国家迎送宾客之礼的官员。

译文

叔孙穆子前往晋国行聘问之礼，晋悼公设宴款待他。乐师演奏《鹿鸣》《四牡》《皇皇者华》这三首乐曲，叔孙穆子连续三次起身拜谢赐乐。晋悼公派人问他，说："您奉命来访问我国，我们用先君简单的礼节招待您，并演奏乐曲辅助礼仪。您不拜谢隆重的乐曲，却拜谢次要的乐曲，请问这是什么礼节?"

原文

对曰："寡君使豹来继先君之好，君以诸侯之故，贶[①]使臣以大礼。夫先乐金奏《肆夏樊》《遏》《渠》[②]，天子所以飨元侯也；夫歌《文王》《大明》《緜》[③]，则两君相见之乐也。皆昭令德以合好也，皆非使臣之所敢闻也。臣以为肄[④]业及之，故不敢拜。今伶箫咏歌及《鹿鸣》之三，君之所以贶使臣，臣敢不拜贶。夫《鹿鸣》，君之所以嘉先君之好也，敢不拜嘉。《四牡》，君之所以章[⑤]使臣之勤也，敢不拜章。《皇皇者华》，君教使臣曰'每怀靡及，诹、谋、度、询，必咨于周。'敢不拜教。臣闻之曰：'怀和为每怀，咨才为诹，咨事为谋，咨义为度，咨亲为询，忠信为周。'君贶使臣以大礼，重之以六德[⑥]，敢不再拜。"

注释

①贶（kuàng）：赐给，指招待。

②金奏：用金钟演奏。《肆夏樊》《遏》《渠》：皆为《诗经·周颂》中的篇章。《肆夏樊》，即《时迈》。《遏》，即《执竞》。《渠》，即《思文》。

③《文王》《大明》《緜》：皆为《诗经·大雅·文王之什》中的篇章。

④肄（yì）：练习。

⑤章：表彰。

⑥六德：指咨、诹、谋、度、询、周六种德行。

译文

叔孙穆子回答说："我国国君派我巩固先君建立的友好关系，贵国国君出于对鲁国的尊重，用隆重的礼节迎接我。先用金钟演奏《肆夏樊》《遏》《渠》三首大乐，这是天子宴请诸侯时才能使用的礼节；再演奏《文王》《大明》《緜》三首乐曲，这是两国国君会面时才能使用的礼节。这些乐曲都是为了赞扬先王的美德及巩固两国关系的，是我不敢听的。我想这应该是乐师在练习这些乐曲，所以不敢拜谢。后来乐师演奏到《鹿鸣》等三首乐曲，这是国君赏赐使臣用的乐曲，我这才敢拜谢您的恩赐啊！《鹿鸣》，是贵国国君赞扬先君之间友好关系的乐曲，我又怎敢不拜谢国君的赞扬？《四牡》，是贵国国君赞扬使臣勤于国事的乐曲，我又怎敢不拜谢国君的赞扬？在《皇皇者华》这首乐曲中，国君教诲使臣说：'若是所有人怀揣私心，那国事就会被荒废，商讨、谋划、权衡、询问，一定要向忠诚的人请教。'我又怎敢不拜谢国君的教诲？我听说：'每怀就是怀有私心的意思，咨询贤才叫诹，咨询事务叫谋，咨询礼义叫度，咨询亲戚叫询，向忠信的人咨询叫周。'贵国国君赐予我隆重的礼节，又教导我六种德行，我怎敢不再三拜谢？"

诸侯伐秦[1] 鲁人以莒人先济

原文

诸侯伐秦，及泾[2]莫济。晋叔向[3]见叔孙穆子曰："诸侯谓秦不恭而讨之，及泾而止，于秦何益？"穆子曰："豹之业，及《匏有苦叶》[4]矣，不知其他。"叔向退，召舟虞与司马[5]，曰："夫苦匏不材于人，共济而已。鲁叔孙赋《匏有苦叶》，必将涉矣。具舟除隧，不共有法。"是行也，鲁人以莒人先济，诸侯从之。

注释

①诸侯伐秦：公元前559年，晋侯曾派六卿率领各国大夫讨伐秦国。

②泾：水名，为渭河的支流。

③叔向：晋国大夫，名肸（xī）。

④《匏有苦叶》：《诗经·邶风》中的一篇。匏，一种葫芦，味苦，不能食用，但可系于腰间辅助渡水。

⑤舟虞：军中官员，掌管船只运输。司马：军司马，掌管军政的官员。

译文

诸侯联合起来讨伐秦国，联军抵达泾水时谁也不愿率先渡河。晋国大夫叔向去见鲁国的叔孙穆子，说："诸侯认为秦国不敬盟主而讨伐它，但到达泾水后却不再前进了，这对讨伐秦国有什么好处？"穆子说："我所能做的就是诵读《匏有苦叶》，不知道还有什么别的事情。"叔向告辞后，召集管理船只和军政的官员，说："苦匏对人来说没什么大的功用，但能在渡河时派上用场。叔孙穆子诵读《匏有苦叶》，肯定是准备过河了。你们要立即将船只准备好，将道路清理干净，若是船只供给不到位，就要依法论处。"在这次渡河行动中，鲁国派莒国的部队先过了河，诸侯随后也渡了河。

季冶[1]致禄

原文

襄公在楚，季武子取卞，使季冶逆[2]，追而予之玺书[3]，以告曰："卞人将畔，臣讨之，既得之矣。"[4]公未言，荣成子[5]曰："子股肱鲁国[6]，社稷之事，子实制[7]之。唯子所利[8]，何必卞？卞有罪而子征之，子之隶[9]也，又何谒[10]焉？"子冶归，致禄[11]而不出，曰："使予欺君，谓予能[12]也。能而欺其君，敢享其禄而立其朝乎？"

注释

①季冶：鲁国大夫，为季武子同族之子。

②逆：迎接。

③玺书：用大夫官印封缄的书信。玺，印章。

④"卞人将畔"三句：按，此是玺书中的话，季冶起初不知道，因此才有"致禄不出"及"使予欺君"之类的愤慨言行。

⑤荣成子：鲁国大夫。

⑥子：指季武子。股肱鲁国：是鲁国重臣。

⑦制：掌控。

⑧利：好处。

⑨隶：附属，属于。

⑩谒：禀告。

⑪致禄：辞官。致，归还。

⑫能：才能。

译文

鲁襄公在楚国出访期间，季武子乘机夺取了卞城，他派季冶前去迎接，又追上季冶，交给季冶一份盖了印玺的文书向鲁襄公汇报说：“卞城人将要造反，我平定了他们，并占领了卞城。”鲁襄公看了文书还没有说话，荣成子就让季冶转告季武子说：“您是鲁国的重臣，国家大事，您裁定就行。只要对您有好处，何必只说一个小小的卞邑？卞城的人有罪，您发兵征讨，这是您分内的事，又何必禀告呢？”子冶回国以后，辞官不出，说：“让我去欺君，称赞我有才能。有才能却欺骗君主，哪里还敢拿着君主的俸禄在朝廷为官呢？”

叔孙穆子不以货私免

原文

虢之会，诸侯之大夫寻盟[①]未退。季武子伐莒取郓[②]，莒人告于会，楚人[③]将以叔孙穆子为戮。晋乐王鲋求货于穆子[④]，曰：“吾为子请于楚。”穆子不予。梁其胫[⑤]谓穆子曰：“有货，以卫身也。出货而可以免，子何爱[⑥]焉？”穆子曰：“非女所知也。承君命以会大事[⑦]，而国有罪，我以货私免，是我会吾私也。苟如是，则又可以出货而成私欲乎？虽可以免，吾其若诸侯之事何？夫必将或循之，曰：‘诸侯之卿有然者故也。’则我求安身而为诸侯法矣。君子是以患作[⑧]。作而不衷，将或道之[⑨]，是昭其不衷也。余非爱货，恶不衷也。且罪非我之由，为戮何害？”楚人乃赦之。

注释

①寻盟：追寻宋国之盟。

②莒：赢姓诸侯国。郓（yùn）：莒国的一座小城。

③楚人：楚国令尹公子围。

④乐王鲋：晋国大夫，又称乐桓子。求货：索取贿赂。

⑤梁其胫：叔孙穆子的家臣。

⑥爱：吝惜。

⑦大事：指参加诸侯盟会。

⑧作：作风。

⑨将或道之：将会有人照我的方法去做。

译文

在虢地举行的盟会上，来自各诸侯国的大夫追寻宋国之盟，尚未完成。鲁国季武子突然征伐莒国并占领了郓邑，莒人在盟会上向与会各国控告鲁国，楚国令尹公子围主张杀掉鲁国与会大夫叔孙穆子。晋国大夫乐王鲋向叔孙穆子索取贿赂，说："我替您向楚国求情。"叔孙穆子拒绝了他。家臣梁其胫对叔孙穆子说："拥有财物，是用来保护自身的。拿出财物就可以免去一死，你为何还要吝惜呢？"叔孙穆子说："这不是你所能理解的。我接受鲁君之命前来参加诸侯盟会，而鲁国有罪，我若用财富私下免罪，这样就变成了我为私事前来会盟。如此，就可以用财富成就自己的私欲吗？虽然我可以免去一死，但今后该如何从事诸侯国之间的外交呢？今后一定会有人效仿我，说：'某国的卿士就是这样做的呀。'那我求安身反而为各国诸侯树立了一个行贿免死的榜样。因此君子担忧自己的行事作风。作风不正，将会导致别人效仿，这就更加暴露出他行事作风的不正。不是吝惜财富，我是厌恶行事作风不正啊！何况鲁国之罪不是由我而起，即使被杀，又有什么害处呢？"楚人最终赦免了叔孙穆子。

原文

穆子归，武子劳之，日中不出。其人①曰："可以出矣。"②穆子曰："吾不难③为戮，养吾栋④也。夫栋折而榱⑤崩，吾惧压焉。故曰虽死于外，而庇宗于内，可也。今既免大耻，而不忍小忿，可以为能乎？"乃出见之⑥。

注释

①其人：据《左传》，此人是孙叔家臣曾皋。

②可以出矣：载于《左传》。季孙家臣曾夭对曾皋说："旦及日中，吾知罪矣。鲁以相忍为国也。忍其外，不忍其内，焉用之？"曾皋对曰："数月于外，一旦于是，庸何伤？贾而欲赢，而恶嚣乎？"皋谓叔孙曰："可以出矣！"则叔孙、季孙氏家臣均劝叔孙穆子以国事为重。

③不难：不怕。

④养吾栋：季武子是鲁国正卿，为国之栋梁。栋，栋梁。

⑤榱（cuī）：椽子。

⑥乃出见之：载于《左传》。叔孙穆子听其家臣之言后，指楹曰："虽恶是，其可去乎？"乃出见之。叔孙穆子对季武子虽有怨恨之意，但为国家利益仍保持内部团结。

译文

叔孙穆子回到鲁国，季武子前来慰劳，直到中午，叔孙穆子也不肯见他。他的家人对穆子说："您出来吧。"叔孙穆子说："我不把被杀当作什么难事，我是为了保护国家的栋梁。栋梁折断了，椽子自然要崩坏，我怕被压在里面。所以说即使死于国外，但庇护了国内的宗族，是值得的。如今既然免除了被杀的大辱，却不能容忍个人小的恩怨，这样算是有能力吗？"于是出门见季武子。

子服惠伯从季平子如晋

原文

平丘之会，晋昭公使叔向辞昭公，弗与盟。[1]子服惠伯[2]曰："晋信蛮夷而弃兄弟[3]，其执政贰[4]也。贰心必失诸侯，岂唯鲁然？夫失其政者，必毒[5]于人，鲁惧及焉，不可以不恭。必使上卿从之。"季平子[6]曰："然则意如乎！若我往，晋必患[7]我，谁为之贰[8]？"子服惠伯曰："椒既言之矣，敢逃难乎？椒请从。"

注释

①"平丘之会"三句：公元前532年，季平子伐莒取郠，莒人向晋国控诉。公元前529年，晋昭公在平丘会盟诸侯，准备征讨鲁国，派叔向通知鲁昭公，不许鲁国参加会盟。平丘，卫地名，在今河南长垣。晋昭公，姬姓，名夷。昭公，指鲁昭公，姬姓，名裯，鲁襄公之子。

②子服惠伯：鲁国大夫，名椒，孟献子之孙。

③蛮夷：指莒国。兄弟：指晋鲁两国。

④贰：偏心。

⑤毒：毒害。

⑥季平子：鲁国上卿，名意如，季武子之孙。

⑦患：找麻烦。

⑧贰：副手。

译文

平丘之会前夕，晋昭公派叔向责备鲁昭公，不让鲁国参加盟会。子服惠伯说："晋国听信蛮夷之国的话而抛弃兄弟之国的情谊，他们的执政者怀有偏心。偏心必然会失去诸侯的信赖，又何止鲁国一家如此呢？执政失去公平的人，一定会毒害他人，鲁国惧怕被毒害，对晋国的态度不能不恭敬。一定要派一位上卿到晋国谢罪。"季平子说："既然如此就我去吧！如果我去晋国，晋国一定找我的麻烦，谁愿意做我的副手呢？"子服惠伯说："既然是我出的主意，岂敢逃避危难？请让我陪同前往。"

原文

晋人执平子。子服惠伯见韩宣子①曰："夫盟，信之要②也。晋为盟主，是主信也。若盟而弃鲁侯，信抑阙矣。昔栾氏之乱③，齐人间晋之祸④，伐取朝歌⑤。我先君襄公不敢宁处⑥，使叔孙豹悉帅敝赋⑦，踦跂毕行⑧，无有处人⑨，以从军吏，次于雍渝⑩，与邯郸胜击齐之左⑪，掎止晏莱焉⑫，齐师退而后敢还。非以求远也⑬，以鲁之密迩⑭于齐，而又小国也；齐朝驾则夕极⑮于鲁国，不敢惮其患，而与晋共其忧，亦曰：'庶几有益于鲁国乎！'今信蛮夷而弃之，夫诸侯之勉⑯于君者，将安劝⑰矣？若弃鲁而苟固诸侯，群臣敢惮戮乎？诸侯之事晋者，鲁为勉矣。若以蛮夷之故弃之，其无乃得蛮夷而失诸侯之信乎？子计其利者，小国共命⑱。"宣子说，乃归平子。

注释

①韩宣子：晋国正卿，韩献子之子韩起。

②要：枢纽，关键所在。

③栾氏之乱：公元前550年，栾盈被诬谋反，由晋奔齐，后潜回曲沃发

动叛乱，失败被杀。

④齐人间晋之祸：齐趁晋国栾氏之乱伐晋。

⑤朝歌：在今河南淇县，原是卫地，晋取之。

⑥宁处：袖手旁观。

⑦叔孙豹：叔孙穆子。赋：军队。

⑧踦（qī）跂（qí）：脚有残疾。踦，脚跛。跂，多出的脚趾。毕行：全部行动。

⑨处人：留在鲁国的人。

⑩次：驻扎。雍渝：晋国地名。

⑪邯郸胜：晋国大夫。左：左军。

⑫掎（jǐ）：从后面拖住。止：抓获。晏莱：齐国大夫。

⑬求远：追求远功。指入晋作战。

⑭密迩：紧邻。

⑮极：至。

⑯勉：努力，尽力。

⑰劝：勉励。

⑱共命：恭敬地听命。

译文

晋人逮捕了季平子。子服惠伯去见韩宣子说："诸侯会盟，信义是其中的关键所在。晋国作为诸侯盟主，应该主持天下信义。如果诸侯举行盟会却不让鲁国国君参加，信义就会有所欠缺。从前，晋国发生栾盈之乱，齐人趁晋国发生祸乱，占领了晋国的朝歌。先君鲁襄公不肯袖手旁观，派叔孙豹率领鲁国全部军队，甚至连腿脚有缺陷的人都去从军，国中没留下一个壮丁，全部随军出征。到达雍渝一带之后，与大夫邯郸胜合击齐国的左军，牵制了齐国军队并俘虏齐国大夫晏莱，直到齐军全线撤退以后才敢还师。我说这些并不是为了提鲁国过去的功劳，而且鲁国紧邻齐国，又相对弱小；齐军早晨驾车，晚上就到达鲁国，但鲁国不敢担忧得罪齐国的祸患，而与晋国共忧患，我们说：'恐怕晋国会有益于鲁国吧！'如今晋国相信蛮夷之言而抛弃鲁国，对那些尽力侍奉晋国的诸侯国，将如何勉励呢？如果晋国抛弃鲁国而能够有利于团结诸侯，那么鲁国群臣怎敢畏死不从呢？在侍奉晋国的诸侯当中，鲁国是最尽力的了。如果晋国因为蛮夷而抛弃鲁国，恐怕会得到蛮夷却失去诸侯的信任吧？您考虑一下个中利害，我们鲁国一定恭敬地听命。”韩宣子非常欣赏这番言论，于是放季平子回国。

公父文伯之母论劳逸

原文

公父文伯退朝，朝其母，其母方绩①。文伯曰：“以歜之家而主②犹绩，惧忓季孙之怒也③。其以歜为不能事主乎！”

注释

①绩：纺织。

②主：敬姜为鲁大夫公父穆伯之妻，大夫之妻可称主。

③忓（gān）：触犯。季孙：指鲁国正卿季康子。

译文

公父文伯退朝回家，向母亲请安，他的母亲正在织麻。公父文伯说：“我们这样的家庭，您还要亲自织麻，这恐怕会引起季康子的不满，他会认为我没能很好地侍奉母亲呢！”

原 文

其母叹曰："鲁其亡乎！使僮子备官而未之闻耶[1]？居[2]，吾语女。昔圣王之处民也，择瘠土而处之，劳其民而用之，故长王天下。夫民劳则思[3]，思则善心生；逸则淫，淫则忘善，忘善则恶心生。沃土之民不材，逸也；瘠土之民莫不向义，劳也。是故天子大采朝日[4]，与三公、九卿祖识地德[5]；日中考政[6]，与百官之政事，师尹维旅、牧、相宣序民事[7]；少采夕月[8]，与大史、司载纠虔天刑[9]；日入监九御[10]，使洁奉禘、郊之粢盛[11]，而后即安[12]。诸侯朝修天子之业命[13]，昼考其国职[14]，夕省其典刑[15]，夜儆百工[16]，使无慆淫[17]，而后即安。卿大夫朝考其职，昼讲其庶政[18]，夕序其业，夜庀其家事，而后即安。士朝受业，昼而讲贯[19]，夕而习复[20]，夜而计过无憾，而后即安。自庶人以下，明而动，晦而休，无日以怠。

注 释

①僮子：未成年的男子，指公父文伯。闻：闻道明理。

②居：坐下。

③思：节俭。

④大采朝日：春分时节穿着五彩礼服朝拜日神。大采，古代天子祭日所

穿的礼服。《周礼》："王搢大圭，执镇圭，藻五采五就，以朝日。"

⑤祖识地德：习知大地功德。

⑥日中考政：中午考察朝政。

⑦师尹：大夫。旅：众。牧：地方官员。相：国相。宣：普遍。序：次序。

⑧少采：三彩礼服。夕月：拜祭月神。

⑨大史：太史。司载：俞樾认为是"司灾"，掌管天文灾异。纠：恭。虔：敬。天刑：天象所显示的吉凶。

⑩九御：九嫔女官，掌管粢盛、祭服等。

⑪禘：帝王祭祖大典。郊：帝王祭天大典。

⑫即安：安寝。

⑬业命：王事命令。

⑭国职：诸侯国政务。

⑮省：考察。典刑：常法，大法。

⑯儆：监督。百工：百官。

⑰慆（tāo）淫：懈怠。

⑱讲：讲习。庶政：各种政务。

⑲贯：练习。

⑳习复：复习。

译文

公父文伯之母叹息说："鲁国恐怕要灭亡了吧！让你这样不懂事的孩子在朝廷当官，可你连做官的道理都没听说过吗？坐下来，我告诉你。从前圣王安置百姓，总选择贫瘠的土地安置他们，让百姓辛勤劳作，才能长久地拥有天下。民众勤劳就会想到节俭，想到节俭就会油然而生善心；民众安逸就会放荡，放荡自然就会丢失善心，丢失善心就会生出奸恶。生活在肥沃土地上的民众很难成材，就是因为生活太过安逸；生活在贫瘠土地上的民众无不向往道义，就是勤劳的缘故。因此天子在春分时节穿着五彩衣朝拜日神，与三公、九卿习知大地功德；中午考察朝政，与百官处理政事，大夫和众多地方官员辅佐天子按次序全面开始处理百姓事务；每年秋分时，天子穿着三彩衣服祭祀月神，与太史、司灾官员恭敬地观察天象吉凶；日落以后天子回到内宫监察女官的工作，让她们整洁地准备好天子祭祀祖宗天地的五谷祭品，然后才能安寝。诸侯早晨处理天子交代的任务和命令，白天考察自己封国内的政务，晚上省察法令的执行情况，夜里还要监督百官，让他们不敢有所懈怠，而后才能安寝。卿大夫早晨考察自身的职责，白天讲习各种政务，晚上依次检查白天所处理的事务，夜里处理家事，而后才就寝。士早晨接受朝廷交代的政务，白天讲习政事，晚上复查工作，夜里反省自己一天的言行有没有过失，而后才能安寝。自百姓以下，天亮就劳动，天黑就休息，没有一天可以懈怠。

原文

“王后亲织玄紞[①]，公侯之夫人加之以纮、綖[②]，卿之内子为大带[③]，命妇成祭服[④]，列士[⑤]之妻加之以朝服，自庶士以下，皆衣其夫。社而赋事[⑥]，蒸而献功[⑦]，男女效绩[⑧]，愆则有辟[⑨]，古之制也。君子劳心，小人劳力，先王之训也。自上以下，谁敢淫心[⑩]舍力？今我，寡也，尔又在下位[⑪]，朝夕处事，犹恐忘先人之业，况有怠惰，其何以避辟！吾冀而朝夕修我曰[⑫]：‘必无废先人。’尔今曰：‘胡不自安。’以是承[⑬]君之官，余惧穆伯之绝嗣也。”

注释

①玄紞（dǎn）：黑色的带子。紞，古代冠冕两旁用来悬挂塞耳玉坠的带子。

②纮（hóng）：古代用来系冠冕的带子。綖（yán）：古代覆盖在冠冕上的装饰。

③卿之内子：卿的正妻。大带：古代贵族礼服用带。

④命妇：大夫之妻。祭服：一般是黑色衣裳。

⑤列士：元士。

⑥社：春分祭祀社神。赋事：安排农桑之事。

⑦蒸：同“烝”，冬天的祭祀。献功：献上五谷、布帛之类。

⑧绩：功。

⑨愆：过失。辟：罪。

⑩淫心：放纵之心。

⑪下位：下大夫。

⑫冀：希望。修：勉励，警示。

⑬承：奉，尤指尽忠职守。

译文

“王后亲自编织黑色丝带，公侯夫人还要另外编织系冠冕的帽带和帽饰，卿的正妻编织束身的黑色腰带，大夫之妻要亲手缝制祭祀用的礼服，元士之妻除此之外还要给丈夫缝制朝服，自下士以下的妻子，都要给丈夫缝制所有的衣物。春分祭社安排农桑之事，冬祭献上五谷布帛，男女各献其功，有了过失就要受罚，这是自古以来的制度。君子尽心管理，小人辛勤劳作，这是先王的遗训。自上以下，谁敢放纵自己不劳心劳力呢？如今，我只是个寡妇，你又在下大夫之位，朝夕处理事务，还生怕败落了祖先留下的家业，如果你有怠惰之心，又怎么能逃避罪责呢！我希望你早晚都会提醒我说：‘千万不要败落了祖先留下的基业。’可是你现在却说：‘为什么不自求安逸？’用这样的态度担任国君赋予你的官职，我怕你父亲穆伯要后继无人了。”

原文

仲尼闻之曰："弟子志[①]之，季氏之妇不淫[②]矣。"

注释

①志：同"识"，记住。

②淫：贪图安逸。

译文

仲尼听到这番话后，说："弟子们要谨记，季氏的妇人可不是贪图安逸之人啊。"

孔丘论楛矢

原文

仲尼在陈，有隼集于陈侯之庭而死[1]，楛矢贯之[2]，石砮其长尺有咫[3]。陈惠公[4]使人以隼如仲尼之馆问之。仲尼曰："隼之来也远矣！此肃慎氏[5]之矢也。昔武王克商，通道于九夷、百蛮[6]，使各以其方贿来贡[7]，使无忘职业。于是肃慎氏贡楛矢、石砮，其长尺有咫。先王欲昭其令德之致远也，以示后人，使永监[8]焉，故铭其栝曰'肃慎氏之贡矢'[9]，以分大姬[10]，配虞胡公[11]而封诸陈。古者，分同姓以珍玉，展[12]亲也；分异姓以远方之职贡[13]，使无忘服[14]也。故分陈以肃慎氏之贡。君若使有司求诸故府[15]，其可得也。"使求，得之金椟[16]，如之。

注释

①隼（sǔn）：一种猛禽。集：栖止。此处意为坠落。

②楛（hù）矢：用楛木制成箭杆的箭。贯：贯穿。

③石砮（nǔ）：石制的箭头。尺有咫：一尺八寸。咫，八寸。古代的一尺八寸相当于现在的四十厘米左右。

④陈惠公：应为陈闵公，名越，春秋末期陈国的国君，公元前 501 至前 479 年在位。陈国后被楚国所灭。

⑤肃慎氏：北方夷族中的一个小国。

⑥九夷：指东方少数民族。百蛮：泛指南方少数民族。

⑦方：所居住的方位。贿：财货。这里指各诸侯的土特产。

⑧监：视，看到。

⑨铭：镌刻。栝（guā）：箭杆末端扣弦处。

⑩大姬：周武王长女。

⑪虞胡公：名满，陈国始封君，传说为舜帝后裔。

⑫展：重视。

⑬远方之职贡：远方部落的贡品。

⑭服：侍奉天子的职责。

⑮故府：旧仓库。

⑯金椟：用黄金装饰的木盒。

译文

孔子在陈国之时，一只鹰隼在陈侯的庭院里坠落而死，原因是一支楛矢射穿了它的身体，石头做的箭头，长一尺八寸的箭身。陈惠公（应为陈闵公）派人带着这只鹰隼到孔子的馆舍询问。孔子说："这只鹰隼是从很远的地方来的啊！它身上是肃慎氏的箭。从前周武王打败了商，开通了与南北各少数民族相联系的道路，让他们各自进贡土特产，让他们不要忘了自己的职责和所从事的祖业。于是肃慎氏进贡楛矢、石砮，箭长一尺八寸。武王为了彰显自己能使远方民族归附的威德，明示后人，永远都能被后人看到，因此在箭的末端刻下'肃慎氏之贡矢'几个字，并赐给自己的长女大姬，后来大姬嫁给虞胡公，这些东西也就随之被带到陈国。古时候，帝王赐给同姓诸侯珍宝玉器，体现宗族的亲近关系；赐给远方的异姓诸侯的贡物，使他们不要忘记侍奉天子的职责。因此将肃慎氏的贡品赐给了异姓的陈国。君主如果派有关官员到国家的旧仓库中寻找，大概还能找到。"于是陈侯派人在用黄金装饰的木盒中找到了肃慎氏之矢，果真和孔子所说一致。

闵马父[1]笑子服景伯

原文

齐闾丘[2]来盟，子服景伯戒宰人曰[3]："陷而入于恭。"闵马父笑，景伯问之，对曰："笑吾子之大也。昔正考父校商之名颂十二篇于周太师[4]，以《那》[5]为首，其辑之乱曰：'自古在昔，先民有作。温恭朝夕，执事有恪。'先圣王之传恭，犹不敢专，称曰'自古'，古曰'在昔'，昔曰'先民'。今吾子之戒吏人曰'陷而入于恭'，其满之甚也。周恭王能庇昭、穆之阙而为'恭'，楚恭王能知其过而为'恭'。今吾子之教官僚曰'陷而后恭'，道将何为？"

注释

①闵马父：鲁国大夫。

②闾丘：齐国大夫。

③子服景伯：鲁国大夫。宰人：官名。这里指卿大夫的家臣。

④正考父：宋国大夫。太师：乐官之长。

⑤《那》：为《诗经·商颂》首篇篇名。

译文

齐国大夫闾丘明来鲁国结盟，子服景伯告诫参与结盟的鲁国官员说：“在盟会时，你们如果出现失误，就要表现出恭敬的样子。”闵马父听后笑了，景伯问其为何发笑，闵马父回答说：“我笑你太骄傲自大。从前，正考父从周太师那儿点校《商颂》十二篇，将《那》放在首篇，它在结尾处如此说道：‘在遥远的古代，先民就形成了恭敬的美德。每天从早到晚都恭恭敬敬，执事者更是恭敬有加。’古代圣主明王教人恭敬，尚且不敢说是自己的原创，而假托为‘从远古学来的’，称古代为‘在昔’，称古代的人为‘先民’。如今你告诫参与会盟的下属说‘有失误时就表现出恭敬’，太骄纵自大了。周恭王能遮掩其祖父和父亲的过失，所以其谥号为‘恭’，楚恭王知错能改，所以也得到了‘恭’的谥号。现在你告诫那些官员说‘有失误才恭敬’，那么，没有出现过失时的恭敬又是怎样的呢？”

荠語

管仲对桓公以霸术

原文

桓公自莒反于齐[①]，使鲍叔为宰[②]，辞曰："臣，君之庸臣也。君加惠于臣，使不冻馁，则是君之赐也。若必治国家者，则非臣之所能也。若必治国家者，则其管夷吾[③]乎。臣之所不若夷吾者五：宽惠柔民[④]，弗若也；治国家不失其柄[⑤]，弗若也；忠信可结于百姓，弗若也；制礼义可法于四方，弗若也；执枹鼓立于军门[⑥]，使百姓皆加勇焉，弗若也。"桓公曰："夫管夷吾射寡人中钩，是以滨[⑦]于死。"鲍叔对曰："夫为其君[⑧]动也。君若宥[⑨]而反之，夫犹是[⑩]也。"桓公曰："若何?"鲍子对曰："请诸鲁。"桓公曰："施伯[⑪]，鲁君之谋臣也，夫知吾将用之，必不予我矣。若之何?"鲍子对曰："使人请诸鲁，曰：'寡君有不令之臣[⑫]在君之国，欲以戮之于群臣，故请之。'则予我矣。"桓公使请诸鲁，如鲍叔之言。

注释

①桓公自莒反于齐：齐襄公被公孙无知所杀，次年公子小白自莒返齐即位，即齐桓公。

②鲍叔：齐国大夫鲍叔牙。宰：太宰，辅佐君主处理国事的官员。

③管夷吾：管仲，名夷吾，字仲。

④柔民：安抚民众。

⑤柄：根本。

⑥枹（fú）：鼓槌。军门：军营之门。
⑦滨：同“濒”，濒临。
⑧君：指公子纠。
⑨宥（yòu）：饶恕，原谅。
⑩犹是：管仲会像为公子纠效力那样效力于桓公。
⑪施伯：鲁国大夫。
⑫不令之臣：指罪臣。令，美好。

译文

桓公从莒国返回齐国即位，任命鲍叔牙为太宰，鲍叔牙推辞说：“我只是君主手下一个平庸的臣子。您对我恩惠有加，让我不受冻不挨饿，已经是莫大的恩惠了。如果一定要治理国家，并非我的能力所及。如果一定要找治理国家的贤才，那么管夷吾一定是可用之人。我在五个方面不如管夷吾：宽大惠爱、安抚民众，我不如他；治理国家并把握根本，我不如他；忠实诚信、团结百姓，我不如他；制定通行天下的法则、礼仪，我不如他；站在军门前指挥军士作战，使百姓勇猛无比，我不如他。”桓公说：“管夷吾曾用箭射中我的衣带钩，我几乎因此死掉。”鲍叔牙说：“这是在为他的君主效力啊。君主您如果饶恕了他，让他回来，管仲也会像为公子纠效力那样为您效力的啊。”桓公问：“怎么能让他回来呢？”鲍叔牙说：“把他从鲁国请回来。”桓公说：“施伯是鲁君的谋臣，他知道我将重用管仲，一定不会交给我的。那该怎么办？”鲍叔牙说：“您派人向鲁国请求说：‘齐君有一个罪臣在贵国，国君想在群臣面前把他处死，请求把他还给我们。’如此鲁国就会将管仲交给我国了。”桓公派人向鲁国请求，结果也正如鲍叔牙所说的那样。

原文

庄公[①]以问施伯，施伯对曰：“此非欲戮之也，欲用其政也。夫管子，天下之才也，所在之国，则必得志于天下。令彼在齐，则必长为鲁国忧矣。”庄公曰：“若何？”施伯对曰：“杀而以其尸授之。”庄公将杀管仲，齐使者请曰：“寡君欲亲以为戮，若不生得以

戮于群臣，犹未得请也。请生之。”于是庄公使束缚以予齐使，齐使受之而退[②]。

注释

①庄公：鲁国君主，姬姓，名同。

②退：返回。

译文

鲁庄公问施伯该如何处置这件事，施伯说：“齐国并不是想处死管仲，而是想任用管仲治理国家。管仲是天下的奇才，他所效劳的国家，将来必定称霸天下。齐国让管仲为政，必将长久地成为鲁国的隐患。”鲁庄公问：“那该如何是好？”施伯说：“将管仲杀死，再把尸体交还齐国。”庄公打算杀掉管仲，齐国使者请求说：“他一定要被我国国君亲自杀死，如果不能将他带回去，在群臣面前将他杀死，那就和我们没有提出请求一样。请让我带上活的管仲回国。”于是鲁庄公只好让人将管仲捆绑起来，交给齐国使者，齐国使者接受后就回国了。

原文

比[①]至，三衅[②]、三浴之。桓公亲逆[③]之于郊，而与之坐而问焉，曰：“昔吾先君襄公，筑台以为高位[④]，田、狩、罼、弋[⑤]，不听国政，卑圣侮士，而唯女是崇。九妃、六嫔，陈妾数百[⑥]，食必粱肉[⑦]，衣必文绣[⑧]。戎士[⑨]冻馁，戎车待游车之裂[⑩]，戎士待陈妾之余。优笑[⑪]在前，贤材在后。是以国家不日引[⑫]，不月长[⑬]。恐宗庙之不扫除，社稷之不血食[⑭]，敢问为此若何？”管子对曰：“昔吾先王昭王、穆王，世法文、武远绩以成名，合群叟，比校[⑮]民之有道者，设象以为民纪[⑯]，式权以相应[⑰]，比缀以度[⑱]，竱本肇末[⑲]，劝[⑳]之以赏赐，纠之以刑罚，班序颠毛[㉑]，以为民纪统[㉒]。”桓公曰：

“为之若何?”管子对曰：“昔者，圣王之治天下也，参其国而伍其鄙[23]，定民之居，成民之事，陵[24]为之终，而慎用其六柄[25]焉。”

注释

①比：及。

②衅：通“熏”，用香熏身。

③逆：迎。

④高位：崇高的地位。

⑤田：在田野上打猎。狩：用围守的方式猎取禽类。罼（bì）：用网猎取雉兔。弋：用带丝线的箭狩猎。

⑥数百：指数量多。

⑦粱肉：精美的膳食。粱，精米。

⑧文绣：绣有彩色花纹的丝织品或服饰。

⑨戎士：战士。

⑩戎车：兵车。游车：游乐所乘的车。

⑪优笑：俳优。

⑫日引：每日增进。引，申。

⑬月长：每月增益。长，益。

⑭血食：配享祭品。古人时常杀牲畜取血进行祭祀。

⑮比校：选拔，考核。

⑯设象：将政府的法令悬挂在宫廷外的阙门上。象，象魏，宫廷外的阙门。民纪：民众纲纪。

⑰式：用。权：平均。相应：适当，适度。

⑱比缀以度：比较人口多寡，依照法度将民众组织起来。缀，连。

⑲竱（zhuǎn）本肇末：先均根本，以端正其末。竱，均等。肇，端正。

⑳劝：鼓励。

㉑班序颠毛：根据头上毛发的黑白程度确定长幼秩序。

㉒纪统：纲纪。

㉓参：三。国：国都。伍：五。鄙：郊区。

㉔陵：高大的陵墓。

㉕六柄：指统治者掌握的生、杀、贫、富、贵、贱六种权力。

译文

管仲回到齐国，三次熏香、三次沐浴。齐桓公亲自前往郊外迎接他，然后让管仲一起坐下并向他询问，说："从前先君襄公修筑高台来显示自己的地位，整天沉迷于田猎游乐，不处理国家政务，蔑视圣贤，轻慢士人，一味地沉湎女色。宫中有九妃、六嫔，侍妾多达数百人，她们吃的是精美的膳食，穿的是彩纹锦绣。士兵们挨饿受冻，战车是破损了的游乐车改成的，要靠侍妾吃剩的粮食养活。俳优、弄臣在君主面前备受恩宠，贤能之士被君主冷落在一边。因此国家没能日日进步，月月发展。长此以往，恐怕齐国的宗庙将没人打扫，江山社稷也会断绝祭祀，请问这种情况该怎么办呢？"管仲回答说："先王昭王、穆王，以世代效法文王、武王的功绩而成名，他们召集国中长老，考察选拔百姓中有德行的人，制定礼法悬挂在象魏上作为民众的纲纪，治政用民注重平均适度，比较人口多寡并遵照法度组织民众，先均根本以端正其末，用奖励劝勉民众向善，用刑罚纠正民众的邪恶，根据头上毛发的斑白程度确定长幼秩序，以此作为民众言行的纲纪。"齐桓公问："那该怎么做呢？"管仲回答说："过去，圣明的君王治理天下，三分国都而五分郊野，划定民众的居住区域，让民众安居乐业，将陵墓作为他们的归宿，并谨慎地使用生、杀、贫、富、贵、贱六种权力。"

原文

桓公曰："成民之事若何？"管子对曰："四民[①]者，勿使杂处，杂处则其言咙[②]，其事易[③]。"公曰："处士、农、工、商若何？"管子对曰："昔圣王之处士也，使就闲燕[④]；处工，就官府；处商，就市井；处农，就田野。

注释

①四民：士、农、工、商。

②哤（máng）：杂乱。

③易：变化。

④闲燕：闲适，清静。

译文

桓公说："让民众安居乐业该怎么做呢？"管仲回答说："士、农、工、商四类民众，不能让他们混杂在一起居住，混杂居住言语就会混乱，他们的事业就会被改变。"齐桓公问："那怎样安排士、农、工、商这四类民众的居住区域呢？"管仲回答说："以前圣明的君王安排士人的住所，使其居住在闲适清静的地方；安排工匠的住所，使其居住在邻近政府的地方；安排商人的住所，使其居住在靠近市井的地方；安排农民的住所，使其居住在接近田郊的地方。

原文

"令夫士，群萃而州处①，闲燕则父与父言义，子与子言孝，其事君者言敬，其幼者言弟②。少而习焉，其心安焉，不见异物③而迁焉。是故其父兄之教不肃④而成，其子弟之学不劳而能。夫是，故士之子恒为士。

注释

①萃：集。州：聚。

②弟：通"悌"，敬重兄长。

③异物：与士无关的事物。
④肃：严肃，督促。

译文

“令那些士人聚集在一起居住，清静闲暇时，父辈之间谈论义，子侄辈之间讨论孝，侍奉君主的探讨敬，年幼的讨论悌。这些人从小就受到熏陶，思想安于士人的职责，不会见异思迁。因此父兄的教诲不用督促就能实行，子弟的学习无须费力就能掌握。这样，士人的后代还是士人。

原文

“令夫工，群萃而州处，审其四时，辨其功苦[①]，权节其用[②]，论比协材[③]，旦暮从事，施于四方，以饬[④]其子弟，相语以事[⑤]，相示以巧，相陈以功[⑥]。少而习焉，其心安焉，不见异物而迁焉。是故其父兄之教不肃而成，其子弟之学不劳而能。夫是，故工之子恒为工。

注释

①辨：区别。功：牢固。苦：脆弱。
②权节：权衡。用：用处。
③论比：选择比较。协材：协调材料的配合。
④饬：教导。
⑤事：工匠的工作。
⑥陈：展示。功：成果。

译文

“令那些工匠聚集在一起居住，了解不同季节的产品需求，辨别其质量的优劣，衡量器材的用处，选用合适的材料，早晚从事劳作，让产品满足全国的需求，以此教导子弟，工匠之间讨论的都是本职工作，互相交流技艺，互相展示成果。这些人从小习染技艺，内心安于工匠的职责，不会见异思迁。因此父兄的教诲不用督促就能实行，子弟的学习无须费力就能掌握。这样，工匠的后代还是工匠。

原文

“令夫商，群萃而州处，察其四时，而监其乡之资[①]，以知其市之贾[②]，负、任、担、荷[③]，服牛、轺马[④]，以周[⑤]四方，以其所有，易其所无，市贱鬻贵[⑥]，旦暮从事于此，以饬其子弟，相语以利，相示以赖[⑦]，相陈以知贾。少而习焉，其心安焉，不见异物而迁焉。是故其父兄之教不肃而成，其子弟之学不劳而能。夫是，故商之子恒为商。

注释

①监：观察。资：货源。

②贾（jià）：通“价”。

③任：抱。荷：扛。

④服牛：驾着牛车。轺（yáo）马：马车。轺，古代的一种轻便小车。

⑤周：环游。

⑥市：买。鬻：卖。

⑦赖：赢利。

译文

“令那些商人聚集在一起居住，了解不同季节的经营需求，熟悉本地的货源，掌握市场行情，或背负，或怀抱，或肩挑，或肩扛，赶着牛车或马车，将货物运到四面八方，用已有的东西来换取缺少的物品，贱价买进，高价卖出，每日从事商业活动，以此教导子弟，商人之间互相谈论生财之道，互相展示各自的赢利，互相陈述各自所了解的物价行情。这些人从小就受到熏陶，内心安于商人的职责，不会见异思迁。所以父兄的教诲不用督促就能实行，子弟的学习无须费力就能掌握。这样，商人的后代还是商人。

原文

“令夫农，群萃而州处，察其四时，权节其用，耒、耜、枷、芟[1]，及寒，击菒[2]除田，以待时耕；及耕，深耕而疾耰[3]之，以待时雨；时雨既至，挟其枪、刈、耨、镈[4]，以旦暮从事于田野。脱衣就功[5]，首戴茅蒲[6]，身衣袯襫[7]，沾体涂足[8]，暴[9]其发肤，尽其四支之敏[10]，以从事于田野。少而习焉，其心安焉，不见异物而迁焉。是故其父兄之教不肃而成，其子弟之学不劳而能。夫是，故农之子恒为农，野处而不暱[11]。其秀民[12]之能为士者，必足赖[13]也。有司见而不以告，其罪五[14]。有司已于事[15]而竣。”

注释

①耒（lěi）：一种形似木叉的原始翻土农具。耜（sì）：一种形似铲的翻土农具。枷（jiā）：连枷，打谷用的农具。芟（shān）：镰刀。

②击菒（gǎo）：锄草。

③耰（yōu）：平整田地时用的一种农具。

④枪：长柄状，掘土用的农具。刈（yì）：镰刀。耨（nòu）：古代类似锄

头的锄草工具。镈（bó）：锄头一类的工具。

⑤就功：劳动。

⑥茅蒲：斗笠。

⑦袯（bó）襫（shì）：蓑衣。

⑧沾：浸湿。涂足：泥巴糊满双足。

⑨暴：暴露。

⑩敏：敏捷。

⑪慝：通“慝”，奸邪，邪恶。

⑫秀民：优秀的农民。

⑬赖：依赖。

⑭其罪五：指墨、劓、刖、宫、大辟五种刑罚。

⑮事：推荐人才。

译文

“令那些农民聚集在一起居住，了解不同季节的农事，根据不同的农事准备耒、耜、枷、镰等农具，到了冬天，要除去枯草，整修田地，以等待春耕；春耕一旦来到，就要深耕细作，尽快将土块打碎，等待春天的及时雨；一场春雨过后，农民就要带着枪、刈、耨、镈等农具，从早到晚在田野耕作。农民劳动时脱去上衣，头戴草帽，身穿蓑衣，全身沾满泥土，太阳暴晒皮肤，使出全部的力气在田里干活。这些人从小就受到熏陶，内心安于农民的职责，不会见异思迁。所以父兄的教诲不用督促就能实行，子弟的学习无须费力就能掌握。这样，农民的后代还是农民，他们居住在郊野而未沾染不良习气。其中能入仕的优秀者，一定足以信赖。有关官员见到这样的人才不予推荐，要受到五刑的处罚。他们必须推荐贤才，才算得上称职。”

原文

桓公曰：“定民之居若何？”管子对曰：“制国以为二十一乡①。”桓公曰：“善。”管子于是制国以为二十一乡：工商之乡六②；士乡十五③。公帅五乡④焉，国子帅五乡焉，高子帅五乡焉⑤。

参国起案[6]，以为三官[7]，臣立三宰[8]，工立三族[9]，市立三乡[10]，泽立三虞[11]，山立三衡[12]。

注释

①制国：划分国土。乡：两千家为一乡。

②工商之乡六：工匠和商人共设六乡。

③士乡十五：士人和农民共十五个乡。

④公帅五乡：齐桓公帅五乡之士，为中军。

⑤“国子”二句：国子和高子各帅五乡之士，为左军、右军。

⑥参国：将国家的行政机构分为三个部分。起案：划清界限。

⑦三官：设立士、工、商三官。

⑧臣立三宰：群臣设立三位卿士。

⑨工立三族：工匠设立三族之官。

⑩市立三乡：商人设立三乡之官。

⑪虞：主管川泽之官。

⑫衡：主管山林之官。

译文

桓公问：“怎样确定百姓的住所呢?”管仲回答说：“把国都分为二十一个乡。”桓公说：“好啊。”管仲于是将齐国国都划分为二十一乡：其中六个工商之乡，十五个士乡。齐桓公亲率五乡之士，上卿国子率五乡，上卿高子率五乡。分国事为三，各种官职也各设置三名，设三卿主管群臣，设三族主管工匠，设三乡主管商人，设三虞主管川泽，设三衡主管山林。

原文

桓公曰："吾欲从事于诸侯[1]，其可乎？"管子对曰："未可，国未安。"桓公曰："安国若何？"管子对曰："修旧法，择其善者而业[2]用之；遂滋民[3]，与无财[4]，而敬百姓，则国安矣。"桓公曰："诺。"遂修旧法，择其善者而业用之；遂滋民，与无财，而敬百姓。国既安矣，桓公曰："国安矣，其可乎？"管子对曰："未可。君若正卒伍[5]，修甲兵，则大国亦将正卒伍，修甲兵，则难以速得志矣。君有攻伐之器，小国诸侯有守御之备，则难以速得志矣。君若欲速得志于天下诸侯，则事可以隐令[6]，可以寄[7]政。"桓公曰："为之若何？"管子对曰："作内政而寄军令焉。"桓公曰："善。"

注释

①从事于诸侯：采取行动称霸诸侯。

②业：叙，次第。

③遂：繁育。滋：生长。

④与无财：帮助穷人。

⑤卒伍：西周以五人为伍，百人为卒。管仲改为五人为伍，两百人为卒。

⑥事：军事。隐令：隐藏军令。

⑦寄：假托。管仲的指导方针是寓军于政、军政合一。

译文

桓公说："我想在诸侯中做一番事业，可以行动了吗？"管仲回答说："不行，国家还不安定。"桓公问："怎样来安定国家呢？"管仲说："整顿已有的法令，选择合用的修订施行；然后繁育人口，救济贫困，安抚百姓，这样国家就安定了。"齐桓公说："好。"于是修订旧法令，选择其中适用的法令而加以叙用；繁育人口，救济贫困，安抚百姓。齐国由此得到安定。齐桓公问：

"国家安定了，可以行动了吗？"管仲回答说："不可以。您如果整顿军队，修造盔甲和兵器，其他大国纷纷效仿，我们就难以很快实现志向了。您有进攻的武器，小国诸侯也有防御的准备，我们也难以很快实现志向。君主您如果想迅速称霸于天下诸侯，那么在军事上可以采取隐藏命令的方法，可以采用在国政中寄寓军令的做法。"桓公问："怎么做呢？"管仲回答说："在处理内政时寄寓军令。"桓公说："好。"

原文

管子于是制国[①]："五家为轨，轨为之长[②]；十轨为里，里有司[③]；四里为连，连为之长；十连为乡，乡有良人[④]焉。以为军令[⑤]：五家为轨，故五人为伍，轨长帅之；十轨为里，故五十人为小戎[⑥]，里有司帅之；四里为连，故二百人为卒，连长帅之；十连为乡，故二千人为旅，乡良人帅之；五乡一帅，故万人为一军，五乡之帅[⑦]帅之。三军，故有中军之鼓，有国子之鼓，有高子之鼓。春以蒐振旅[⑧]，秋以狝[⑨]治兵。是故卒伍整于里，军旅整于郊。内教既成，令勿使迁徙。伍之人祭祀同福[⑩]，死丧同恤，祸灾共之。人与人相畴[⑪]，家与家相畴，世同居，少同游。故夜战声相闻，足以不乖[⑫]；昼战目相见，足以相识。其欢欣足以相死[⑬]。居同乐，行同和，死同哀。是故守则同固，战则同强。君有此士也三万人，以方行[⑭]于天下，以诛无道，以屏[⑮]周室，天下大国之君莫之能御。"

注释

①制国：制定国家的政令。

②轨为之长：在一轨之中设立轨长。

③里有司：在一里之中设立有司。

④良人：乡大夫。

⑤以为军令：将居民体制变为军事体制，对居民下达军令。

⑥小戎：里有司所乘的兵车。

⑦五乡之帅：一军之长，即卿。

⑧蒐：春天打猎。振旅：操练军队。

⑨狝（xiǎn）：古代指秋猎。

⑩同福：共同祈福。

⑪畴：搭档，相伴。

⑫乖：误杀。

⑬相死：以死相救。

⑭方行：横行。

⑮屏：藩篱。

译文

于是管仲制定了国家的政令："五家为一轨，轨设轨长；十轨为一里，里设有司；四里为一连，连设连长；十连为一乡，乡设良人。同时对居民下达军令：五家为一轨，因此五人为一伍，由轨长统率；十轨为一里，因此五十人编为一小戎，由有司统率；四里为一连，因此两百人为一卒，由连长统率；十连为一乡，因此两千人为一旅，由乡良人统率；五乡为一帅，因此万人为一军，由五乡之帅统率。全国可编为三军，所以有国君亲自统率的中军的旗鼓，有国子的旗鼓，有高子的旗鼓。春天用春猎的名义来整编军队，秋天以秋猎的名义来操练军队。这样卒、伍一级的小队伍在里中就已经编就，军、旅一级的大兵团在郊野中就得以组成。内政中既已包含了军事组织，就得命令民众不得迁徙。同一个伍的人祭祀时同享酒肉，死丧时大家哀伤，有了灾祸共同承担。人与人相处，家与家相处，世世代代聚居在一起，小时候同游同乐。因此在夜战之时能够辨识彼此说话的声音，足以不发生误杀；白天作战时能相互看见，足以认出同伴。那种欢乐的心情，能促使他们拼死互助。在家时共同欢乐，行军时融洽无间，战死时一起哀伤。所以，防守坚固不移，作战英勇顽强。您若能拥有三万名这样的兵士，便可率领他们横行天下，讨伐无道，保卫王室，天下的诸侯就没有能与您对抗的了。"

管仲佐桓公为政

原文

正月之朝①，乡长复事。君亲问焉，曰："于子之乡，有居处好学、慈孝于父母、聪慧质仁、发闻于乡里者，有则以告。有而不以告，谓之蔽明，其罪五②。"有司已于事而竣。桓公又问焉，曰："于子之乡，有拳勇股肱之力秀出于众者，有则以告。有而不以告，谓之蔽贤，其罪五。"有司已于事而竣。桓公又问焉，曰："于子之乡，有不慈孝于父母、不长悌于乡里、骄躁淫暴、不用上令者，有则以告。有而不以告，谓之下比，其罪五。"有司已于事而竣。是故乡长退而修德进贤，桓公亲见之，遂使役官。

桓公令官长期而书伐，以告且选，选其官之贤者而复用之，曰："有人居我官，有功休德，惟慎端悫以待时，使民以劝，绥谤言，足以补官之不善政。"桓公召而与之语，訾相其质，足以比成事，诚可立而授之。设之以国家之患而不疚，退问之其乡，以观其所能而无大厉，升以为上卿之赞。谓之三选③。国子、高子④退而修

乡，乡退而修连，连退而修里，里退而修轨，轨退而修伍，伍退而修家。是故匹夫有善，可得而举也；匹夫有不善，可得而诛也。政既成，乡不越长，朝不越爵，罢士无伍，罢女无家。夫是，故民皆勉为善。与其为善于乡也，不如为善于里；与其为善于里也，不如为善于家。是故士莫敢言一朝之便，皆有终岁之计；莫敢以终岁之议，皆有终身之功。

桓公曰："伍鄙若何?"管子对曰："相地而衰征，则民不移；政不旅旧，则民不偷[⑤]；山泽各致其时，则民不苟；陆、阜、陵、墐、井、田、畴均，则民不憾[⑥]；无夺民时，则百姓富；牺牲不略，则牛羊遂。"桓公曰："定民之居若何?"管子对曰："制鄙[⑦]。三十家为邑，邑有司；十邑为卒，卒有卒帅；十卒为乡，乡有乡帅；三乡为县，县有县帅；十县为属，属有大夫。五属，故立五大夫，各使治一属焉；立五正，各使听一属焉。是故正之政听属，牧政听县，下政听乡。"桓公曰："各保治尔所，无或淫怠而不听治[⑧]者!"

注释

①正月之朝：周礼规定，每年正月初一，官吏要到大司徒处接受教法，并汇报政事，接受考核。朝，朝见国君。

②罪五：五种轻重不同的刑罚，即墨、劓、刵、宫、大辟。

③三选：古代的一种选官制度，先由乡长推荐，再由官长选拔，最后由国君亲自面试决定录用与否。

④国子、高子：二人均为齐国的正卿。

⑤偷：苟且。

⑥憾：怨恨。

⑦制鄙：治理国都以外的郊野。

⑧不听治：不服管理。

译文

正月初一朝见国君的时候，乡长们汇报政事。桓公亲自问询，说："在你的乡里，发现好学上进、孝敬父母、聪明仁惠且具有好名声的人，应及时推荐给上级。若发现这样的人却不上报，埋没了贤才，就要判处五刑。"掌管此项事务的官员向桓公报告了这方面的情况后退了下去。桓公又对乡长们说："在你的乡里，发现勇敢身健、力量出众的人，应及时推荐给上级。若发现这样的人却不上报，埋没了贤才，就要判处五刑。"掌管此项事务的官员向桓公报告了这方面的情况后退了下去。桓公还对乡长们说："在你的乡里，发现不孝敬父母、不友爱兄弟、骄横暴戾、不服管教的人，就应及时向上级报告。若发现这样的人却不上报，就是包庇坏人，就要判处五刑。"掌管此项事务的官员向桓公报告了这方面的情况后退了下去。因此乡长们回去之后都修身立德，积极地向上级举荐贤才，桓公亲自接见了这些被举荐的人，并赐予他们官位。

桓公命令官长每年都要记录好那些为国家做出贡献的人，以便上报备案，从中选拔出能委以重任的官员。推荐人才的时候说："我这里有这样的官员，他功劳很大，品德高尚，处事谨慎、正派，善于把握时机，能劝勉百姓，制止诽谤，这个人完全能取代那些不称职的官员。"然后桓公召见被推荐的人，与他交流，评估其素质，看他是否能胜任相应的官职，考问确实可以提拔、重用的就委以重任。桓公还会以国家可能发生的祸患来考问他们，若他们回答得上来，就会再考问他们乡里的情况，以观察他们的能力，如没有大毛病，就提拔他们做上卿的助手。这种乡长推荐—官长选拔—国君面试的选拔方法，叫作三选。国子、高子回去后整治乡政，乡长回去后整治连政，连长回去后整治里政，里有司回去后整治轨，轨长回去后整治伍，伍回去后整治家。所以百姓中凡有好的、有才的，便可得到推举；百姓中凡有坏的，便会受到惩罚。政令制定及颁布后，乡里不逾越长幼的次序，朝中不逾越爵位的等级，没有德行的男子不能入伍，没有德行的女子不能外嫁。如此一来，百姓尽可能地做好事。与其在乡里做好事，不如回到里中做好事；与其在里中做好事，不如回到家中做好事。所以大家都不敢只图一时的便宜，都有整年的安排；都不敢满足于一年的计划，都有终生建功立业的规划。

桓公问："伍鄙怎样治理呢？"管子回答说："依照土地的好坏制定不同的赋税标准，那么百姓就不会背井离乡；为政不抛弃先君故旧，百姓就不会苟且从事；山林河泽依照时令开放或封禁，百姓就不会随意出入去砍柴、捕猎；陆地、土山、井田等分配均平，百姓就不会怨恨；不耽误农业生产，百姓就能富足；祭祀用的牲畜有节制地屠杀，牛羊就能繁殖增加。"桓公问："如何安排百姓的居处呢？"管仲回答道："在郊野规划居住区。规定郊野三十家为一邑，邑有管理人员；十邑为一卒，由卒帅领导；十卒为一乡，由乡帅领导；三乡为一县，由县帅领导；十县为一属，由大夫领导。全国共分五属，所以设立五位大夫，让他们各自治理一属的政事；另外再设立五位政长，让他们各自监察一属的政事。所以五位政长的职责就是监察五位大夫的治理情况，五位大夫的职责就是监察县帅的治理情况，县帅的职责就是监察乡帅的治理情况。"桓公说："各自治理好所管辖的地方，不要出现怠慢政事不服管理的情况！"

管仲教桓公足甲兵

原文

桓公问曰："夫军令则寄诸内政矣，齐国寡甲兵，为之若何？"管子对曰："轻过而移诸甲兵。"桓公曰："为之若何？"管子对曰："制重罪赎以犀甲一戟①，轻罪赎以鞼盾②一戟，小罪谪以金分③，宥间罪④。索讼者三禁而不可上下⑤，坐成以束矢⑥。美金⑦以铸剑

戟，试诸狗马；恶金以铸锄、夷、斤、斸⑧，试诸壤土。”甲兵大足。

注释

①重罪：指死罪。犀甲：用犀牛皮制成的铠甲。戟：古代一种合戈、矛为一体的长柄兵器。

②鞼（guì）盾：有花纹的皮革制成的盾牌。

③小罪：不入五刑的罪行。金分：指罚金。

④间罪：有异议的犯罪行为。

⑤三禁：禁闭三天。不可上下：指讼词已定，不可更改。

⑥坐成：指讼词写定，官府受理诉讼。束矢：十二支矢为一束。这里指诉讼费。

⑦美金：指青铜。

⑧恶金：指铁。夷：用于平整土地的农具。斤：斧头。斸（zhú）：大锄。

译文

齐桓公问道：“军令已经含在政令中实施了，但齐国军备匮乏，该如何筹办呢？”管仲回答说：“减轻刑罚，让罪犯拿铠甲与兵器来赎罪。”桓公说：“如何施行呢？”管仲回答说：“犯死罪的可以用犀甲与一杆戟来赎罪，犯轻罪的可以用鞼盾与一杆戟来赎罪，犯小罪的就处以罚金，有犯罪嫌疑但无法确定的，不予惩罚。申请打官司的人先禁闭三天，让他们确定好讼词，讼词定下后要缴纳一束箭作为诉讼费。青铜用来铸造剑戟，然后用狗马来试验是否锋利；铁用来铸造农具，然后用土壤来试验是否足够坚硬。”齐国的军备自此得到了极大的扩充。

桓公帅诸侯而朝天子

原文

桓公曰："吾欲南伐，何主[1]？"管子对曰："以鲁为主。反其侵地棠、潜[2]，使海于有蔽[3]，渠弭于有渚[4]，环山于有牢[5]。"桓公曰："吾欲西伐，何主？"管子对曰："以卫为主。反其侵地台、原、姑与漆里[6]，使海于有蔽，渠弭于有渚，环山于有牢。"桓公曰："吾欲北伐，何主？"管子对曰："以燕为主。反其侵地柴夫、吠狗[7]，使海于有蔽，渠弭于有渚，环山于有牢。"四邻大亲。既反侵地，正封疆，地南至于䱽阴[8]，西至于济[9]，北至于河[10]，东至于纪酅[11]，有革车八百乘。择天下之甚淫乱者而先征之。

注释

①主：东道主。指为齐国军队供应军需物资的诸侯国。

②棠、潜：鲁国的两座城邑。

③海：海滨。蔽：军事屏障。

④渠弭：小海。渚：水中可供人居住的小岛。

⑤环山：环绕的山峦。牢：牢固。

⑥台、原、姑与漆里：卫国的四座城邑。

⑦柴夫、吠狗：燕国的两座城邑。

⑧䱽（táo）阴：地名，齐国南部边界的城邑。

⑨济：济水。

⑩河：黄河。

⑪纪酅（xī）：纪国地名，在今山东淄博东。

译文

齐桓公说："我打算征伐南方，哪个国家可以做东道主供给我们军用？"管仲回答说："用鲁国做东道主。我们返还所侵占的鲁国棠、潜二邑，这样我们在海滨就有了屏蔽之地，在海湾就有了可以驻扎军队的洲渚，环绕的山峦会使防护更加牢固。"桓公说："我打算征伐西方，哪个国家可以做东道主供给我们军用？"管仲回答说："用卫国做东道主。我们返还所侵占的卫国台、原、姑与漆里四邑，这样我们在海滨就有了屏蔽之地，在海湾就有了可以驻扎军队的洲渚，环绕的山峦会使防护更加牢固。"桓公说："我打算征伐北方，哪个国家可以做东道主供给我们军用？"管仲回答说："用燕国的做东道主。我们返还所侵占的燕国的柴夫、吠狗二邑，这样我们在海滨就有了屏蔽之地，在海湾就有了可以驻扎军队的洲渚，环绕的山峦会使防护更加牢固。"于是齐国与周边国家都建立起睦邻关系。归还了所侵占的邻国土地，重新划定了疆界以后，齐国的国土南至鲐阴，西达济水，北到黄河，东临纪国的酅城，拥有兵车八百辆。然后选择当时最淫乱的国家首先发动进攻。

原文

即位数年，东南多有淫乱者，莱、莒、徐夷、吴、越，一战帅服①三十一国。遂南征伐楚，济汝②，逾方城③，望汶山，使贡丝于周而反。荆州诸侯④莫敢不来服。遂北伐山戎，刜令支、斩孤竹而南归⑤。海滨诸侯莫敢不来服。与诸侯饰牲为载⑥，以约誓⑦于上下庶神，与诸侯戮力⑧同心。西征攘白狄之地⑨，至于西河，方舟设泭⑩，乘桴济河，至于石枕。悬车束马⑪，逾太行与辟耳之溪拘夏⑫，西服流沙、西吴。南城于周，反胙⑬于绛，岳滨诸侯莫敢不来服。而大朝诸侯于阳谷，兵车之属⑭六，乘车之会三，诸侯甲不解

累[15]，兵不解翳[16]，弢无弓[17]，服无矢[18]。隐武事，行文道，帅诸侯而朝天子。

注释

①帅服：顺服。

②济汝：渡过汝水。

③逾方城：翻越方城山。方城，时为楚国北境。

④荆州诸侯：指楚国及其附属诸侯国。

⑤山戎：北戎的一支，经常南下侵扰燕、郑、齐等国。刜（fú）：击，攻打。令支：山戎的盟国。孤竹：也是山戎的盟国。

⑥饰牲为载：陈列祭品，将盟书放在祭品之上，不歃血。载，载书，即盟书。

⑦约誓：盟誓。

⑧戮力：齐心协力。

⑨攘：却。白狄：赤狄的分支，主要分布在今陕北部高原，少数分布在山西西部。

⑩方舟：将船只连在一起。泭（fú）：木筏。

⑪悬车束马：悬吊兵车，束紧马缰绳。

⑫太行：太行山。辟耳：山名。拘夏：辟耳山一个险要的溪谷。

⑬胙：赐祭肉。代指君位。

⑭属：指盟会。

⑮累：通“缧”，系盔甲的绳索。

⑯翳：装兵器的袋子。

⑰弢（tāo）无弓：弓袋中没有弓。弢，弓袋。

⑱服无矢：箭袋中没有箭。服，通“箙”，盛放箭的器具。

译文

齐桓公即位后的最初几年，东南方有很多淫乱的国家，如莱、莒、徐夷、吴和越等，齐国一次出兵就征服了三十一个国家。于是又向南进攻楚国，渡过汝水，翻越方城山，汶山也已经可以望见了，迫使楚国向周王室朝贡丝帛，然后才撤军。荆州一带的诸侯没有人敢不来臣服。齐桓公于是北伐山戎，攻打令支国、打败孤竹国而后南归。海滨一带的诸侯没有人敢不来臣服。齐国与这些诸侯举行会盟并把盟书陈列于祭品之上，以此向天地间的神灵发誓，愿永远和诸侯并力同心。齐桓公于是西征，在白狄之地击退狄人，到达西河，将船只连在一起，制造木筏，乘筏渡河，抵达晋国的石枕。为了通过当地的高山深谷，齐国军队悬吊起兵车，束紧马缰绳翻越了太行山和辟耳山的拘夏溪，征服了西面的流沙和西吴。然后向南为周王室筑城，帮助晋惠公在绛城即位，吴岳一带的诸侯没有人敢不来臣服。于是齐桓公在阳谷举行大规模的诸侯盟会，齐桓公执政期间，共组织过六次有阅兵仪式的盟会，又举行过三次不带兵车的盟会，诸侯纷纷休兵卸甲，弓箭入库。在平息了诸侯国之间的战乱、推行文治之道的基础上，齐桓公率领各诸侯恢复了对周天子的朝见。

桓公霸诸侯

原文

桓公忧天下诸侯。鲁有夫人、庆父之乱①，二君②弑死，国绝无嗣。桓公闻之，使高子③存之。

注释

①夫人：鲁庄公夫人哀姜。庆父：庄公之弟共仲。

②二君：指鲁庄公太子般和鲁闵公。

③高子：齐国上卿高奚敬仲。

译文

齐桓公担忧天下诸侯。鲁国哀姜与庆父淫乱祸国，先后杀了两个国君，使得君位无人继承。桓公听说这件事后，派高子前往鲁国立鲁僖公为君，延续鲁国国祚。

原文

狄人攻邢①，桓公筑夷仪②以封之，男女不淫，牛马选具③。狄人攻卫，卫人出庐④于曹，桓公城楚丘⑤以封之。其畜散而无育，桓

公与之系马[6]三百。天下诸侯称仁焉。于是天下诸侯知桓公之非为己动也，是故诸侯归之。

注释

①邢：周公之子的封地。

②夷仪：邢国城邑。

③选具：齐备。

④庐：寄居。

⑤楚丘：卫国地名。

⑥系马：厩养的马。

译文

北方的狄人攻打邢国，齐桓公在夷仪修筑城墙，用来安置邢国，使邢国百姓免于被狄人奸淫掳掠，牛马也能得到保存。狄人攻打卫国，卫国的百姓迁移到曹国避难，齐桓公就将卫国人迁往楚丘安置，并为其修筑城邑。卫国人的牲畜在战乱中散失殆尽，桓公就送给他们养在马厩里的三百匹良马。天下诸侯都知道桓公的这些举措是出于公心，一致称赞桓公的仁德，纷纷心悦诚服地归附于他。

原文

桓公知诸侯之归己也，故使轻其币而重其礼。故天下诸侯罢马[1]以为币，缕綦以为奉[2]，鹿皮四个；诸侯之使垂橐[3]而入，稛[4]载而归。故拘之以利，结之以信，示之以武，故天下小国诸侯既许桓公，莫之敢背，就其利而信其仁、畏其武。桓公知天下诸侯多与己也，故又大施忠焉。可为动者为之动，可为谋者为之谋，军谭、遂而不有也[5]，诸侯称宽焉。通齐国之鱼盐于东莱，使关市几[6]而不征，以为诸侯利，诸侯称广焉。筑葵兹、晏、负夏、领釜丘[7]，以

御戎、狄之地，所以禁暴于诸侯也；筑五鹿、中牟、盖与、牡丘[8]，以卫诸夏之地，所以示权于中国也。教大成，定三革[9]，隐五刃[10]，朝服以济河而无怵惕焉，文事胜矣。是故大国惭愧，小国附协。唯能用管夷吾、甯戚、隰朋、宾胥无、鲍叔牙之属而伯功立[11]。

注释

①罢马：劣马。

②缕綦（qí）：用麻线织綦。奉：垫玉器用的衬布。

③橐（tuó）：口袋。

④稇（kǔn）：古同“捆”，捆束。

⑤谭、遂：古国名。

⑥几：稽查。

⑦葵兹、晏、负夏、领釜丘：皆为与少数民族接壤的军事要塞。

⑧五鹿、中牟、盖与、牡丘：皆为中原各国的战略要地。

⑨三革：指甲、胄、盾。

⑩五刃：指刀、剑、矛、戟、矢。

⑪管夷吾、甯戚、隰朋、宾胥无、鲍叔牙：齐国的五位卿、大夫。正是这五人奠定了齐国的霸业。

译文

齐桓公知道天下诸侯都已归附自己了，所以特意减轻了诸侯前来朝见的贡赋，并回赠他们以重礼。所以，诸侯前来朝见时可以用劣马作为见面礼，可以用麻织的粗布作为垫玉器的衬布，甚至不是整张的鹿皮也可以作为见面礼；诸侯的使者空手而来，却满载而归。由于齐国用利益笼络他们，用诚信结交他们，用武力威慑他们，所以那些小诸侯国只要与齐桓公签订盟约后，就不敢背信弃约，这是因为他们贪图齐国的财物、信服齐国的仁义、慑服于齐国的武力。桓公知道天下诸侯归附于他大多出自真心，所以又大力推行自己的忠信。可以采取行动帮助诸侯的就行动，可以为诸侯出谋划策的就尽力谋划，桓公派军队灭掉了谭国与遂国，自己却不占有，而是将土地分给诸侯，所以诸侯都称颂桓公宽厚。桓公还取消了对东莱诸国鱼盐的禁运，命令关市对过往的鱼盐只检查而不征税，为诸侯谋取利益，诸侯无不称颂桓公的恩泽。他在葵兹、晏、负夏、领釜丘等地加强边防，以防御戎人与狄人劫掠各诸侯国；他还下令修筑五鹿、中牟、盖与、牡丘等战略要地，以捍卫中原诸国的领地，用这种方法向天下各国宣示自己的权威。桓公的教化终于见到成效，于是各诸侯国都封藏了甲胄盾和刀剑矛戟矢，穿上朝服西渡黄河与晋国这样强大的对手打交道也毫不担心，桓公的文治大获成功。以至于大国自觉不如齐国，小国纷纷归附齐国。齐桓公能成就这样的霸业，与他能重用管仲、甯戚、隰朋、宾胥无、鲍叔牙等贤能之士密不可分。

晋语一

史苏论献公伐骊戎胜而不吉①

原文

献公卜伐骊戎，史苏②占之，曰："胜而不吉。"公曰："何谓也?"对曰："遇兆③，挟以衔骨④，齿牙为猾⑤，戎、夏交捽⑥。交捽，是交胜也，臣故云。且惧有口⑦，携民⑧，国移心焉。"公曰："何口之有！口在寡人，寡人弗受，谁敢兴之?"对曰："苟可以携，其入也必甘受⑨，逞⑩而不知，胡可壅也⑪?"公弗听，遂伐骊戎，克之。获骊姬⑫以归，有宠，立以为夫人。公饮大夫酒，令司正实爵与史苏⑬，曰："饮而无肴⑭。夫骊戎之役，女曰'胜而不吉'，故赏女以爵，罚女以无肴。克国得妃，其有吉孰大焉！"史苏卒爵，再拜稽首⑮曰："兆有之，臣不敢蔽。蔽⑯兆之纪，失臣之官⑰，有二罪焉，何以事君？大罚将及，不唯无肴。抑君亦乐其吉而备其凶，凶之无有，备之何害？若其有凶，备之为瘳⑱。臣之不信⑲，国之福也，何敢惮罚。"

注释

①献公：晋国国君，名诡诸。骊戎：西戎的一支，在骊山一带游牧。

②史苏：晋国大夫，掌管占卜的史官。

③兆：卦兆。

④挟：夹持。衔骨：卦兆中有一条纵线，就像人口中衔了一根骨头。

⑤齿牙为猾：齿牙，卦兆上下出现细小的裂纹，就像人的牙齿。猾，弄，

象征将有谗言。

⑥戎、夏交捽（zuó）：龟兆有二画，外画象征戎，内画象征华夏。戎，骊戎。夏，指晋国。交捽，交替冲突。

⑦有口：由于衔骨、齿牙都在口中，所以卦兆主有口舌。

⑧携民：离间百姓。

⑨入：听信谗言。甘受：甘愿承受，乐意接受。

⑩逞：快意。

⑪胡：何。壅：堵塞。

⑫骊姬：骊戎首领的女儿。

⑬司正：主管宾主礼仪的官员。实：满。爵：酒杯。

⑭肴：做熟的鱼肉等。

⑮稽首：古代的一种跪拜礼。

⑯蔽：隐瞒。

⑰失臣之官：失去我占卜的职守。

⑱瘳（chōu）：病愈。此指祸患消失。

⑲不信：指占卜不准。

译文

晋献公卜问讨伐骊戎的吉凶，史官苏占卜后，说："能获胜但不吉利。"献公问："什么意思？"史官苏回答说："龟甲兆纹显示，卦象中有一条纵向的线，就像人衔着一根骨头，并不停地搅弄着，这表示骊戎和晋国会交替发生冲突。交替冲突，就交替胜利，所以我说获胜但不吉利。况且，兆象中最怕有口舌，会离间亲人的关系，国人因此离心离德！"献公说："怎么会有口舌！口舌在我的控制之中，我不听口舌，谁敢兴起口舌？"史官苏说："如果真要离间，那么您一定会乐意听进去，乐意听而不知受了蒙蔽，又怎么能防住口舌呢？"献公不听，于是起兵讨伐骊戎，取得了胜利。献公俘获骊姬回晋国，对她宠幸有加，立其为夫人。献公请大夫们宴饮，命令司正斟满一杯酒给史官苏，说："只喝酒，不准吃菜。在征伐骊戎前，你说'胜而不吉'，所以要赏你一杯酒，罚你不许吃菜。战胜骊戎，得到配偶，哪有比这更大的吉利！"史官苏喝了酒，跪拜叩头，说："龟甲是这样预示的，我不敢隐瞒。隐瞒龟甲的预兆，失去我的占卜职守，犯了这两宗大罪，我还拿什么侍奉君主？更大的灾祸将要降临，那就不仅仅是没有菜吃的问题了。或许君主您可以在高兴吉兆的同时防备凶兆，如果没有凶兆，加以防范又有什么害处呢？如果真有凶兆，加以防备也可以减轻损失。我的占卜不准，是国家的福气，我怎敢怕被惩罚。”

原文

饮酒出，史苏告大夫曰：“有男戎必有女戎①。若晋以男戎胜戎，而戎亦必以女戎胜晋，其若之何！”里克曰：“何如?”史苏曰：“昔夏桀伐有施②，有施人以妺喜女焉③，妺喜有宠，于是乎与伊尹比而亡夏④。殷辛伐有苏⑤，有苏氏以妲己⑥女焉，妲己有宠，于是乎与胶鬲⑦比而亡殷。周幽王伐有褒⑧，褒人以褒姒女焉，褒姒有宠，生伯服，于是乎与虢石甫⑨比，逐太子宜臼⑩而立伯服。太子出奔申⑪，申人、鄫⑫人召西戎以伐周，周于是乎亡。今晋寡德而安俘女⑬，又增其宠，虽当三季之王⑭，不亦可乎？且其兆云：‘挟以衔骨，齿牙为猾。’我卜伐骊，龟往离散以应我。夫若是，贼⑮之兆也，非吾宅⑯也，离则有之⑰。不跨⑱其国，可谓挟乎？不得其君，能衔骨乎？若跨其国而得其君，虽逢齿牙，以猾其中，谁云不从？诸夏从戎，非败而何？从政者不可以不戒⑲，亡无日矣！”

注释

①男戎：男兵。女戎：女兵。此指骊姬。

②夏桀：夏朝末代君主，名癸，一名履癸，谥号“桀”。有施：喜姓诸侯国。有，词头，无实义。

③妺喜：有施国国君之女。女：动词，将女子进献给他人。

④伊尹：商汤时的贤相伊挚。比：比功。指伊尹和妺喜从正反两方面推动灭夏。

⑤有苏：己姓诸侯国。

⑥妲己：有苏国君之女。

⑦胶鬲：商朝的贤臣，后弃商从周，助武王灭纣。

⑧周幽王：周宣王之子，名宫涅。有褒：姒姓诸侯国。

⑨虢石甫：周幽王时的卿士，有名的奸臣。

⑩宜臼：周平王，东周第一位君王。

⑪申：姜姓诸侯国，为太子宜臼母亲的娘家。

⑫鄫：姒姓诸侯国。

⑬寡德：德行不足。安：心安。

⑭三季之王：夏桀、殷纣王、周幽王。季，末世。

⑮贼：伤害。此指败国、亡国。

⑯非吾宅：不是我们安居的地方。

⑰离则有之：出现国家分离的情形。

⑱跨：占据。

⑲戒：警戒。

译文

喝完酒出来以后，史官苏对大夫们说：“有男兵就一定有女兵。如果在战场上晋国的男兵战胜骊戎，那么在宫廷里就一定有骊戎的女兵战胜晋国，这该怎么办！”大夫里克问：“女兵怎样战胜晋国呢？”史官苏说：“从前夏桀征伐有施氏，有施氏把妹喜进献给夏桀，妹喜受到夏桀的宠爱，于是与伊尹促成了夏朝的灭亡。殷纣王征伐有苏国，有苏氏把妲己进献给纣王，妲己也得到了殷纣王的宠爱，于是妲己与胶鬲促成了殷朝的灭亡。周幽王征伐褒国，褒国把褒姒进献给幽王，褒姒同样受到周幽王的宠爱，生下伯服，于是褒姒与虢石甫一起赶走了太子宜臼，立伯服为太子。太子宜臼逃往申国，申国人、鄫国人联合西戎讨伐西周，西周由此而亡国。如今晋国德行不足却贪恋俘虏的骊戎美女，又对她宠爱有加，把晋君比作夏桀、殷纣王、周幽王这三个末代帝王，不也可以吗？况且龟兆显示：‘交会之处衔着一根骨头，在牙齿间反复搅弄。’我占卜的是征伐骊戎的凶兆，龟兆却显示出晋国的离散。如果是这样，那这是贼害国家的征兆啊，晋国不是我们安居的地方，就是国家也有分裂的危险。骊姬不深入晋国，可以说是夹持吗？骊姬没有得到国君的宠幸，能说是衔骨吗？如果深入晋国而又得到国君的宠幸，即使遇到齿牙，又搅弄其中，谁敢不服从？晋国任由骊戎的女人控制，不是失败又是什么？执政的大夫要警戒，国家距离灭亡没有几天了！”

原文

郭偃[①]曰："夫三季王之亡也宜。民之主也，纵惑不疚[②]，肆侈不违[③]，流[④]志而行，无所不疚，是以及亡而不获追鉴。今晋国之方，偏侯也。其土又小，大国在侧，虽欲纵惑，未获专也。大家、邻国将师保之，多而骤[⑤]立，不其集[⑥]亡。虽骤立，不过五矣。且夫口，三五之门也。是以谗口之乱，不过三五。且夫挟，小鲠也。可以小戕，而不能丧国，当之者戕焉，于晋何害？虽谓之挟，而猾以齿牙，口弗堪也，其与几何？晋国惧则甚矣，亡犹未也。商之衰也，其铭有之曰：'嗛嗛[⑦]之德，不足就也，不可以矜[⑧]，而只取忧也。嗛嗛之食，不足狃[⑨]也，不能为膏，而只罹咎[⑩]也。'虽骊之乱，其罹咎而已，其何能服？吾闻以乱得聚者，非谋不卒时，非人不免难，非礼不终年，非义不尽齿，非德不及世，非天不离数。今不据其安，不可谓能谋；行之以齿牙，不可谓得人；废国而向己[⑪]，不可谓礼；不度而迂求，不可谓义；以宠贾[⑫]怨，不可谓德；少族[⑬]而多敌，不可谓天。德义不行，礼义不则，弃人失谋，天亦不赞[⑭]。吾观君夫人也，若为乱，其犹隶农[⑮]也。虽获沃田而勤易[⑯]之，将不克飨[⑰]，为人而已。"士芳曰："诚莫如豫，豫而后给[⑱]。夫子诚之，抑二大夫之言其皆有焉。"既，骊姬不克，晋正于秦，五立而后平[⑲]。

注释

①郭偃：晋大夫卜偃，主管占卜。

②惑：惑乱。疚：病。

③肆：肆意。违：避。

④流：放。

⑤骤：屡次，多次。

⑥集：至。

⑦嗛（qiàn）嗛：小小的，微薄的。

⑧矜：自夸，自大。

⑨狃（niǔ）：贪恋。

⑩罹咎：遭到祸患。

⑪废国：毁掉国家。向己：为了个人私利。

⑫贾（gǔ）：换来，招来。

⑬族：同党，朋党。

⑭赞：助，帮助。

⑮隶农：农夫。

⑯易：治。

⑰飨：享用。

⑱豫：提前准备。给：供给，应对。

⑲五立而后平：晋献公死后，晋国先后立奚齐、卓子、惠公、怀公、文公，至文公时方才安定下来。平，平定。

译文

郭偃说："夏桀、殷纣王、周幽王的亡国是应该的。作为百姓的君主，放纵淫惑而不知悔过，肆意奢侈而毫不避讳，做事随意而行，无一处不是弊病，因此直至亡国还不知借鉴前人。如今晋国只是偏远的小国。土地少，又毗邻齐、秦等大国，国君即使想放纵、迷惑，也没有到恣意妄为的地步。本国执政的卿士和邻国诸侯将会教导并保护它，即使多次罢黜失德的旧君而拥立新君，也不至于亡国。即使能多次立新君，但也不能超过五次。况且龟兆上的口，是三辰五行的门户。因此由口舌引发的后乱，不过牵连到三五位君主而已。况且龟兆交汇之处，只是一根小鲠骨。这可以造成小的创伤，而不至于亡国，仅当事者会遭受创伤，对晋国又有什么害处呢？虽说是相互挟持，齿牙搅弄，但龟兆上的口是难以承受的，又能维持多久呢？晋国已经非常戒惧了，因此还不至于亡国。殷商衰落的时候，钟鼎上的铭文说：'微薄的德行，不值得趋就，不可以自夸，这样做只会自寻烦恼。少量的食物，不值得贪占，它不能让人富裕，

而只能让人遭受祸患。'即使有骊姬之乱，晋国也只是自找惑乱而已，如何能够服人？我听说通过挑起祸乱而聚财的人，如果谋划不周密就不能维系，如果得不到民众支持就逃脱不了灾难，如果不遵循礼法就不能维持一年，如果不合仁义就不能终其天年，如果德行不够就不能得到继嗣，如果没有上天庇佑就不能历世长久。如今骊姬不是居于平安之地，不可称之为善于谋划；以齿牙搬弄是非，不可称之为得到人心；废黜国家嗣君而为个人，不可称之为有礼；不考虑利害而追求邪曲，不可称之为正义；凭借君主宠幸招致国人怨恨，不能说有德行；同盟少而怨敌多，不能说得天助。抛弃德义，不守礼义，背弃百姓，缺少谋略，上天也不会帮助的。我看这位君夫人，如果挑起祸乱，那就如同农民一样。即使获得一块肥沃的土地而辛勤耕作，也不够吃的，只不过为他人做准备罢了。"士蒍说："与其告诫不如早做准备，有准备才能应对。无论是您的告诫，还是史苏、郭偃两位大夫的话都是有道理的。"后来，骊姬的阴谋并没有得逞，秦国帮助晋国平定内乱，先后立了五位国君才安定下来。

史苏论骊姬必乱晋

原文

献公伐骊戎[①]，克之，灭骊子[②]，获骊姬以归，立以为夫人，生奚齐。其娣[③]生卓子。骊姬请使申生主曲沃以速悬[④]，重耳处蒲城[⑤]，夷吾处屈[⑥]，奚齐处绛[⑦]，以儆无辱之故。公许之。

注释

①骊戎：西戎的一个分支。
②骊子：骊戎国国君。
③娣（dì）：妹妹。
④申生：晋献公的太子。悬：自缢。
⑤重耳：晋文公。蒲城：晋国古城，在今山西省隰县西北。
⑥夷吾：晋惠公。屈：晋国古城，在今山西省乡宁县北部。
⑦绛：晋国国都，在今山西省绛县。

译文

晋献公讨伐骊戎，取得胜利并处死骊戎的国君骊子，俘获骊姬回国，将骊姬立为夫人，骊姬后来生下了奚齐。她的妹妹生下了卓子。骊姬请求晋献公派太子申生去曲沃以逼他速死，派公子重耳到蒲城，公子夷吾到屈，而将奚齐留在晋国国都之内，骊姬辩称这样的安排是为了不让异族羞辱晋国。献公同意了她的请求。

原文

史苏朝，告大夫曰："二三大夫其戒之乎，乱本生矣！日，君以骊姬为夫人，民之疾心固皆至矣[①]。昔者之伐也，兴百姓以为百姓也，是以民能欣之，故莫不尽忠极劳以致死也。今君起百姓以自封[②]也，民外不得其利，而内恶其贪，则上下既有判[③]矣；然而又生男，其天道也？天强其毒，民疾其态，其乱生哉！吾闻君之好好而恶恶，乐乐而安安，是以能有常。伐木不自其本，必复生；塞水不自其源，必复流；灭祸不自其基，必复乱。今君灭其父而畜其子，祸之基也。畜其子，又从其欲，子思报父之耻而信[④]其欲，虽好色，必恶心，不可谓好。好其色，必授之情。彼得其情以厚其欲，从其恶心，必败国且深乱。乱必自女戎，三代皆然。"骊姬果作难，杀太子而逐二公子[⑤]。君子曰："知难本矣。"

注释

①疾：怨恨。至：程度深。

②封：厚，肥。

③判：背离。

④信：古"伸"字。

⑤二公子：指重耳和夷吾。

译文

史苏上朝，对满朝大夫说道："诸位大夫可要当心了，诱发晋国陷入内乱的根源可能已出现！当年，国君立骊姬为夫人，百姓就多有不满。古代圣王发动百姓征讨天下，为的是造福百姓，所以百姓衷心拥戴，并誓死效力。如今，国君发动百姓打仗是为了私利，百姓出征在外得不到丝毫好处，躬耕于内又要忍受国君的盘剥，可以说，国君已经尽失民心了；然而，骊姬又生了一个儿子，难道这是天意？这对晋国的危害是巨大的，百姓的不满情绪也在日益加剧，晋国内部怕是马上就会生乱了！我听说，作为一国之君，应该好善去恶，为值得高兴的事而高兴，只要国家安定就会安心，如此，国家才能安定。砍伐树木不刨出树根，树木就会重新生长出来；堵塞河水不从源头着手，河水必定会重新流淌；消灭祸乱不解决根本问题，祸乱就还会滋生。如今，国君杀死了骊姬的父亲却保全了骊姬，这就是可能导致晋国内乱的根源啊。不但将骊姬立为夫人，还任由她的欲望膨胀，她想着报杀父之仇野心就会伸张。骊姬外貌虽美，但内心险恶，并不是真正的美。国君沉迷于她的美貌，就会宠爱于她。她得到国君的宠爱就会加强政治上的图谋，心思险恶的她必会将灾难带给晋国。女色招致的祸乱，夏、商、周三代皆是如此。"后来果如所言，骊姬杀了太子申生并驱逐了公子重耳与夷吾。君子认为："史苏能洞察灾难的根源。"

献公将黜①太子申生而立奚齐

原文

骊姬生奚齐，其娣生卓子。公将黜太子申生而立奚齐。里克、丕郑、荀息相见②，里克曰："夫史苏之言将及矣！其若之何？"荀息曰："吾闻事君者，竭力以役事③，不闻违命。君立臣从，何贰④之有？"丕郑曰："吾闻事君者，从其义，不阿⑤其惑。惑则误民，民误失德，是弃民也。民之有君，以治义也。义以生利，利以丰⑥民，若之何其民之与处而弃之也？必立太子。"里克曰："我不佞⑦，虽不识义，亦不阿惑，吾其静⑧也。"三大夫乃别。

注释

①黜（chù）：废黜。

②丕郑：晋国大夫。荀息：晋国大夫，荀姓，名黯，字息。

③竭力：竭尽全力。役事：办事。

④贰：二心。

⑤阿：阿谀，附和。

⑥丰：丰厚。

⑦不佞：不才。

⑧静：沉默。

译文

骊姬生了奚齐，骊姬的妹妹生了卓子。晋献公打算废黜太子申生而立奚齐为太子。里克、丕郑、荀息三位大夫相见，里克说："史苏的话将要应验了！怎么办？"荀息说："我听说侍奉国君的人，应该尽力为之办事，没听说可以违抗君命的。国君定了的事臣子理应服从，怎么可以有二心呢？"丕郑说："我听说侍奉君主的人，听从正义，不附和君主的迷惑。君主迷惑就会影响民众，民众跟着一起犯错而丢失德行，这无异于抛弃民众。民众之所以要有国君，是用来确定上下之间的礼义的。礼义是用来生利的，利是用来富裕民众的，怎么可以与民众共处却要抛弃他们呢？一定要让国君立申生为太子才对。"里克说："在下不才，虽然不识正义，但也不会附和君主的迷惑，我还是保持沉默吧。"三位大夫于是告别。

原文

烝于武公①，公称疾不与，使奚齐莅事②。猛足③乃言于太子曰："伯氏④不出，奚齐在庙，子盍图⑤乎！"太子曰："吾闻之羊舌大夫⑥曰：'事君以敬，事父以孝。'受命不迁为敬，敬顺所安为孝。弃命不敬，作令⑦不孝，又何图焉？且夫间父之爱而嘉其贶⑧，有不忠焉；废人以自成，有不贞焉。孝、敬、忠、贞，君父之所安也。弃安而图，远于孝矣，吾其止也。"

注释

①蒸：冬季的祭祀。武公：晋献公父之庙，在曲沃。

②使奚齐莅事：只有太子才能代替君主主持祭祀，献公让奚齐主持祭祀是暗示群臣欲立奚齐为太子。莅事，临事，主事。莅，临。

③猛足：申生的家臣。

④伯氏：长子，指申生。

⑤图：打算。

⑥羊舌大夫：人名，羊舌职之父。

⑦作令：擅自发令。

⑧间：背弃。嘉：善。贶（kuàng）：赏赐。

译文

冬天祭祀武公祖庙时，献公称病未去参加，而派奚齐主持祭祀的事。猛足为此对太子申生说："不让长子出面，却由奚齐在祖庙主持，您何不早做打算呢？"太子说："我听羊舌大夫说过：'以恭敬侍奉君主，以孝顺服侍父亲。'接受君命始终不变叫作敬，恭敬地顺从父亲的意愿叫作孝。抛弃君命就是不敬，擅自行动叫作不孝，我又能打算什么呢？况且背弃父亲所爱还享受父亲的赏赐，这就是不忠；废弃别人来成全自己，这就是不贞。孝、敬、忠、贞，是君父肯定的好品德。抛弃这些好品德而考虑自己的地位，就远离了孝，我还是不做什么打算吧。"

优施教骊姬远太子[1]

原文

公之优曰施，通于骊姬。骊姬问焉，曰："吾欲作大事，而难三公子[2]之徒如何?"对曰："早处之，使知其极。夫人知极，鲜有慢心；虽其慢，乃易残也。"骊姬曰："吾欲为难[3]，安始而可?"优施曰："必于申生。其为人也，小心精洁，而大志重[4]，又不忍人。精洁易辱，重偾[5]可疾，不忍人，必自忍也。辱之近行。"骊姬曰："重，无乃难迁乎?"优施曰："知辱可辱，可辱迁重；若不知辱，亦必不知固秉常矣。今子内固而外宠，且善否莫不信。若外惮善而内辱之，无不迁矣。且吾闻之：甚精必愚。精为易辱，愚不知避难。虽欲无迁，其得之乎?"是故先施谗于申生。

注释

①优：古代逗趣杂耍的舞蹈艺人。施：人名。

②三公子：指申生、重耳、夷吾。

③难：指诛杀三位公子。

④大：年长。重：敦厚稳重。

⑤偾（fèn）：僵化。

译文

晋献公有个叫施的逗趣、杂耍舞蹈艺人，与骊姬私通。骊姬向他询问："我想办件大事，诛杀三位公子，该如何做呢？"施回答说："尽早确立他们的名分，让他们意识到其地位已经到了所能达到的极致。一般来说，当一个人认识到自己的地位已经达到了极致，也就很少会有非分之想了；就算他们有轻慢之心，那个时候处置他们也是非常容易的。"骊姬又问："我若是对付他们，首先该着手对付谁呢？"优施回答说："当然首先对付太子申生了。申生为人谨慎，精诚纯洁，且敦厚稳重，无害人之心。精诚纯洁的人难以忍受羞辱，敦厚稳重的人易被打倒，心地善良的人往往会委屈自己。你可以从他近期的言行中挑出过错，然后抹黑他。"骊姬说："稳重的人，怕不是那么容易打倒吧？"优施说："懂得羞耻的人才能羞辱他，即使他再稳重，也一定会乱了方寸。现在，您内得君心，外受尊宠，您说的任何话国君都会相信的。若您表面上对申生好，私底下诋毁他，那他的地位就一定会动摇。我还听说，过分精诚的人会变得愚蠢，而且忍受不了羞辱，愚蠢得不懂得趋利避害。这样的人，即使想不打倒他，能办得到吗？"所以骊姬首先向申生施加谗言。

原文

骊姬赂二五[1]，使言于公曰："夫曲沃，君之宗也；蒲与二屈[2]，君之疆也，不可以无主。宗邑无主，则民不威[3]；疆埸无主，则启戎心。戎之生心，民慢其政，国之患也。若使太子主曲沃，而二公

子主蒲与屈，乃可以威民而惧戎，且旌君伐[4]。”使俱曰：“狄之广莫，于晋为都。晋之启土，不亦宜乎？”公悦，乃城曲沃，太子处焉；又城蒲，公子重耳处焉；又城二屈，公子夷吾处焉。骊姬既远太子，乃生之言[5]，太子由是得罪。

注释

①二五：晋国下大夫梁五与东关五。

②二屈：地名，屈地分南屈和北屈。

③威：同“畏”。

④旌：彰显。伐：功劳。

⑤言：谗言。

译文

骊姬收买梁五与东关五二人，让他们向献公进言，说：“曲沃是国君祭祀先祖的地方，蒲地与南北二屈是国君的边疆重地，必须由亲信之人坐镇。宗庙所在地没有亲信镇守，百姓就不会畏惧；边防要塞没有亲信镇守，就无法断绝戎狄的觊觎之心。戎人产生觊觎之心，百姓轻慢政令，这是国家的大患。若让太子申生镇守曲沃，公子重耳与夷吾去镇守蒲地和南北二屈，如此一来，既可震慑百姓，又可威慑戎敌，与此同时，这也是您功绩的体现。”骊姬又指使他们对献公说：“戎狄土地广阔，把它变成晋国的疆土。这样晋国的疆土就开拓了，不也是件好事吗?”献公大喜，就下令修建曲沃城，让太子申生坐镇；又下令修建蒲城，让公子重耳坐镇；再下令修建南北二屈城，让公子夷吾坐镇。见太子离开国都的目的达成之后，骊姬就开始编造有关太子的各种谗言，太子申生由此蒙受了不白之冤。

晋语二

骊姬谮杀太子申生

原文

反自稷桑[1]，处五年[2]，骊姬谓公曰："吾闻申生之谋[3]愈深。日，吾固告君曰得众，众不利[4]，焉能胜狄？今矜狄之善[5]，其志益广。狐突不顺[6]，故不出。吾闻之，申生甚好信而强[7]，又失言于众[8]矣，虽欲有退[9]，众将责焉。言不可食，众不可弭[10]，是以深谋。君若不图，难将至矣！"公曰："吾不忘也，抑未有以致罪焉。"

注释

①反自稷桑：从讨伐东山皋落狄的稷桑之战归来。伐东山皋落狄事发生在晋献公十七年，即公元前660年。

②处五年：公元前656年。

③谋：指所谓申生弑父的阴谋。

④利：好处。

⑤矜：夸耀。善：善于用兵。

⑥狐突：晋国大夫，重耳的外祖父。不顺：不顺从太子之意。

⑦好信：很讲信用。强：好强。

⑧失言于众：没有向众人兑现夺取晋国的话。

⑨退：退却，悔改。

⑩弭：制止。

译文

太子申生从稷桑回到晋国，过了五年，骊姬对献公说："我听说申生谋害您的阴谋加深了。以前，我就告诉过您申生颇得众人拥护，如果他不给众人带来好处，怎能战胜狄人？如今他夸耀征伐狄人时善于用兵，他的野心会越来越大的。狐突不顺从太子之意，因此躲在家中不出来。我听说，申生很讲信用，爱争强好胜，他没有向众人兑现夺位的承诺，即便他想退却，众人也会责怪他。申生不能食言，而众人盼他夺位的愿望又不可遏制，所以申生只得加深谋划。您若不考虑对策，大难就要临头了。"献公说："我没有忘记，只是还没有给他降罪的理由。"

原文

骊姬告优施曰："君既许我杀太子而立奚齐矣，吾难①里克，奈何！"优施曰："吾来②里克，一日而已。子为我具特羊之飨③，吾以从之饮酒。我优也，言无邮④。"骊姬许诺，乃具，使优施饮里克酒。中饮⑤，优施起舞，谓里克妻曰："主孟啖我⑥，我教兹暇豫事君⑦。"乃歌曰："暇豫之吾吾⑧，不如鸟乌。人皆集于苑⑨，己独集于枯。"里克笑曰："何谓苑？何谓枯？"优施曰："其母为夫人，其子为君⑩，可不谓苑乎？其母既死，其子又有谤⑪，可不谓枯乎？枯且有伤。"

注释

①难：担忧。

②来：招徕，劝服。

③具：准备。特羊：一只羊。飨：宴席。

④邮：通"尤"，过错。

⑤中饮：指酒酣、半醉之时。

⑥主：大夫之妻称“主”。孟：里克妻之字。啖（dàn）我：请我吃饭。

⑦兹：此，指里克。暇豫：闲暇，愉快。

⑧吾（yú）吾：孤独的样子。

⑨集：栖止。苑：繁茂的树木。

⑩其母为夫人，其子为君：指骊姬与奚齐。

⑪其母既死，其子又有谤：指齐姜与太子申生。

译文

骊姬就去告诉优施说：“国君已经许诺我杀太子改立奚齐了，但我担忧里克难以对付，怎么办呢？”优施说：“我请里克来一趟，只要一天的时间。您为我准备整只羊的酒宴，我招待他饮酒。我是个优伶，言者无罪。”骊姬应允了，于是准备了整只羊的酒宴，让优施陪里克饮酒。酒饮到一半，优施跳起舞来，对里克的妻子说：“夫人您请我吃饭，我会教里克大夫怎样轻松愉快地侍奉国君。”接着优施又唱了一首歌：“悠闲安逸而孤独，不如一只乌鸦。众鸟聚在茂林里，它却停在枯枝上。”里克笑着问：“什么是茂林？什么是枯枝？”优施说：“母亲为国君夫人，儿子即将成为国君，这不是茂林吗？母亲已经死去，儿子又遭受诽谤，这不是枯枝吗？而且还是受了伤的枯枝呢。”

原文

优施出，里克辟奠[①]，不飧[②]而寝。夜半，召优施，曰：“曩[③]而言戏乎？抑有所闻之乎？”曰：“然。君既许骊姬杀太子而立奚齐，谋既成矣。”里克曰：“吾秉[④]君以杀太子，吾不忍。通复故交[⑤]，吾不敢。中立[⑥]其免乎？”优施曰：“免。”

注释

①辟奠：撤去酒席。辟，除去。

②飧（sūn）：晚饭。

③曩（nǎng）：刚刚，刚才。此指白天宴饮时。

④秉：秉执。

⑤故交：与太子的交情。

⑥中立：不参与申生废立之事。

译文

优施走后，里克撤去宴席，晚饭也不吃就睡下了。半夜时分，他召来优施，问道："刚才你说的话是开玩笑呢，还是听到了什么风声？"优施说："确有其事。国君已经答应骊姬杀掉太子改立奚齐，计划已经定了。"里克说："让我顺从国君杀死太子，我不忍心。保持与太子的交情，我不敢。采取中立的态度大概可以免祸吧？"优施说："可以免祸。"

原文

旦①而里克见丕郑，曰："夫史苏之言将及②矣！优施告我，君谋成矣，将立奚齐。"丕郑曰："子谓何？"曰："吾对以中立。"丕郑曰："惜也！不如曰不信以疏之③，亦固太子以携之④，多为之故⑤，以变其志，志少疏⑥，乃可间⑦也。今子曰中立，况⑧固其谋也，彼有成矣，难以得间。"里克曰："往言不可及也⑨，且人中心唯无忌之⑩，何可败也！子将何如？"丕郑曰："我无心⑪。是故事君者，君为我心，制⑫不在我。"里克曰："弑君以为廉⑬，长廉以骄心，因骄以制人家，吾不敢。抑挠志⑭以从君，为废人⑮以自利也，利方以求成人⑯，吾不能。将伏⑰也！"明日，称疾不朝。三旬⑱，难⑲乃成。

注释

①旦：早晨。

②及：应验。

③不如曰不信以疏之：不如对优施说，不相信他的话，以延缓骊姬之谋。疏，拖延。

④固：巩固。携：此指分化。

⑤故：阴谋。

⑥志少疏：骊姬谋害太子的计谋有所迟缓。

⑦间：离间。

⑧况：益。

⑨往言：说过的话。及：指挽回。

⑩人：指骊姬。无忌：肆无忌惮。

⑪无心：没有主意。

⑫制：裁制。

⑬廉：耿直。

⑭挠志：违心。

⑮废人：废黜太子。

⑯利方以求成人：运用某种方法成全奚齐当太子。

⑰伏：指隐退。

⑱三旬：三十天，一个月。

⑲难：指骊姬发动政变。

译文

第二天早晨，里克去见丕郑，说："史苏预言的事快要发生了！优施告诉我，国君的计划已定，将要立奚齐为太子。"丕郑问："你对优施说了些什么？"里克说："我对他说保持中立。"丕郑说："真可惜啊！不如对他说不相信有这回事而延缓骊姬的阴谋，这样也就加强了太子的地位而分化了他们的党羽，多想些办法迫使他们改变计划，他们的计划被拖延下来，就可以找机会离间他们了。现在您说保持中立，巩固了他们的阴谋，他们的阴谋一旦形成，就很难离间了。”里克说：“说过的话收不回来了，况且骊姬无所顾忌，怎么才能挫败他们！您打算怎么办呢？”丕郑说：“我没有主意。我是侍奉国君的人，以国君的意见为我的意见，决定权不在我手里。”里克说：“把弑君救太子看作耿直，夸大这种耿直会产生骄傲，凭这种骄傲之心去裁决人家父子间的关系，我不敢这样做。但是违心地顺从国君，废了太子而给自己谋私利，或者利用某种手段而成全奚齐当太子，我也做不到。我只有隐退了！”第二天，里克便称病不再上朝。一个月后，骊姬就发动了政变。

原文

骊姬以君命命申生曰：“今夕君梦齐姜[①]，必速祠而归福[②]。”申生许诺，乃祭于曲沃，归福于绛。公田，骊姬受福，乃寘鸩于酒[③]，寘堇[④]于肉。公至，召申生献，公祭之地，地坟。申生恐而出。骊姬与犬肉，犬毙；饮小臣[⑤]酒，亦毙。公命杀杜原款[⑥]。申生奔新城[⑦]。

注释

①齐姜：申生已去世的母亲。

②速：尽快。祠：祭祀。福：祭祀用的酒肉。

③寘：通“置”，放置。鸩（zhèn）：一种传说中的鸟，羽毛有剧毒。

④堇（jìn）：又称乌头，其茎、叶、根均有毒。

⑤小臣：官名，宫廷侍臣。

⑥杜原款：申生的老师。

⑦新城：曲沃，是新建的城邑，晋国的别都。

译文

骊姬以国君的名义命令申生："今晚国君梦见齐姜，你要尽快祭祀她并将祭祀用的酒肉送来。"申生答应了，就去曲沃祭祀齐姜，回来后将祭祀用的酒肉送到宫里。献公正在外面打猎，骊姬留下酒肉，将鸩毒放到酒里，将乌头草放入肉中。献公打猎回来，召申生来献上酒肉，献公以酒祭地，地面鼓了起来。申生惊恐地退了出去。骊姬拿肉喂狗，狗被毒死；拿酒给侍臣喝，侍臣也被毒死。献公命令杀掉申生的老师杜原款。申生逃往曲沃新城。

原文

杜原款将死，使小臣圉①告于申生，曰："款也不才，寡智不敏，不能教导，以至于死。不能深知君之心度②，弃宠求广土而窜伏焉③；小心狷介④，不敢行也。是以言至而无所讼之也⑤，故陷于大难，乃逮⑥于谗。然款也不敢爱死，唯与谗人钧是恶也⑦。吾闻君子不去情⑧，不反谗⑨，谗行身死可也，犹有令名焉。死不迁⑩情，强⑪也。守情说⑫父，孝也。杀身以成志，仁也。死不忘君，敬也。孺子勉之！死必遗爱，死民之思⑬，不亦可乎？"申生许诺。

注释

①圉（yǔ）：小臣名。

②心度：心思。

③弃宠：让申生抛弃太子的地位。求广土：奔赴其他国家。窜伏：逃窜，隐匿。

④狷介：拘谨，守本分。

⑤言至：诽谤到来。无所讼之：无法辩解。

⑥逮：及。

⑦谗人：指骊姬。钧：同。

⑧不去情：不会丢掉忠诚的感情。

⑨不反谗：不对谗言进行辩解。

⑩迁：改变。

⑪强：坚强。

⑫说：同“悦”，高兴。

⑬死民之思：死后被民众思念。

译文

杜原款死前，让一个叫圉的小臣转告申生，说：“我杜原款没有才能，缺乏智慧又不够敏锐，没能尽到教导的责任，以至于落得个被杀的境地。我没能看穿国君的心意，没有让你放弃太子之位，并逃往他国隐藏起来；只是小心谨慎，不敢有所行动。因此当谗言降临时我没有辩解，这才让你陷入大难，遭到谗言的陷害。但我杜原款不敢吝惜生命，只是不甘心与骊姬共同承担了构陷太子的罪恶。我听说道德高尚的人不抛弃忠爱之情，不对谗言进行辩解，遭谗言陷害身死是可以的，还有美好的声名留下。至死不改对君主忠诚的感情，这是坚强。坚守忠爱之情而让君父高兴，这是孝道。舍弃生命以成就孝志，这是仁德。临死前还不忘君主，这是恭敬。太子你好自为之吧！你死后必定会留下仁爱之名，死后被百姓怀念，不也是可以的吗？”申生答应了。

原文

人谓申生曰：“非子之罪，何不去乎？”申生曰：“不可。去而罪释①，必归于君②，是怨君也。章③父之恶，取笑诸侯④，吾谁乡而入⑤？内困于父母，外困于诸侯，是重困⑥也。弃君去罪，是逃死也。吾闻之：‘仁不怨君，智不重困，勇不逃死。’若罪不释，去而必重。去而罪重，不智。逃死⑦而怨君，不仁。有罪不死，无勇。去而厚怨⑧，恶不可重，死不可避，吾将伏以俟命⑨。”

注释

①罪释：得以免罪。

②归于君：怨归于君主。

③章：彰显，暴露。

④取笑诸侯：为诸侯所耻笑。

⑤谁乡而入：逃入哪个国家。乡，向。

⑥重困：双重困厄。

⑦逃死：逃避死罪。

⑧厚怨：加重罪名。

⑨伏：指留下来。俟命：等待命运的安排。

译文

有人对申生说："这并非您的罪责，为什么不离开晋国呢？"申生说："不行。离开虽然可以免于罪责，但怨恨必定归于君主，这是让君父蒙受怨恨啊！暴露君父的罪过，让诸侯取笑，我能逃到哪个国家呢？在国内受困于父母，在国外又受困于诸侯，这是双重困境啊！背弃君主而逃避罪责，这是逃避死亡。我听说：'仁爱的人不怨恨君主，明智的人不陷入双重困境，勇敢的人不逃避死亡。'若是罪名不能解除，逃往国外必定加重罪责。逃往国外而加重罪责，这是不智。逃避死亡而让君主陷入怨恨，这是不仁。有罪而不敢面对死亡，这是不勇。逃离晋国会增加百姓的怨恨情绪，我的罪责不能再加重了，死亡既然不可避免，我将留在这里等待命运的安排。"

原文

骊姬见申生而哭之曰："有父忍之①，况国人乎？忍父而求好②人，人孰好之？杀父以求利人③，人孰利之？皆民之所恶也，难以长生！"骊姬退，申生乃雉经④于新城之庙。将死，乃使猛足⑤言于

狐突曰：“申生有罪，不听伯氏[6]，以至于死。申生不敢爱[7]其死，虽然，吾君老矣，国家多难，伯氏不出，奈吾君何？伯氏苟出而图吾君，申生受赐以至于死，虽死何悔！”是以谥为共[8]君。

注释

①忍之：指忍心谋害父亲。

②好：拥戴，喜欢。

③利人：为国人谋利。

④雉经：上吊自杀。

⑤猛足：申生的家臣。

⑥伯氏：狐突。

⑦爱：吝惜。

⑧共：通“恭”，这是当时晋国的礼官给申生定的谥号。

译文

骊姬去见申生哭着说：“你连父亲都忍心谋害，更何况是国人呢？忍心谋害父亲却想博得国人的好感，谁会拥护你呢？谋害父亲来为国人谋利益，谁会接受你的利益呢？你的所作所为都是让民众厌恶的，你这样的人很难活得长久！”骊姬离开后，申生便在新城的祖庙里自缢。临死前，他派家臣猛足转告狐突说：“申生有罪，没有听从您的劝告，以至于落到遭谗身死的境地。申生不敢吝惜生命，虽然是这样，但我们的国君已经老了，国家又逢多难之际，您不出来辅佐，让我们的国君怎么办呢？您如果能出来辅佐我们的国君，申生就算是接受国君的赏赐而死，虽死无悔！”因此申生的谥号被定为“共君”。

原文

骊姬既杀太子申生，又谮[1]二公子曰："重耳、夷吾与知共君之事。"公令阉楚[2]刺重耳，重耳逃于狄[3]；令贾华[4]刺夷吾，夷吾逃于梁[5]。尽逐群公子[6]，乃立奚齐焉。始为令，国无公族[7]焉。

注释

①谮（zèn）：说别人的坏话，诬陷，中伤。

②阉楚：指后来的宦官。楚，字伯楚。

③狄：北狄，隗姓。

④贾华：晋国大夫。

⑤梁：古国名，嬴姓。

⑥群公子：指献公其他庶子和先君庶子。

⑦公族：诸侯或君王的同族。

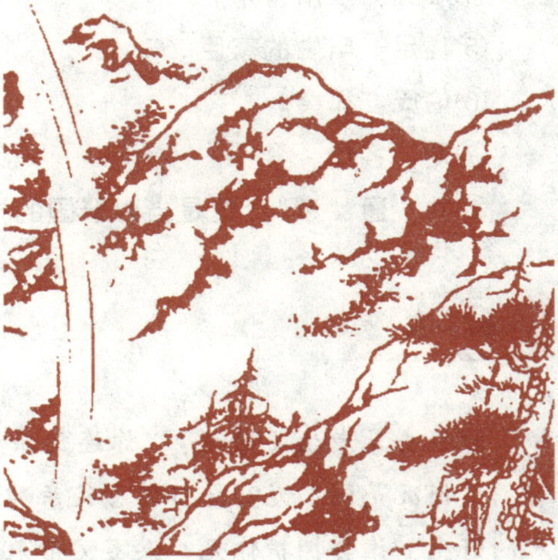

译文

骊姬谋害了太子申生后，又诬陷两位公子，说："重耳、夷吾也都参与了申生的阴谋。"晋献公命令阉臣伯楚刺杀重耳，重耳逃往狄国；又命令大夫贾华刺杀夷吾，夷吾逃往梁国。献公驱逐了所有的公子，将奚齐立为太子。从此晋国颁布法令，国家不留公族。

公子重耳夷吾出奔

原文

二十二年[1]，公子重耳出亡，及柏谷[2]，卜适齐、楚。狐偃[3]曰："无卜焉。夫齐、楚道远而望大，不可以困往。道远难通，望大难走，困往多悔。困且多悔，不可以走望。若以偃之虑，其狄乎！夫狄近晋而不通，愚陋而多怨，走之易达。不通可以窜[4]恶，多怨可与共忧。今若休忧于狄，以观晋国，且以监诸侯之为，其无不成。"乃遂之狄。

注释

①二十二年：晋献公二十二年，即公元前655年。

②柏谷：晋国地名，在今河南灵宝西南一带。

③狐偃：狐突之子，公子重耳的舅父。

④窜：隐蔽。

译文

晋献公二十二年，公子重耳被迫逃离晋国。走到柏谷这个地方的时候，一行人通过占卜来确定是前往齐国还是前往楚国。狐偃说："不必占卜了。齐楚两国距晋国路途遥远而且野心太大，不能在危难中投奔它们。路途遥远难以抵达，野心太大难以投奔，我们在危难中投奔它们一定会后悔的。让我们处于危难且后悔的国家，不能指望从它们那儿得到帮助。我觉得，还是狄国更合适我们去投奔。狄国距离晋国不远，且狄国与晋国没有交往，这个国家愚昧落后树敌很多，投奔又很容易到达。狄国与晋国没有交往，适于我们隐匿；与邻国之间有仇怨，我们可以与它一起承担忧患。如今我们能在狄国获得立足之地并为狄国排忧解难，同时密切留意晋国政局的变化，并且观察各诸侯国的动向，如此大事没有不成的。”于是重耳逃亡到了狄国。

原文

处一年，公子夷吾亦出奔，曰：“盍从吾兄窜于狄乎?”冀芮[①]曰：“不可。后出同走，不免于罪。且夫偕[②]出偕入难，聚居异情恶，不若走梁。梁近于秦，秦亲吾君[③]。吾君老矣，子往，骊姬惧，必援于秦。以吾存也，且必告悔，是吾免也。”乃遂之梁。居二年，骊姬使奄楚以环释言[④]。四年，复为君。

注释

①冀芮：郤芮，晋国大夫，追随夷吾流亡。

②偕：都，一起。

③秦亲吾君：秦穆公夫人是晋献公的女儿，所以说秦国与晋国亲善。

④奄楚：阉楚。环：玉环。

译文

重耳到达狄国一年之后，公子夷吾也被迫逃出了晋国，他说：“为什么不与我哥哥一样躲在狄国呢?”冀芮说：“不行。您与他逃向同一个国家，不免有合谋的嫌疑。再说，共同进退也有很多不方便的地方，万一引发冲突就不好了，还是投奔梁国吧。梁国距离秦国不远，秦国又与我们的国君极为亲近。

我们的国君年事已高，您去梁国，骊姬必然畏惧，以为我们求救于秦国。由于我们在梁国可以依靠秦国，骊姬必定后悔对您的所作所为，这样我们就可以免罪了。”于是夷吾逃到了梁国。在梁国寄居的第二年，骊姬派奄楚送来玉环，表达了让夷吾返回晋国的意思。四年后，夷吾返回晋国做了国君。

宫之奇知虞[1]将亡

原文

伐虢之役，师出于虞。[2]宫之奇[3]谏而不听，出，谓其子曰：“虞将亡矣！唯忠信者能留外寇[4]而不害。除暗以应外[5]谓之忠，定身以行事谓之信。今君施其所恶于人[6]，暗不除矣；以贿灭亲[7]，身不定矣。夫国非忠不立，非信不固。既不忠信，而留外寇，寇知其衅而归图焉[8]。已自拔其本[9]矣，何以能久？吾不去，惧及焉。”以其孥适西山[10]，三月，虞乃亡。

注释

①虞：姬姓诸侯国，位于晋国和虢国之间。

②“伐虢”句：晋献公讨伐虢国，向虞国借道。

③宫之奇：虞国大夫。

④留外寇：容留外国军队。

⑤除暗以应外：除去自身的愚昧来应对外事。

⑥施其所恶于人：指虞君借道给晋国讨伐虢国。

⑦贿：财物。亲：指同姓诸侯国，即虢国。

⑧衅：缝隙，漏洞。图：算计，图谋。

⑨自拔其本：指虞君主动背弃了忠信这一立国根本。

⑩孥（nú）：妻子和儿女。适：到……去。西山：虞国西部边界。

译文

在晋国讨伐虢国的战役中，晋国向虞国借道。宫之奇劝谏虞君不要借道给晋国，虞君不听，宫之奇出来后，对儿子说："虞国就要灭亡了！只有以忠信治国的人才能容留外国军队而不受其害。除去自身的愚昧来应对外事叫作忠，安定身心之后处理事务叫作信。如今国君将自己厌恶的祸患施于他国，这是没有除去自身的愚昧；为了财物而将宗亲之国置于亡国的境地，这是没有安定身心。一个国家没有忠就不能立国，没有信就不能稳固。既没有忠信，又容留外国军队，外国军队知道了我们的漏洞就会在返回时图谋我们。国君已经主动背弃了忠信这一立国根本，国家还怎么长久呢？我如果不离开虞国，恐怕灾祸就要波及自身了。"于是他带着妻子和儿女躲避到西山，三个月后，虞国就灭亡了。

里克杀奚齐而秦立惠公

原文

二十六年①，献公卒。里克将杀奚齐，先告荀息②曰："三公子之徒将杀孺子③，子将如何？"荀息曰："死吾君而杀其孤④，吾有死而已，吾蔑⑤从之矣！"里克曰："子死，孺子立，不亦可乎？子死，孺子废，焉用死？"荀息曰："昔君问臣事君于我，我对以忠

贞。君曰：'何谓也?'我对曰：'可以利公室，力有所能，无不为，忠也。葬死者，养生者，死人复生不悔，生人不愧，贞也。'吾言既往矣，岂能欲行吾言而又爱吾身乎？虽死，焉避之?"

注释

①二十六年：晋献公二十六年，即公元前651年。

②荀息：晋国大夫，奚齐的老师。

③三公子之徒：申生、重耳、夷吾的徒党。孺子：指奚齐。

④吾君：指晋献公。孤：指奚齐。

⑤蔑：不，无。

译文

二十六年，晋献公去世。里克打算杀掉奚齐，事先告诉荀息说："申生、重耳、夷吾三位公子的徒党要杀掉奚齐，您将怎么办?"荀息说："我们的国君刚去世就要杀掉他的儿子，我只有一死而已，绝不会跟着他们那样做。"里克说："如果您死了，奚齐可以被立为晋君，不也是可以的吗？如果您死了，奚齐却遭到废黜，哪里还用得着去死呢?"荀息说："之前献公曾问我臣子应怎样侍奉君主，我以忠贞二字作答。献公问：'什么是忠贞?'我回答说：'凡是对公室有利的事，在力所能及的范围内，没有不去做的，这就是忠。安葬死去的人，侍奉活着的人，即便死者复生也不觉得后悔，对活着的人不感到惭愧，这就是贞。'我的话既然已经说出来了，怎能因为要践行诺言而吝惜我的生命呢？虽然会死，哪里还能逃避呢?"

原文

里克告丕郑曰："三公子之徒将杀孺子，子将何如?"丕郑曰："荀息谓何?"对曰："荀息曰'死之'。"丕郑曰："子勉之。夫二国士[①]之所图，无不遂[②]也。我为子行之[③]。子帅七舆大夫[④]以待我。

我使狄以动之，援[5]秦以摇之。立其薄者可以得重赂，厚者[6]可使无入。国，谁之国也！”里克曰：“不可。克闻之，夫义者，利之足[7]也；贪者，怨之本也。废义则利不立，厚贪则怨生。夫孺子岂获罪于民？将以骊姬之惑蛊君而诬国人[8]，谗群公子而夺之利，使君迷乱，信而亡之[9]，杀无罪[10]以为诸侯笑，使百姓莫不有藏恶于其心中，恐其如壅大川，溃而不可救御[11]也。是故将杀奚齐而立公子之在外者，以定民弭忧，于诸侯且为援，庶几[12]曰诸侯义而抚之，百姓欣而奉之，国可以固。今杀君而赖[13]其富，贪且反义。贪则民怨，反义则富不为赖。赖富而民怨，乱国而身殆，惧为诸侯载，不可常也。”丕郑许诺。于是杀奚齐、卓子及骊姬，而请君于秦。

注释

①二国士：指里克和丕郑。

②遂：成功。

③行之：帮助里克行事。

④七舆大夫：指申生统率的下军的七位大夫。

⑤援：联合，联络。

⑥厚者：指德行高尚、声望高的人。

⑦足：基础。

⑧惑蛊（gǔ）：蛊惑。诬：欺骗。

⑨信：指听信谗言。亡：使流亡，赶走。

⑩无罪：指申生。

⑪御：止。

⑫庶几：差不多，大概。

⑬赖：利。

译文

里克又对丕郑说："申生、重耳、夷吾三位公子的徒党要杀掉奚齐，您将怎么办？"丕郑问："荀息怎么说？"里克说："荀息说他只有一死而已。"丕郑说："您努力干吧。两位国家重臣所谋划的事，没有做不成的。我来帮助您成其事。您率领申生手下的七位大夫等我的消息。我派人前往狄国让其行动起来，并向秦国求援动摇奚齐的根基。拥立德行浅薄的公子为国君，我们可以获得丰厚的财物，德行高尚的公子我们可以不让他进入晋国。晋国，还能是谁的晋国！"里克说："不可。我听说，义是利益的根本，贪是怨恨的根源。废除义则利益无从产生，过分贪婪则会引发怨恨。奚齐难道得罪民众了吗？民众的怨恨是因为骊姬蛊惑国君而欺骗国人，陷害群公子而夺去他们的利益，使国君迷乱，听信她的谗言而驱逐群公子，杀掉无辜的申生而被诸侯耻笑，使百姓无不隐藏着憎恨的恶念，恐怕就像堵塞大河一样，溃决了就再也无法补救。所以我们打算杀掉奚齐，拥立流亡国外的公子来安定民心，消除祸患，并且可以向各诸侯求援，诸侯认为合乎道义就会援助他并给予安抚，百姓喜欢的就尊奉他，这样国家才能稳固。如果企图通过杀掉新君来谋取财富和利益，那就是贪图利益且违背道义。贪利，众就会怨恨，违背道义就会富而不利。为了利益而招致民众的怨恨，会造成国家混乱并给自身带来危险，还会害怕被各诸侯国的史书记载下来，您的话是不合理的。"丕郑答应了。于是杀掉了奚齐、卓子和骊姬，请求秦国帮助立一位新君。

原文

既杀奚齐，荀息将死之。人曰："不如立其弟而辅之。"荀息立卓子。里克又杀卓子，荀息死之。君子曰："不食其言矣。"

译文

已经杀掉奚齐，荀息本准备随奚齐而死。有人说："不如立奚齐的弟弟辅佐他。"荀息就立卓子为国君。里克又杀掉了卓子，荀息为之而死。君子说："荀息没有食言。"

原文

既杀奚齐、卓子，里克及丕郑使屠岸夷[1]告公子重耳于狄，曰：“国乱民扰，得国在乱，治民在扰，子盍入乎？吾请为子钵[2]。”重耳告舅犯曰：“里克欲纳我。”舅犯曰：“不可。夫坚树在始，始不固本，终必槁落[3]。夫长国[4]者，唯知哀乐喜怒之节，是以导民。不哀丧而求国，难；因乱以入，殆。以丧得国，则必乐丧，乐丧必哀生。因乱以入，则必喜乱，喜乱必怠德。是哀乐喜怒之节易[5]也，何以导民？民不我导，谁长？”重耳曰：“非丧谁代？非乱谁纳我？”舅犯曰：“偃也闻之，丧乱有小大。大丧大乱之剡[6]也，不可犯也。父母死为大丧，谗在兄弟为大乱。今适[7]当之，是故难。”公子重耳出见使者，曰：“子惠顾亡人[8]重耳，父生不得供备洒扫之臣，死又不敢莅丧以重其罪[9]，且辱大夫，敢辞。夫固国[10]者，在亲众而善邻，在因民而顺之。苟众所利，邻国所立，大夫其从之。重耳不敢违。”

注释

①屠岸夷：晋国大夫。

②钵（xù）：通“訹”，引导。

③槁落：枯落。

④长国：管理国家，即做国家的君主。

⑤易：反。

⑥剡（yàn）：通“焰”，势头。

⑦适：正好。

⑧亡人：逃亡在外的人。

⑨莅：临。重：加重。

⑩固国：安定国家。

译文

已经杀掉了奚齐、卓子，里克和丕郑让大夫屠岸夷去狄国告诉公子重耳，说："国家动乱不安，民众受到惊扰，动乱时才有机会得到君主之位，民众受到惊扰时更容易治理，您何不回晋国呢？让我们为您归国肃清道路。"重耳告诉舅舅子犯说："里克想接纳我回晋国。"子犯说："不行。坚固的树木在于根基，开始不注重根本，终究会枯萎。作为国家的君主，必须知道喜怒哀乐的节度，才能训导民众。服丧期间不思哀痛却想求得国君之位，这是难以成功的；在国家动乱之际想回国执政，这是非常危险的。因丧父而得到国君之位，就会视丧父为乐事，视丧父为乐事就会导致哀事发生。因混乱而得以回到晋国，就会视混乱为乐事，视混乱为乐事就会懈怠对道德的修养。这样显然是与喜怒哀乐的节度相反的，还怎么去训导民众？民众不听我们的训导，还当什么国君？"重耳说："若不是丧父，谁有机会继承君位？若不是国家动乱，谁肯接纳我回国？"子犯说："我听说，丧乱有大有小。大丧大乱的锋芒，是不可以触犯的。父母去世是大丧，兄弟间有谗言是大乱。如今你正好处于这种境况，因此是很难成功的。"公子重耳出来接见使者，说："承蒙您惠顾流亡人重耳，父亲生前，我不能尽洒扫的义务，父亲去世后，我又不能回国操持丧礼而加重了我的罪过，还屈辱大夫出使，所以我冒昧地辞谢你们的建议。安定国家的关键，在于亲近民众、和睦邻邦，在于体察民情、顺应民心。如果是民众认为有利的人选，并且得到了邻国的拥护，大夫们也都认同。重耳不敢违背众意。"

原文

吕甥及郤称亦使蒲城午告公子夷吾于梁[①]，曰："子厚赂秦人以求入，吾主[②]子。"夷吾告冀芮曰："吕甥欲纳我。"冀芮曰："子勉之。国乱民扰，大夫无常[③]，不可失也。非乱何入？非危何安？幸苟君之子，唯其索[④]之也。方乱以扰，孰适御[⑤]我？大夫无常，苟众所置，孰能勿从？子盍尽国以赂外内[⑥]，无爱虚[⑦]以求入，既入而后图聚[⑧]。"公子夷吾出见使者，再拜稽首许诺。

注释

①吕甥、郤称：晋国大夫，支持公子夷吾。蒲城午：晋国大夫。

②主：主持，拥护。

③无常：无常心。

④索：寻找。

⑤御：抵挡。

⑥尽国：倾尽国家所有。外内：外指诸侯，内指晋国大夫。

⑦虚：指国库空虚。

⑧图聚：设法聚敛。

译文

吕甥和郤称也派蒲城午去梁国告诉公子夷吾，说："您用重礼贿赂秦国，求他们助您回国，我们在国内策应。"夷吾告诉冀芮说："吕甥想接我回晋国。"冀芮说："您努力干吧。国家混乱不堪而民众纷扰，大夫们没有常心，不能失掉这次机会啊。若不是混乱，哪儿有机会回国继承君位？若不是民众纷扰，何必要立国君以安民？幸好您是国君的公子，他们这才找到您了。如今正值国家混乱而民众惊扰，谁挡得住我们？大夫们没有常心，如果众人立您为君，谁不服从？您何不倾尽晋国的财富来贿赂国外的诸侯和国内的大夫，不要吝惜国库空虚，只求回国继位，回国后再设法聚敛财富。"公子夷吾出来接见使者，再拜磕头并许诺回国。

原文

吕甥出告大夫曰："君死自立则不敢[1]，久则恐诸侯之谋[2]，径召君于外也，则民各有心[3]，恐厚[4]乱，盍请君于秦[5]乎？"大夫许诺。乃使梁由靡告于秦穆公曰[6]："天降祸于晋国，谗言繁兴，延及寡君之绍续昆裔[7]，隐悼播越[8]，讬[9]在草莽，未有所依。又重之以寡君之不禄[10]，丧乱并臻[11]。以君之灵，鬼神降衷[12]，罪人克伏其辜[13]，群臣莫敢宁处，将待君命。君若惠顾社稷，不忘先君之好，辱收其逋迁裔胄而建立之[14]，以主其祭祀，且镇抚其国家及其民人，虽四邻诸侯之闻之也，其谁不儆惧[15]于君之威，而欣喜于君之德？终君[16]之重爱，受君之重贶[17]，而群臣受其大德，晋国其谁非君之群隶臣也？"

注释

①自立则不敢：不敢擅自立一位国君。

②久则恐诸侯之谋：拖久了恐怕诸侯图谋晋国。

③民各有心：民众意见不一。

④厚：加重。

⑤请君于秦：意谓请秦国为晋国择立新君。

⑥梁由靡：晋国大夫。秦穆公：秦国君主，嬴姓，名任好，其夫人为晋献公之女。

⑦绍续昆裔：继嗣后裔。裔，后裔，后代。

⑧隐悼：沉痛悼念。隐，忧。悼，惧。播越：逃亡，流离失所。播，散。越，远。

⑨讬：同“托”，托身。此指流落。

⑩重：加上。不禄：古代士死叫作不禄。

⑪臻：至。

⑫衷：善。

⑬罪人：指骊姬。辜：罪。

⑭逋（bū）：流亡。裔胄：后裔。指在外国流亡的晋国群公子。

⑮儆惧：敬畏。

⑯终君：晋献公。一说是指秦穆公。

⑰贶（kuàng）：赐给。

译文

吕甥出面告诉大夫们说：“国君去世，我们不敢擅自立一位新君，时间拖得太久恐怕诸侯图谋晋国，直接从国外迎回一位公子为君，又怕民众意见不统一，加剧国家的动乱，何不请秦国帮助我们择立新君呢？”大夫们同意了。于是派梁由靡告诉秦穆公说：“上天降灾祸于晋国，流言四起，波及先君的公子们，他们被迫流亡国外，隐匿在民间，无所依靠。又加上先君去世，丧乱一并降临。托您的神威，鬼神发了善心，让有罪的骊姬伏法，晋国群臣不敢苟且偷安，都在等待您的命令。如果您能惠顾晋国，不忘与先君的友好关系，请收留一位流亡在外的晋国公子并助其继承君位，以便让他主持晋国的祭祀，安抚晋国和民众，即使四方诸侯听闻此事，谁不畏惧您的声威，同时又赞赏您的美德？先君承蒙您的厚爱，晋国得到您的恩赐，晋国群臣也感受您的大德，晋国谁不是供您驱使的臣民呢？”

原文

秦穆公许诺，反使者，乃召大夫子明及公孙枝[1]，曰："夫晋国之乱，吾谁使先[2]，若夫二公子[3]而立之？以为朝夕之急[4]。"大夫子明曰："君使縶[5]也。縶敏且知礼，敬以知微。敏能窜谋[6]，知礼可使；敬不坠命[7]，微知可否。君其使之。"

注释

①子明：百里孟明视，秦国大夫。公孙枝：公孙子桑，秦国大夫。

②吾谁使先：我应当先派谁去。

③二公子：指重耳和夷吾。

④朝夕之急：指确立晋国继承君主的问题。

⑤縶：公子子显，秦国大夫。

⑥窜谋：精密地谋划。窜，精微。

⑦坠命：有辱使命。

译文

秦穆公答应了梁由靡的请求，让他先回晋国，接着召见大夫孟明视和公孙枝，问："晋国动乱，我该派谁去重耳和夷吾处确定哪一个更适合做新君，以解决晋国君主的继承问题呢？"大夫子明说："您可以派公子縶前去。公子縶敏锐而知礼，恭敬而洞察精微。敏锐就能精密谋划，知礼就可以任命为使者；恭敬就不会有辱君命，洞察精微就可以判断二公子谁更适合为君。您可以派他前去。"

原文

乃使公子絷吊[①]公子重耳于狄，曰："寡君使絷吊公子之忧[②]，又重之以丧[③]。寡人闻之，得国常于丧，失国常于丧。时不可失，丧不可久，公子其图之！"重耳告舅犯。舅犯曰："不可。亡人无亲，信仁以为亲，是故置之者不殆[④]。父死在堂而求利，人孰仁我[⑤]？人实有之[⑥]，我以徼幸[⑦]，人孰信我？不仁不信，将何以长利？"公子重耳出见使者，曰："君惠吊亡臣，又重有命[⑧]。重耳身亡，父死不得与于哭泣之位，又何敢有他志[⑨]以辱君义？"再拜不稽首，起而哭，退而不私[⑩]。

注释

①吊：吊慰。

②忧：流亡的忧愁。

③重之以丧：加上重耳丧父。

④置之者不殆：立为国君者才没有危险。

⑤仁我：认为我仁慈。

⑥人实有之：每个流亡的晋国公子都有做国君的资格。

⑦徼幸：侥幸。

⑧又重有命：又肩负着助我回国为君的使命。

⑨他志：指回国继承君位。

⑩私：指私下交谈。

译文

于是派公子絷到狄国吊慰重耳，说："我们国君派我来慰问公子的逃亡之忧，同时吊唁您的亡父。我听说，得到国家常常在丧事的关头，失掉国家也常常在丧事的关头。时机不可错失，国丧的时间也不能拖得太久，请公子好好考虑!”重耳把这件事告诉舅舅子犯。子犯说:“不行。逃亡在外的人无人可亲近,只能亲近诚信和仁德,拥立这样的人为国君才不会有危险。父亲刚去世,灵柩还停在厅堂就为自己牟取私利,谁还认为我们有仁德?别的流亡在外的公子都有做国君的资格,我们如果仅凭侥幸得到君位,谁还认为我们有诚信?不仁不信,又怎么会有长久的利益呢?”公子重耳出来接见公子絷,说:“承蒙秦君的恩惠前来吊慰流亡之人,又命令我回国为君。重耳是个流亡在外的人,父亲去世了都不能得到哭丧的位置,又怎么敢有其他的想法玷污秦君的义举呢?”说完再拜而不磕头,然后起身哭泣,退下后也不再私下访问。

原文

公子絷退,吊公子夷吾于梁,如吊公子重耳之命。夷吾告冀芮曰:“秦人勤①我矣!”冀芮曰:“公子勉之。亡人无狷洁②,狷洁不行③,重赂配德④,公子尽之⑤,无爱财!人实有之,我以徼幸,不亦可乎?”公子夷吾出见使者,再拜稽首,起而不哭,退而私于公子絷曰:“中大夫里克与⑥我矣,吾命之以汾阳之田百万⑦。丕郑与我矣,吾命之以负蔡之田七十万⑧。君苟辅我,蔑天命⑨矣!亡人苟入扫宗庙,定社稷,亡人何国之与有⑩?君实有郡县⑪,且入⑫河外列城五。岂谓君无有,亦为君之东游津梁⑬之上,无有难急也。亡人之所怀挟缨纕⑭,以望君之尘垢者。黄金四十镒⑮,白玉之珩⑯六双,不敢当公子,请纳之左右。”

注释

①勤：帮助。

②狷洁：洁身自好。

③不行：不能成事。

④重赂配德：用重礼酬谢恩德。

⑤尽之：尽力而为之。

⑥与：赞同，支持。

⑦汾阳：晋国地名。百万：百万亩。

⑧负蔡：晋国地名。七十万：七十万亩。

⑨蔑天命：不再需要天命的怜悯。

⑩亡人何国之与有：意谓自己可以不要国土。

⑪君实有郡县：意谓晋国就像秦君的郡县。

⑫入：奉上。

⑬津梁：桥梁。

⑭挟：持有。缨纕（xiāng）：马的颈带和腹带。

⑮镒：古代重量单位，一镒合二十两，一说一镒合二十四两。

⑯珩（héng）：佩带上的横玉。

译文

公子絷离开狄国，又去梁国吊慰公子夷吾，像吊慰重耳一样传达秦君之命。夷吾告诉冀芮说：“秦国要帮助我了！”冀芮说：“公子努力干吧。流亡在外的人不能洁身自好，洁身自好成不了大事，应该用重礼酬谢恩德，公子尽力去办，不要吝惜财物！别的流亡在外的公子都有做国君的资格，我们凭侥幸获得君位，不也可以吗?”公子夷吾出来接见使者，跪拜磕头，起身后不哭泣，退下后又私下访问公子絷，说：“中大夫里克已支持我做国君了，我答应把汾阳一带的百万亩田地赐给他。丕郑也已支持我做国君了，我答应把负蔡一带的七十万亩田地赐给他。秦君要是能帮助我，我就不需要天命的怜悯了！我这个流亡之人如果能回国洒扫宗庙，安定社稷，还要什么国土呢？秦君有的是土地郡县，我再奉送黄河以西的五座城邑。这不是说秦君没有土地，而是为了秦君东游到黄河时有渡口桥梁，不会再有什么着急为难的事了。我这个流亡之人愿执鞭牵马，跟随在秦君的车尘之后。另外送上黄金四十镒，白玉制作的饰品六双，不敢用来报答公子，请赏给您的随从。”

原文

公子絷反，致命[①]穆公。穆公曰：“吾与公子重耳，重耳仁。再拜不稽首，不没为后也[②]。起而哭，爱其父也。退而不私，不没于利也。”公子絷曰：“君之言过矣。君若求置晋君而载[③]之，置仁不亦可乎？君若求置晋君以成名于天下，则不如置不仁以猾[④]其中，且可以进退[⑤]。臣闻之曰：‘仁有置，武有置。仁置德，武置服。’”是故先置公子夷吾，实[⑥]为惠公。

注释

①致命：复命。

②没：贪图。后：君。

③载：成。

④猾：扰乱。

⑤进退：指改易晋君。

⑥实：这。

译文

公子絷回到秦国，向秦穆公复命。秦穆公说："我支持公子重耳，重耳仁义。他只跪拜不磕头，表示他不贪图后嗣地位。起身后哭泣，这是爱他父亲的表现。退下之后不私下访问，这是不汲汲于私利。"公子絷说："您的话错了。您如果是为了安置晋君而成全晋国，那么立一个仁德的君主不也是可以的吗？您如果是为了安置晋君而成名天下，那就不如立一个不仁德的君主以扰乱晋国，而且我们可进可退。我听说：'有为了实行仁道而帮助别国置立国君的，有为了显示武威而帮助别国置立国君的。为了实行仁道就要立有德的，为了显示武威就要立服从的。'"所以秦穆公先立了公子夷吾，这就是晋惠公。

晋语三

惠公入而背外内之赂[1]

原文

惠公入而背外内之赂。舆人诵之曰[2]："佞之见佞[3]，果丧其田[4]。诈之见诈[5]，果丧其赂[6]。得国而狃[7]，终逢其咎[8]。丧田不惩[9]，祸乱其兴[10]。"既里、丕死[11]，祸，公陨[12]于韩。郭偃曰："善哉！夫众口祸福之门。是以君子省众而动[13]，监戒而谋，谋度而行，故无不济。内谋外度，考省不倦，日考而习，戒备毕矣。"

注释

①背：背弃。外：指秦国。惠公曾许诺将河外五城赠给秦国。内：指里克、丕郑。惠公曾许诺赐给里克百万汾阳之田，赐给丕郑七十万负蔡之田。

②舆人：众人。诵：陈述，议论。

③佞：谗佞之人。指里克、丕郑接受了惠公的花言巧语而接纳其回国。见佞：被花言巧语作弄。

④果丧其田：终究没有得到惠公许诺的良田。果，终究。

⑤诈：欺诈。指秦国以诈立惠公。

⑥果丧其赂：指秦国终究没有得到惠公许诺的贿赂。

⑦狃：贪。

⑧终逢其咎：最终会发生灾祸。公元前645年，秦晋在韩原（今山西河津、万泉之间）发生战争，惠公战败被俘。

⑨惩：报复。

⑩祸乱其兴：指丕郑欲与秦国密谋迎公子重耳回国，被惠公所杀。

⑪里、丕死：晋惠公回国后先后杀掉了里克和丕郑。

⑫殒：坠落。

⑬省：考察。众：百姓。此指百姓的意愿。

译文

晋惠公回国后，背弃了先前许诺给国内外的贿赂。民众讽刺说："伪善者被作弄，终究没有得到良田。欺诈者被欺诈，终究没有得到贿赂。那当上国君就变得贪心的人，终要遭受灾祸。那失去良田而不知报复的人，祸乱就要临头。"不久里克、丕郑被惠公杀掉，祸事降临，惠公在韩原战败被俘。大夫郭偃感叹道："好啊！众人之口是祸福的门户。因此，德行高尚的人体察民意而后行动，了解民众的舆论而后谋划，谋划的事经过揣度而后施行，所以事情没有不成功的。谋划于心而揣度于外，不倦地考察比较，日日反复研习，戒备之道全在于此。"

惠公悔杀里克

原文

惠公既杀里克而悔之，曰："芮[①]也，使寡人过杀我社稷之镇。"郭偃闻之，曰："不谋而谏者，冀芮也。不图而杀者，君也。不谋而谏，不忠。不图而杀，不祥。不忠，受君之罚。不祥，罹天之祸，受君之罚，死戮。罹天之祸，无后。志道者勿忘，将及矣！"及文公[②]人，秦人杀冀芮而施之。

注释

①芮：指冀芮。

②文公：晋文公重耳。

译文

晋惠公杀了里克后开始后悔，说："冀芮啊，你让我错杀了国家的重臣。"郭偃听到这件事后，说："不出于国家考虑而劝说国君杀死里克的，是冀芮。不审慎考量就轻易杀死国家重臣的，是国君。不考虑国家利益就向国君进言，是不忠。不考虑周详就杀人，是不祥。不忠，要受到国君的惩罚。不祥，将受到上天的惩罚，受到国君惩罚，要被处死、戮尸。受上天惩罚的，会断绝后代。懂得天道的人不要忘记占卜的预言——灾祸就要降临了！"等到晋文公返回晋国后，秦国人杀了冀芮，并陈尸示众。

秦荐晋饥晋不予秦籴[1]

原文

晋饥，乞[2]籴于秦。丕豹曰："晋君无礼于君[3]，众莫不知。往年有难[4]，今又荐饥[5]。已失人，又失天，其有殃[6]也多矣。君其伐之，勿予籴！"公曰："寡人其君是恶，其民何罪？天殃流行，国家代[7]有。补乏[8]荐饥，道也，不可以废道于天下。"谓公孙枝曰："予之乎？"公孙枝曰："君有施于晋君，晋君无施于其众。今旱而

听于君，其天道也。君若弗予，而天予之。苟众不说，其君之不报也则有辞[9]矣。不若予之，以说[10]其众。众说，必咎[11]于其君。其君不听，然后诛焉。虽欲御我，谁与[12]？”是故泛[13]舟于河，归籴于晋。

注释

①籴（dí）：买粮。

②乞：乞求。

③晋君无礼于君：指惠公背弃对秦国的诺言。

④往年有难：指惠公杀里克、丕郑。

⑤荐饥：连年饥荒。荐，屡次。

⑥殃：灾祸。

⑦代：轮流。

⑧补乏：补救困乏。

⑨辞：托词，借口。

⑩说：通“悦”，取悦。

⑪咎：归咎，责怪。

⑫与：赞同，支持。

⑬泛：漂浮。

译文

晋国发生饥荒，向秦国请求买粮食。丕豹说：“晋君曾无礼于您，民众没有不知道的。往年晋国有里克、丕郑之难，如今又接连闹饥荒。可见晋君既已失去民心，又失去天意，他还会遭到更多灾祸。您应该讨伐晋国，不要卖给他们粮食！”秦穆公说：“我是厌恶晋君，但晋国的民众有什么罪？灾祸流行，各国都会遇到灾荒。救济灾荒，这是人间正道，不能在天下人面前展示秦国失道。”说完问公孙枝：“卖给晋国粮食吗？”公孙枝说：“您曾有恩惠于晋君，而晋君对他的民众却没有恩惠。如今因为天灾而向您求援，这大概是天意吧。您要是不卖给晋国粮食，那上天也会援助他。如果晋国民众对秦国不卖粮感到不满，那么晋君不报答秦国的恩惠就有托词了。不如卖给晋国粮食，让晋国民众高兴。晋国的民众高兴了，就会责怪他们的国君。晋君若是不听我们的命令，那我们就可以讨伐他了。那时即便晋君想抵抗，谁会帮他呢?”于是秦国就通过黄河水运，把粮食卖给了晋国。

原文

秦饥，公令河上[①]输之粟。虢射[②]曰：“弗予赂地而予之籴，无损于怨而厚于寇，不若勿予。”公曰：“然。”庆郑[③]曰：“不可。已赖其地，而又爱其实[④]，忘善而背德，虽我必击之。弗予，必击我。”公曰：“非郑之所知也。”遂不予。

注释

①河上：通过黄河水运。

②虢射：晋国大夫。

③庆郑：晋国大夫。

④实：粮食。

译文

后来秦国也发生了饥荒，晋惠公打算通过黄河将粮食运往秦国。虢射说：“不把承诺的河西五城给秦国而卖给他们粮食，这并不能减少他们的怨恨，反而会使他们更强大，不如不把粮食卖给他们。”惠公说：“对啊。”庆郑说：“不能这样。我们已经赖掉了许诺给秦国的土地，如今又吝惜那些粮食，忘记了别人的善意，又背弃了恩德，如果我们处在秦国的位置上也一定会反击的。不卖给他们粮食，秦国一定会攻打晋国。”惠公说：“这个道理不是你庆郑所能知道的。”最终没有卖粮食给秦国。

秦侵晋止惠公于秦

原文

六年[1]，秦岁定[2]，帅师侵晋，至于韩[3]。公谓庆郑曰："秦寇深矣，奈何?"庆郑曰："君深其怨，能浅其寇乎？非郑之所知也，君其讯射也。"公曰："舅所病[4]也?"卜右[5]，庆郑吉。公曰："郑也不逊。"以家仆徒[6]为右，步扬御戎[7]；梁由靡御韩简[8]，虢射为右，以承[9]公。

注释

①六年：晋惠公六年，即公元前645年。

②岁：年成，收成。定：稳定。

③韩：晋国的韩原。

④病：埋怨，责备。

⑤右：车右武士。

⑥家仆徒：晋国大夫。

⑦步扬：晋国大夫，姬姓，郤氏的后代。御戎：驾驶晋惠公所乘的兵车。

⑧梁由靡：晋国大夫。韩简：晋国正卿。

⑨承：接应。

译文

晋惠公六年，秦国收成稳定，秦穆公率军入侵晋国，到达晋国的韩原。惠公对庆郑说："秦军已经深入国土了，怎么办?"庆郑说："您与秦国结怨很深，还能让秦军不深入吗？如何应对并不是我庆郑所知道的，您还是向虢射询问吧。"惠公说："舅氏这是在埋怨我吗?"占卜车右的武士时，庆郑卜得吉利的卦象。惠公说："庆郑出言不逊。"于是让家仆徒做他的车右武士，步扬驾驶他所乘的兵车；另外让梁由靡驾驶韩简所乘的兵车，虢射为其车右武士，此车跟在惠公的兵车后面。

原文

公御秦师，令韩简视师[①]，曰："师少于我，斗士[②]众。"公曰："何故?"简曰："以君之出也处己[③]，入也烦己[④]，饥食其籴，三施而无报，故来。今又击之，秦莫不愠[⑤]，晋莫不怠，斗士是故众。"公曰："然。今我不击，归必狃[⑥]。一夫不可狃，而况国乎！"公令韩简挑战，曰："昔君之惠也，寡人未之敢忘。寡人有众，能合之弗能离也。君若还，寡人之愿也。君若不还，寡人将无所避。"穆公衡雕戈出见使者[⑦]，曰："昔君之未入，寡人之忧也。君入而列[⑧]未成，寡人未敢忘。今君既定而列成，君其整列，寡人将亲见。"

注释

①视师：探查秦军的情况。

②斗士：作战之人。

③出也处己：逃亡时依靠秦国。己，指秦国。

④入也烦己：回晋国继承君位时麻烦秦国。

⑤愠（yùn）：愤怒。

⑥狃（niǔ）：习惯，习以为常。

⑦衡：横。雕：镂。

⑧列：地位。

译文

惠公率军迎战秦军，先派韩简去探查秦军的情况，韩简回来报告说："秦军少于我们，但勇于作战的人很多。"惠公问："这是什么原因呢？"韩简说："因为您在流亡时依靠秦国，回国继承君位时又麻烦秦国，国内饥荒时吃秦国的粮食，秦国给我们三次恩惠而我们没有报答，所以他们才来侵犯。如今您又率军迎战，秦军没有人不愤怒，晋军没有人不懈怠，所以秦国勇于作战的人很多。"惠公说："不错。但我如果现在不迎战，秦军回去后必定经常来犯。匹夫尚且不可受人侮辱，更何况一个国家呢！"惠公便令韩简向秦军挑战，说："之前秦君的恩惠，我没有忘记。我手下将士众多，能集合他们作战而不离散。秦君要是退兵，这正是我所希望的。秦君要是不退兵，我也不会退让。"秦穆公横握一支雕花的长戟接见晋国使者，说："之前你们晋君不能归国，我曾替他担忧。你们晋君归国后地位不稳，我也不敢忘记。如今你们晋君君位已定，请晋君整理阵列，我要亲自见他。"

原文

客①还，公孙枝进谏曰："昔君之不纳公子重耳而纳晋君，是君之不置德而置服也。置而不遂②，击而不胜，其若为诸侯笑何？君盍待之乎？"穆公曰："然。昔吾之不纳公子重耳而纳晋君，是吾不置德而置服也。然公子重耳实不肯，吾又奚言哉？杀其内主③，背其外赂，彼塞我施，若无天④乎？若有天，吾必胜之。"君揖大夫就车，君鼓而进之。晋师溃，戎马泞而止⑤。公号⑥庆郑曰："载我！"庆郑曰："忘善而背德，又废吉卜，何我之载？郑之车不足以辱君避也！"梁由靡御韩简，辂⑦秦公，将止之，庆郑曰："释来救君！"亦不克救，遂止⑧于秦。

注释

①客：指晋国韩简派去传话的使者。

②遂：成功，如意。

③内主：指里克、丕郑等。

④天：天理。

⑤戎马：驾兵车的马。泞：陷入泥泞。

⑥号：呼叫。

⑦辂（lù）：通“迓”，迎上。

⑧止：战败被俘。

译文

晋国使者回去后，公孙枝进谏说：“先前您不接纳公子重耳归国而纳公子夷吾，这是您不愿立有德的人而立服从的人。立晋君不能如意，打仗再不能取胜，岂不是要遭到诸侯的耻笑？您何不等待晋国自己败亡呢？”秦穆公说：“是的。从前我不接纳公子重耳归国而接纳夷吾，确实是我不愿立有德的人而立服从我的人。但公子重耳也确实不肯做国君，我又能说什么呢？晋君对内杀掉里克和丕郑，对外又背弃对秦国的承诺，他把内外之路都堵塞了而我总是施惠于他，难道就没有天理吗？要是有天理，我一定能战胜他。”秦穆公集合大夫们上战车，亲自击鼓指挥进攻。晋军溃败，惠公的战马陷入泥泞不能前进。惠公呼叫庆郑：“快来载我！”庆郑说：“忘记别人的善意而背弃恩德，又废掉了吉利的占卜，不让我做车右，现在又想搭我的车？我庆郑的车不值得委屈您来避难！”梁由靡替韩简驾驶战车，迎战秦穆公，眼看就要擒获穆公，庆郑说：“放过他去救君主！”结果韩简也没能救下惠公，惠公被秦军俘获。

原文

穆公归，至于王城[①]，合[②]大夫而谋曰：“杀晋君与逐出之，与以归之，与复之，孰利？”公子絷曰：“杀之利。逐之恐构[③]诸侯，以归则国家多慝，复之则君臣合作，恐为君忧，不若杀之。”公孙枝曰：“不可。耻大国之士于中原[④]，又杀其君以重[⑤]之，子思报父之仇，臣思报君之雠，虽微[⑥]秦国，天下孰弗患？”公子絷曰：“吾岂将徒[⑦]杀之？吾将以公子重耳代之。晋君之无道莫不闻，公子重耳之仁莫不知。战胜大国，武也。杀无道而立有道，仁也。胜无后害[⑧]，智也。”公孙枝曰：“耻一国之士，又曰余纳有道以临女，无乃不可乎？若不可，必为诸侯笑。战而取笑诸侯，不可谓武。杀其弟而立其兄，兄德我而忘其亲，不可谓仁。若弗忘，是再施不遂也，不可谓智。”君曰：“然则若何？”公孙枝曰：“不若以归，以要晋国之成[⑨]，复其君而质其嫡子[⑩]，使子父代[⑪]处秦，国可以无害。”是故归惠公而质子圉[⑫]，秦始知河东[⑬]之政。

注释

①王城：秦国地名。

②合：聚集。

③构：构怨。

④耻：羞辱，使受辱。中原：指战场。

⑤重：加重，加剧。

⑥微：非。

⑦徒：只，仅仅。

⑧后害：后患，遗患。

⑨要：缔结。成：和约。

⑩质：为人质。嫡：指嫡子。

⑪代：交替。

⑫圉：晋惠公之子，惠公死后被立为君，是为怀公，很快被国人所杀。

⑬河东：指黄河以东的晋国五座城邑。

译文

秦穆公班师，回到王城，召集大夫们商量，说："杀掉晋君，或者驱逐他，或者把他带回秦国，或者恢复他的君位，哪个办法对秦国更有利？"公子絷说："杀掉他对秦国有利。驱逐他恐怕会构怨诸侯，把他带回秦国则恐怕国家多生奸恶之事，恢复他的君位就怕晋国君臣合作，恐将成为您的忧患，不如杀掉他。"公孙枝说："不行。我们已经在韩原让晋国的将士战败蒙羞，又杀掉他们的君主来加重这种耻辱，这样的话儿子就会想着报杀父之仇，臣民就会想着报杀君之仇，这种事不只是秦国，天下诸侯谁不感到忧患呢？"公子絷说："我们岂能只杀掉晋君就算了？我们可以用公子重耳来取代他。晋君的无道没有人不听闻，公子重耳的仁德没有人不知道。战胜大国，这是威武。杀掉无道之君而立有道之君，这是仁义。胜利之后不留下后患，这是明智。"公孙枝说："让一国的卿士蒙羞，又说我们立个有道之君来统治你们，这恐怕不行吧？若是不行，必定会被诸侯取笑。战胜大国却被诸侯取笑，不能说是威武。杀掉弟弟立其兄长，让其兄长感激我们而忘记他的亲人，不能说是仁义。若是大家没有忘记的话，这是秦国再次施恩惠而不成功，不能说是明智。"秦穆公问："那该怎么办呢？"公孙枝说："不如放他回国，我们和晋国缔结和约，恢复他的君位，但要让他的嫡子来秦国做人质，让他们父子交替待在秦国，秦国就没有祸患了。"于是秦国释放了惠公，但留下了惠公的儿子子圉为人质，秦国开始治理河东五城的政事。

惠公斩庆郑

原文

惠公未至，蛾析[1]谓庆郑曰："君之止，子之罪也。今君将来，子何俟？"庆郑曰："郑也闻之曰：'军败，死之；将止，死之。'二者不行，又重之以误人，而丧其君，有大罪三，将安适？君若来，将待刑以快君志；君若不来，将独伐秦。不得君，必死之。此所以待也。臣得其志，而使君瞢[2]，是犯[3]也。君行犯，犹失其国，而况臣乎？"

注释

①蛾析：晋国大夫。

②瞢（méng）：惭愧，羞愧。

③犯：冒犯。

译文

晋惠公即将返回晋国时，蛾析对庆郑说："国君被秦国俘获，是您的罪过。现在国君即将返回晋国了，您怎么还不逃走呢？"庆郑说："我听说：'军队打了败仗，主将应该以死谢罪；主将被敌人俘虏了，副将也应该以死谢罪。'这两样我都没能做到，再加上导致国君被秦军俘虏，我犯了这三大罪过，还能逃去哪里？国君若是返回晋国，我准备接受刑罚，让国君痛快；国君若无法返回晋国，我将独自率兵讨伐秦国。救不回国君，我便以死谢罪。这就是我不逃离晋国的原因。我若是吝惜自己的生命逃走，会让国君不高兴，这是悖逆的行为。国君的行为悖逆，尚且会失去国家，更何况做臣子的呢？”

原文

公至于绛郊，闻庆郑止，使家仆徒召之，曰：“郑也有罪，犹在乎？”庆郑曰：“臣怨君始入而报德，不降[1]；降而听谏，不战；战而用良，不败。既败而诛，又失有罪，不可以封[2]国。臣是以待即刑，以成君政。”君曰：“刑之！”庆郑曰：“下有直言，臣之行[3]也；上有直刑，君之明也。臣行君明，国之利也。君虽弗刑，必自杀也。”蛾析曰：“臣闻奔[4]刑之臣，不若赦之以报仇。君盍赦之，以报于秦？”梁由靡曰：“不可。我能行之，秦岂不能？且战不胜，而报之以贼，不武；出战不克，入处不安，不智；成[5]而反之，不信；失刑乱政，不威。出不能用，入不能治，败国且杀孺子[6]，不若刑之。”君曰：“斩郑，无使自杀。”家仆徒曰：“有君不忌[7]，有臣死刑，其闻贤于刑之。”梁由靡曰：“夫君政刑，是以治民。不闻命而擅进退，犯政也；快意而丧君，犯刑也。郑也贼而乱国，不可失也！且战而自退，退而自杀；臣得其志，君失其刑，后不可用也。”君令司马说[8]刑之。司马说进三军之士而数庆郑曰：“夫韩之誓曰：失次犯令[9]，死；将止不面夷，死；伪言误众，死。今郑失次犯令，而罪一也；郑擅进退，而罪二也；女误梁由靡，使失秦公，而罪三也；君亲止，女不面夷，而罪四也：郑也就刑！”庆郑曰：“说！三军之士皆在，有人能坐待刑，而不能面夷[10]？趣[11]行事乎！”丁丑，斩庆郑，乃入绛。

注释

①降：指交恶。

②封：统治，治理。

③行：方法，规范。

④奔：趋，就。

⑤成：结盟。

⑥孺子：指晋惠公之子子圉，当时在秦国做人质。

⑦忌：忌恨。

⑧司马说：名说，司马是其官职。

⑨次：行列。令：军令。

⑩夷：伤口，伤痕。

⑪趣（cù）：快速，赶快。

译文

晋惠公到了国都郊外，听说庆郑被捕，就命家仆徒召他前来，问道："你身犯大罪，怎么还敢留下来不走呢？"庆郑说："我怨恨您，您当初若是回国就报答秦国的恩惠，也不至于使国运下降；国运下降就应该听取建议，也不至于发生战争；战争既然发生，就应该选用精兵强将，也不至于失败。战败就要诛杀有罪之人，若有罪的人没有伏法，那国君还怎么守卫疆土？因此我留下等待国君惩处，以成全国君的政令。"惠公说："杀了他。"庆郑说："臣子直言劝谏，是臣子的职责；国君刑罚得当，是国君的圣明。臣子尽责而国君圣明，是晋国的利益所在。国君即使不杀我，我也必定自杀。"蛾析说："我听说主动认罪的臣子，不如赦免他，通过他去报仇。您为何不赦免了庆郑，让他替您报仇呢？"梁由靡说："不可以。我们能这样做，难道秦国就不能吗？打了败仗，而想着阴谋偷袭作为报复，不能算是勇武；出战不胜，回国后又不能静待时机，不能算是明智；与秦国讲和之后又背信弃义，不能算是诚信；刑罚失当，国政混乱，不能算是威严。若是这么做了，对外不能胜敌，对内不能治国，还会祸害了太子，不如杀了庆郑。"惠公说："杀了庆郑，不能让他自杀。”家仆徒说：“国君既往不咎，臣子甘愿就刑，这样的名声比杀了庆郑更好。”梁由靡说：“国君的政令刑罚，是用来治理百姓的。不听命令而擅自行动，就是触犯政令；为了自己痛快而使国君被俘，就是触犯刑罚。庆郑的行为伤害了国君、扰乱了国家，他的罪过是不可饶恕的！再说交战时私自败退，败退后又想以自杀保全名声；臣下可以随心所欲，国君就失去了威严，以后还怎么用人打仗。”惠公命司马说行刑。司马说集合三军兵士当众列举庆郑的罪状，说：“韩原之战前的誓词规定：扰乱阵列、违抗军令者，处死；主将被俘、部下脸上无伤者，处死；散布谣言误导军心者，处死。如今庆郑扰乱阵列、违抗军令，这是第一项罪过；擅自进退，这是第二项罪过；庆郑还误导梁由靡致使秦君逃脱，这是第三项罪过；国君被敌人俘虏，庆郑脸上无伤，这是第四项罪过。庆郑，你就刑吧！”庆郑说：“司马说！三军将士都在这里，我能在这里引颈就戮，难道还怕脸上带伤吗？赶快行刑吧！”丁丑这天，庆郑被处死，惠公这才进入晋国国都。

原文

十五年①，惠公卒，怀公立，秦乃召重耳于楚而纳之。晋人杀怀公于高梁，而授重耳，实为文公。

注释

①十五年：晋惠公十五年，即公元前637年。

译文

晋惠公在位十五年后去世了，晋怀公继位，秦国从楚国接来重耳。怀公在高梁被杀，重耳登上晋国君位，这就是晋文公。

晋语四

重耳自狄适齐

原文

文公在狄十二年[①]，狐偃曰："日[②]，吾来此也，非以狄为荣[③]，可以成事[④]也。吾曰：'奔而易达[⑤]，困而有资[⑥]，休以择利[⑦]，可以戾[⑧]也。'今戾久矣，戾久将底[⑨]。底著滞淫[⑩]，谁能兴[⑪]之？盍速行乎！吾不适齐、楚，避其远也。蓄力一纪[⑫]，可以远矣。齐侯长矣[⑬]，而欲亲晋。管仲殁[⑭]矣，多谗在侧[⑮]。谋而无正[⑯]，衷而思始[⑰]。夫必追择前言，求善以终，餍迩逐远[⑱]，远人入服[⑲]，不为邮[⑳]矣。会其季年可也，兹可以亲。"皆以为然。

注释

①在狄十二年：文公重耳逃亡在外十九年，其中十二年在狄度过。

②日：昔日，过去。

③荣：安乐。

④成事：成就大事。

⑤奔而易达：狄国离晋国较近，出走容易到达。

⑥困而有资：在困境中可以得到狄人的帮助。

⑦休以择利：在狄国暂作休整，再选择有利的时机。

⑧戾：安定，定居。

⑨底：止，停滞不前。

⑩著：附带。滞淫：懈怠，荒废。

⑪兴：起，振作。

⑫蓄力：储蓄力量。一纪：十二年为一纪。

⑬齐侯长矣：齐桓公已经老了。长，年老。

⑭殁：去世。

⑮多谗在侧：管仲死后，齐桓公身边多是竖刁、易牙一类的谗臣。

⑯谋而无正：虽欲谋划，苦无纠正之人。

⑰衷而思始：齐桓公身边没有谋臣，常常想起当初管仲辅政的情形。

⑱餍迩逐远：齐桓公与近邻相安无事，便会谋求与远邻交往。餍，安。

⑲远人：指重耳一行人。入服：投奔。

⑳邮：通“尤”，错误。

译文

公子重耳在狄国住了十二年，狐偃说：“当年，我们到这儿来，并非因为狄国安乐，而是因为在这儿能成就大事。我曾说过：‘狄国出奔时易于到达，在困境中还能得到狄人的帮助，在狄国暂作休整再选择有利的时机，因此才在这儿居住下来。’如今已经居住很久了，住久了便会停滞不前。停滞不前再加上懈怠荒废，谁还能振作起来呢？为什么不赶快离开呢！最初我们不去齐、楚两国，是怕路途遥远。如今我们已经养精蓄锐十二年，是时候远行了。齐桓公已经老了，他想亲近晋国。管仲去世后，齐桓公身边尽是些谗佞之臣。齐桓公虽有谋略却无人匡正，心中不免想起当初管仲辅政时的情形。因此他一定会追思、采纳管仲先前的忠告，以求得一个好结果，齐国与邻国已经相安无事，便会谋求与远邻的交往。我们这些远道之人去投奔齐桓公，是不会错的。如今正是齐桓公的暮年，这是亲近他的好时机。”众人都认为狐偃说得对。

原文

乃行，过五鹿①，乞食于野人②。野人举块③以与之，公子怒，将鞭之。子犯曰：“天赐也。民以土服④，又何求焉！天事必象⑤，十有二年，必获此土⑥。二三子志⑦之。岁在寿星及鹑尾，其有此土

乎！天以命矣，复于寿星[8]，必获诸侯[9]。天之道也，由是始之[10]。有此，其以戊申[11]乎！所以申土[12]也。”再拜稽首，受而载之。遂适齐。

注释

①五鹿：卫国地名，在今河南濮阳一带。

②野人：郊野农夫。

③块：土块。

④服：顺服。

⑤天事：天下之事。象：征兆。

⑥十有二年，必获此土：十二年之后，我们一定会占有这片土地。有，通“又”。

⑦志：记住。

⑧复于寿星：当岁星再次运行到寿星星次。指公元前632年。

⑨必获诸侯：指称霸诸侯。

⑩由是始之：从此处开始。

⑪戊申：戊申日，为记日的干支。

⑫申土：拓宽土地。

译文

于是重耳一行人便启程了，经过五鹿时，他们向田里的农夫讨饭吃。农夫却把田里的土块递给他们，重耳大怒，要鞭打农夫。子犯说：“这是上天赐予的啊！民众献上土地以示臣服，我们还要求什么呢！上天安排的事情必定会先有某些征兆，十二年后，我们一定会得到这片土地。诸位请记住。岁星运行到寿星、鹑尾时，这片土地大概就属于我们了！上天已经注定了，当岁星再次经过寿星时，我们就能称霸诸侯了。天道十二年一轮回，正是从这里开始。我们得到这片土地，应当是在戊申日吧！戊申寓意着拓宽土地。”重耳向农夫再拜叩首，把土块收下放在车上。最终他们到达了齐国。

齐姜劝重耳勿怀安

原文

齐侯妻之，甚善焉。有马二十乘，将死于齐而已矣。曰：“民生安乐，谁知其他？”桓公卒，孝公[1]即位。诸侯叛齐。子犯知齐之不可以动，而知文公之安齐而有终焉之志也，欲行，而患之，与从者谋于桑下。蚕妾在焉，莫知其在也。妾告姜氏，姜氏杀之，而言于公子曰：“从者将以子行，其闻之者吾以除之矣。子必从之，不可以贰[2]，贰无成命。《诗》云：‘上帝临女，无贰尔心。’先王其知之矣，贰将可乎？子去晋难而极[3]于此。自子之行，晋无宁岁，民无成[4]君。天未丧晋，无异公子，有晋国者，非子而谁？子其勉之！上帝临子，贰必有咎。”

注释

①孝公：齐孝公姜昭，齐桓公之子。

②贰：怀疑，犹豫。

③极：至，到。

④成：固定。

译文

齐桓公将女儿许配给了重耳，对重耳非常好。重耳在齐国获赐八十匹良马，便打算终老齐国了。他说：“人生就是图个安定快乐，谁还去管其他的事呢？”齐桓公死后，齐孝公即位。诸侯相继背叛齐国。狐偃知道齐国不可能帮助重耳返回晋国登上君位，也看到了重耳安于现状的态度，就想带着重耳离开齐国，但是他担心重耳不愿意走，于是就同重耳的随从一起在桑树下秘密谋划如何带重耳离开齐国。齐国宫中一个养蚕的女子正好在这棵树上采桑叶，但树下的人谁也没有发觉。养蚕的女子报告给姜氏，姜氏怕消息泄露而杀了她，然后对重耳说道：“您的随从想要带您离开齐国，我已经除掉了听到这件事的人。您一定要听从他们的安排，不可以犹豫不决，犹豫不决的人是无法成就大事的。《诗经》上说：‘上天保佑你，千万不可犹豫。’周武王顺应天命，所以成就了大事，您若是犹豫不决，那怎么能行呢？您为避祸而逃到了这里。自从您离开晋国以后，晋国政局动荡，百姓至今也没有一个稳定的国君。晋国还没有到要灭亡的时候，献公也没有其他的儿子了，统治晋国的国君不是您又会是谁呢？您可得好好努力啊！上天眷顾您，您若再迟疑不决，就有可能生发祸患。”

原文

公子曰：“吾不动矣，必死于此。”姜曰：“不然。《周诗》曰：‘莘莘征夫[①]，每怀靡及。’夙夜征行，不遑启处[②]，犹惧无及。况其顺身纵欲怀安，将何及矣！人不求及，其能及乎？日月不处，人谁获安？西方[③]之书有之曰：‘怀与安，实疚大事。’《郑诗》[④]云：‘仲可怀也，人之多言，亦可畏也。’昔管敬仲有言，小妾闻之，曰：‘畏威如疾，民之上也。从怀如流，民之下也。见怀思威，民之中也。畏威如疾，乃能威民。威在民上，弗畏有刑。从怀如流，去威远矣，故谓之下。其在辟[⑤]也，吾从中也。《郑诗》之言，吾其从之。’此大夫管仲之所以纪纲齐国，裨辅先君而成霸者也[⑥]。子而

弃之，不亦难乎？齐国之政败矣，晋之无道久矣，从者之谋忠矣，时日及矣，公子几矣。君国可以济百姓，而释之者，非人也。败不可处，时不可失，忠不可弃，怀不可从，子必速行。吾闻晋之始封⑦也，岁在大火⑧，阏伯之星⑨也，实纪商人。商之飨国三十一王。瞽史之纪曰：'唐叔之世，将如商数。'今未半也。乱不长世，公子唯子，子必有晋。若何怀安？"公子弗听。

注释

①莘莘：众多。征：行。

②遑：闲暇。启处：安坐。

③西方：指周。

④《郑诗》：指《诗经·郑风·将仲子》。

⑤辟：同"譬"，比喻。

⑥裨：弥补。辅：帮助，助力。

⑦始封：指晋国的始祖唐叔虞。

⑧大火：十二星次之一，标志星为心宿二。

⑨阏伯之星：陶唐氏时的火正，住在商丘，主持祭祀大火星，死后配祭大火，故称大火为阏伯之星。

译文

重耳说："我是不会离开齐国的，我要在这里终老。"姜氏说："您不能这样。《周诗》上说：'那些风尘仆仆的行人，时常惦记自己要办的事，就怕无法及时办好要办的事情。'日夜赶路、无暇休息的人，尚且忧心无法及时办好事情。何况那些随遇而安、放纵嗜欲、贪图安逸的人，他们又怎么来得及！一个人若是对自己的目标不能孜孜以求，又如何能实现目标呢？日月如梭，时光不停，一个人怎么能贪图安逸呢？《周书》上有句话说：'恋恋不舍与贪图安逸，是要耽误大事的。'《郑诗》上说：'思念仲子啊，别人这么多的闲话，也很可畏啊。'以前管仲说的话，妾身也听说过，他说：'敬畏天威如同畏惧疾病的人，是最上等的人。任凭私心发展的人，是最下等的人。每逢私心欲动就想起天威可畏的人，是中等的人。只有让人敬畏天威如同畏惧疾病一样，才能在百姓面前树立权威。有权威才能高高在上，无视权威者严惩不贷。任凭私欲发展下去，距离权威就越来越远了，因此说是最下等的人。在这几个比喻中，我选择做中等之人。《郑诗》上所说的话，我是乐于遵从的。'这就是管仲能治理齐国，辅助齐桓公成就霸业的原因。现在您要丢弃它，不是难成大事吗？齐国的国力已大不如前了，而晋君无道也已经持续很长一段时间了，您随从的谋虑是一片忠心，时机已到，公子回国登位的日子也就不远了。您若是能主政晋国，一定能解救晋国的百姓，如果放弃这样的事业，那简直不能算作人了。齐国正变得日益腐败，已非久留之地，您不要错过了回国的机会，也不要舍弃那些忠心耿耿的追随者，眼下的安稳不值得贪念，您一定要尽快离开齐国。我听闻晋国始祖唐叔虞受封时，岁星运行到大火星的位置，心宿二是阏伯主祭的星辰，代表着商代的运数。商代传国三十一位国君。乐官和史官的记载都说：'唐叔后裔享有晋国的时间同商代国君的数目相同。'如今晋国还不到一半。晋国的乱局不会太久，公子中只有您还在，您一定能得到晋国。为什么还要贪图眼前的安逸呢？"然而，重耳就是听不进这些劝告。

曹共公不礼重耳而观其骿胁[1]

原文

自卫过曹，曹共公亦不礼焉，闻其骿胁，欲观其状，止其舍，谍[2]其将浴，设微薄[3]而观之。僖负羁[4]之妻言于负羁曰："吾观晋公子贤人也，其从者皆国相[5]也，以相一人[6]，必得晋国。得晋国而讨无礼，曹其首诛也。子盍蚤自贰[7]焉？"僖负羁馈飧[8]，置璧焉。公子受飧反璧。

注释

①曹共公：曹国国君，姬姓，名襄。骿（pián）胁：肋骨连成一片。
②谍：秘密探听。
③微薄：同“帷薄”，门帘。
④僖负羁：曹国大夫。
⑤国相：为一国辅相。
⑥一人：指重耳。
⑦贰：不同，区别。
⑧馈：赠送。飧：熟食。

译文

重耳一行从卫国出发经过曹国，曹共公不加以礼遇，他听说重耳的肋骨生得连成一片，想看看是什么样子的，就把重耳一行人安顿在馆舍里，打探到重耳要洗澡，便张了很薄的门帘在后面偷偷观看。曹国大夫僖负羁的妻子对丈夫说：“我看晋国公子重耳是个贤德的人，他的随从也都是国家的栋梁，他们共同辅助重耳，将来必定能回到晋国继承君位。重耳继承君位后定会讨伐那些没有礼遇他的国家，他首先就会拿曹国开刀。您何不早些表明自己的不同立场呢？”僖负羁便送给重耳一盘熟食，盘底还放着一块玉璧。重耳收下了熟食，退回了玉璧。

原文

负羁言于曹伯曰：“夫晋公子在此，君之匹[①]也，不亦礼焉？”曹伯曰：“诸侯之亡公子其多矣，谁不过此！亡者皆无礼者也，余焉能尽礼焉！”对曰：“臣闻之：爱亲明[②]贤，政之干[③]也。礼宾矜穷[④]，礼之宗[⑤]也。礼以纪[⑥]政，国之常[⑦]也。失常不立，君所知也。

国君无亲，以国为亲。先君叔振[⑧]，出自文王，晋祖唐叔，出自武王，文、武之功，实建诸姬。故二王之嗣，世不废亲。今君弃之，不爱亲也。晋公子生十七年而亡，卿材三人[⑨]从之，可谓贤矣，而君蔑[⑩]之，是不明贤也。谓晋公子之亡，不可不怜也。比[⑪]之宾客，不可不礼也。失此二者，是不礼宾，不怜穷也。守天之聚[⑫]，将施于宜。宜而不施，聚必有阙[⑬]。玉帛酒食，犹粪土也，爱粪土以毁三常[⑭]，失位而阙聚，是之不难，无乃不可乎？君其图之。"公弗听。

注释

①匹：匹敌。指地位相当。

②明：尊。

③干：主干，主要内容。

④礼宾：礼遇宾客。矜：怜惜，怜悯。

⑤宗：宗主。

⑥纪：治理。

⑦常：常道。

⑧叔振：曹国的先君，周文王之子，武王之弟，与晋国是同姓宗亲。

⑨卿材三人：可以做公卿的贤能之人。指狐偃、赵衰、贾佗三位贤良之才。

⑩蔑：蔑视，轻视。

⑪比：比作，等同。

⑫天之聚：指财富和民众。

⑬阙：缺失。

⑭三常：爱亲、明贤、礼宾。

译文

僖负羁对曹共公说："晋国公子正在曹国，他的地位与您相当，难道不应该加以礼遇吗？"曹伯说："诸侯逃亡在外的公子太多了，谁不经过我们这里！流亡者本就是不遵守礼法的人，我哪能每一个都加以礼遇呢？"僖负羁说："我听说，爱护宗亲、尊重贤人，是政事的主干。礼遇宾客、怜悯穷困，是礼仪的根本。用礼法处理国政，这是国家的常道。失去常道，国家就难以立足，这是君主您知道的道理。对国君而言没有私亲，要以国家为亲。我们的先君叔振铎，是周文王的儿子，而晋国的先君唐叔，是武王的儿子，因为文王、武王的功业，许多姬姓的封国才得以建立。所以文王、武王的后代，世代都不抛弃友爱、亲近的关系。如今您摒弃了这一传统，这是不友爱宗亲。晋公子重耳十七岁便流亡国外，三位具有卿相之材的大臣追随他，可称得上贤能之人了，而您却轻视他们，这是不尊重贤人。我觉得晋公子流亡国外，不可不怜悯。就算视他们为普通宾客，也不能不以礼相待。如果做不到这两点，那就是不礼遇宾客，不怜悯穷困了。守着上天所聚敛的财富和民众，应将它们用在适宜的地方。如果不用在适宜的地方，那么聚敛的财富和民众就会有所缺失。玉帛和酒食，犹如粪土一样，吝惜粪土一样的东西而摒弃三种立国的常道，那就会失掉君位，进而失掉聚敛的财富和民众，还不把这事视为危难，这难道可行吗？希望您好好考虑一下。"曹伯最终没有听从僖负羁的劝告。

楚成王以周礼享重耳

原文

遂如[①]楚，楚成王以周礼享之[②]，九献[③]，庭实[④]旅百。公子欲辞，子犯曰："天命也，君其飨之。亡人而国荐[⑤]之，非敌而君设之[⑥]，非天，谁启之心！"既飨，楚子[⑦]问于公子曰："子若克复晋国，何以报我？"公子再拜稽首对曰："子女玉帛，则君有之。羽旄齿革[⑧]，则君地生焉。其波及晋国者，君之余也，又何以报？"王曰："虽然，不穀[⑨]愿闻之。"对曰："若以君之灵[⑩]，得复晋国，晋、楚治兵，会于中原，其避君三舍[⑪]，若不获命[⑫]，其左执鞭弭[⑬]，右属櫜鞬[⑭]，以与君周旋[⑮]。"

注释

①如：到……去。

②楚成王：楚国君主，芈姓，熊氏，名頵（yūn），公元前671年至前628年在位。周礼：楚国以款待国君的礼仪接待重耳。享：设宴款待。

③九献：帝王接待上公的礼仪，共献酒九次。

④庭实：把礼物陈列在宫廷中，是诸侯间互相访问的一种礼节。

⑤国荐：用国君的礼节进献。

⑥非敌：不相等。君设之：设之以君礼。

⑦楚子：指楚成王。

⑧羽旄齿革：翡翠、孔雀之类鸟羽，旄牛尾，象牙，牛皮。

⑨不穀：古代王侯对自己的一种谦称。

⑩以君之灵：托您的福。

⑪三舍：九十里。舍，古代行军以三十里为一舍。

⑫命：楚国退兵的命令。

⑬弭：没有缘饰的弓。

⑭属：用手摸。櫜（gāo）：箭囊。鞬（jiàn）：盛弓的弓袋。

⑮周旋：较量。

译文

重耳一行到了楚国，楚成王以款待国君的礼仪接待重耳，宴会上献酒九次，宫廷上陈列的礼物数以百计。重耳想推辞，子犯说：“这是天意，您还是接受此礼吧。一个流亡国外的人，竟能享受国君的礼节，身份地位不对等，却像对国君那样陈设礼物，若不是上天的意思，谁会让楚王有这样的想法！”宴会过后，楚成王问重耳说：“您若返回晋国，用什么来报答我呢？”重耳跪拜磕头说：“美女、玉帛，您有的是。鸟羽、旄牛尾、象牙、牛皮，也都出产于贵国。其余流传到晋国的东西，已经是您剩下的了，我还有什么能报答您呢？”楚成王说：“即便如此，我也想听听您打算怎么报答我。”重耳说：“若是托您的福，我能返回晋国，万一将来晋、楚两国交战，在中原相遇，我愿退避九十里，要是这样还得不到楚国的谅解，那我只好左手拿着马鞭和弓箭，右手抚着弓套和箭囊，来陪您较量一番了。”

原文

令尹子玉曰[①]：“请杀晋公子。弗杀，而反晋国，必惧楚师。”王曰：“不可。楚师之惧，我不修[②]也。我之不德，杀之何为！天之祚楚，谁能惧之？楚不可祚，冀州[③]之土，其无令君乎？且晋公子敏而有文[④]，约而不谄[⑤]，三材侍之，天祚之矣。天之所兴，谁能废之？”子玉曰：“然则请止狐偃。”王曰：“不可。《曹诗》[⑥]曰：‘彼己之子，不遂其媾[⑦]。’邮之也。夫邮而效之，邮又甚焉。效邮，非

礼也。”于是怀公[8]自秦逃归。秦伯[9]召公子于楚，楚子厚币以送公子于秦[10]。

注释

①令尹：楚国官名，为楚国的最高官职。子玉：成得臣，楚国若敖的曾孙。

②不修：不修德行。

③冀州：晋国所在的地域名，古代九州之一，在今河北、山西一带。

④敏而有文：为人通达又富于文辞。

⑤约而不谄：穷困而不谄谀。

⑥《曹诗》：指《诗经·曹风·候人》。

⑦媾（gòu）：通“厚”，优厚。

⑧怀公：指晋怀公。

⑨秦伯：指秦穆公。

⑩楚子：楚成王。厚币：重礼。

译文

令尹子玉说：“请杀掉公子重耳。不杀的话，一旦他返回晋国，必然会对楚军构成威胁。”楚成王说：“不行。楚军有威胁，是我们不修德的缘故。我们自己不修德，杀掉重耳又有什么用！如果上天护佑楚国，谁又能给楚国带来威胁呢？如果上天不护佑楚国，那在晋国的土地上，难道就不会出现其他明君吗？况且公子重耳为人通达而富于文采，处在困境而不谄媚，又有三位卿相之才侍奉他，这是上天在护佑他啊。天意让他复兴，谁能毁掉他呢？”子玉说：“那就请扣留狐偃做人质。”楚成王说：“不行。《诗经·曹风·候人》说：‘那个人啊，不能久享优厚的待遇。’这是在指责一个人的过失啊。明知是错再去效法，那就是错上加错。效法错误的行为，这不符合礼仪。”这时，晋怀公子圉从秦国逃回了晋国。秦穆公派人到楚国请公子重耳，楚成王便用厚礼将重耳送到了秦国。

秦伯纳重耳于晋

原文

十月①，惠公卒。十二月，秦伯纳公子。及河，子犯授公子载璧②，曰："臣从君还轸③，巡于天下，怨其多矣。臣犹知之，而况君乎？不忍其死，请由此亡④。"公子曰："所不与舅氏同心者，有如河水。"沉璧以质⑤。

注释

①十月：晋惠公十四年（公元前637年）十月。

②载璧：祭祀用的玉璧。

③还轸：犹回车。指乘车游历各国。

④亡：逃亡。

⑤质：信。

译文

十月，晋惠公去世。十二月，秦穆公将公子重耳送回晋国。到了黄河边上，子犯把祭祀用的玉璧交给重耳，说："我跟随您乘车游历各国，在天下巡行，结怨太多。我自己都知道，更何况您呢？如果您不忍看到我因此而死，就请让我在这里逃亡吧。"公子重耳说："假如我不跟舅舅同心同德，我愿以黄河为证。"说着就把玉璧扔进黄河当作凭信。

原文

董因[1]迎公于河，公问焉，曰："吾其济[2]乎?"对曰："岁[3]在大梁，将集天行[4]。元年始受[5]，实沈[6]之星也。实沈之墟[7]，晋人是居，所以兴也。今君当之，无不济矣。君之行也，岁在大火。大火，阏伯[8]之星也，是谓大辰[9]。辰以成善[10]，后稷是相[11]，唐叔以封[12]。《瞽史记》[13]曰：'嗣续其祖[14]，如谷之滋[15]，必有晋国。'臣筮之，得《泰》之八。曰：是谓天地配亨，小往大来。今及之矣，何不济之有?且以辰出而以参入[16]，皆晋祥也，而天之大纪[17]也。济且秉[18]成，必霸诸侯。子孙赖之，君无惧矣。"

注释

①董因：晋国大夫。

②济：成功。

③岁：木星。

④集：成。天行：天道。

⑤元年：重耳即位的第一年。始受：开始接受天命。

⑥实沈：十二星次之一。

⑦墟：指实沈所居的旧地。

⑧阏（è）伯：尧时的火正，主持祭祀大火星。

⑨大辰：大火。

⑩辰以成善：辰代表农事吉祥，成就善道。

⑪后稷：传说中古代周族的始祖，名弃。相：看。

⑫唐叔以封：唐叔被封是在大火之年。唐叔，晋国先君。

⑬《瞽史记》：《瞽史之纪》，史书名。

⑭嗣续其祖：继承祖先。

⑮如谷之滋：如同五谷的滋长。

⑯辰：辰星。参：参星。

⑰天之大纪：上天大的命数。

⑱秉：握。

译文

董因在黄河边迎接重耳，重耳问："我这次回国能成功吗？"董因回答说："岁星出现在大梁区域，这表示您将成就天道。您即位的第一年开始接受天命，这一年岁星在实沈星的位置。实沈的故城，正对着晋国人居住的地方，所以晋国才能兴盛起来。如今吉星正好应验在您身上，行事没有不成功的。当年您出逃的时候，岁星在大火星的位置。大火星，就是阏伯星，又叫作大辰星。辰星代表着农事吉祥，成就善道，周朝的祖先后稷就是据此成就农事的，晋国的先君唐叔也是在大火之年受封的。《瞽史记》记载：'子孙后代继承祖先，如同五谷繁衍滋长，必定能得到晋国。'我占卜过，得到了《泰》卦阴爻的数字是八。卦象显示：这是天地交配亨通，小的去，大的来。如今是时候了，怎么会不成功呢？况且您是在大辰之年出逃的，又在参星之年归国，这些都是晋国的吉祥征兆，是上天大的命数。渡过黄河便能稳稳地获得成功，将来定能称霸诸侯。子孙后代也要仰赖它，您不必害怕。"

原文

公子济河，召令狐、臼衰、桑泉①，皆降。晋人惧，怀公奔高梁。吕甥、冀芮帅师，甲午②，军于庐柳③。秦伯使公子絷如师④，师退，次于郇⑤。辛丑⑥，狐偃及秦、晋大夫盟于郇。壬寅⑦，公入于晋师⑧。甲辰⑨，秦伯还。丙午⑩，入于曲沃。丁未⑪，入绛，即位于武宫⑫。戊申⑬，刺怀公于高梁。

注释

①令狐、臼衰、桑泉：皆为晋国的城邑。令狐在今山西临猗西，桑泉在临猗东北，臼衰在今山西解县西北。

②甲午：公元前636年2月6日。

③庐柳：晋国地名。在今山西临猗。

④如师：到吕甥、冀芮所率领的晋师中与之谈判。

⑤次：驻扎。郇（xún）：晋国地名。在今山西临猗西南。

⑥辛丑：公元前636年2月13日。

⑦壬寅：公元前636年2月14日。

⑧公入于晋师：晋军转向重耳，所以重耳能进入晋军。

⑨甲辰：公元前636年2月16日。

⑩丙午：公元前636年2月18日。

⑪丁未：公元前636年2月19日。

⑫武宫：重耳祖父晋武公的宗庙。

⑬戊申：公元前636年2月20日。

译文

重耳渡过黄河，召集令狐、臼衰、桑泉三邑的长官，他们都向重耳投降了。晋国人感到害怕，怀公出逃到了高梁。吕甥、冀芮率领晋国军队试图抵抗，甲午日，晋军驻扎在庐柳。秦穆公派公子縶到晋军中去交涉，晋军退走，驻扎在郇地。辛丑日，狐偃与秦、晋两国的大夫在郇地会盟。壬寅日，公子重耳进入晋军。甲辰日，秦穆公返回秦国。丙午日，重耳进入曲沃。丁未日，重耳进入首都绛城，在晋武公的宗庙即君位。戊申日，派人在高梁刺杀了晋怀公。

文公救宋败楚于城濮

原文

文公立四年[①]，楚成王伐宋[②]，公率齐、秦伐曹、卫以救宋。宋人使门尹班[③]告急于晋，公告大夫曰："宋人告急，舍之则宋绝。告楚[④]则不许我。我欲击楚，齐、秦不欲，其若之何?"先轸[⑤]曰："不若使齐、秦主楚怨[⑥]。"公曰："可乎?"先轸曰："使宋舍我而赂齐、秦，藉之告楚。我分曹、卫之地以赐宋人。楚爱曹、卫，必不许齐、秦。齐、秦不得其请，必属怨[⑦]焉，然后用之，蔑不欲矣。"公说，是故以曹田、卫田赐宋人。

注释

①文公立四年：公元前633年。

②楚成王伐宋：宋国因倾向于晋文公，叛楚即晋，楚成王派令尹子玉、司马子西率军讨伐宋国，并围困了宋国的都城。

③门尹班：宋国大夫。

④告楚：请求楚国退兵。

⑤先轸：又称原轸，晋国中军主帅，上卿。

⑥主楚怨：成为楚国的怨主。

⑦属怨：结怨。

译文

晋文公即位第四年，楚成王派兵讨伐宋国，晋文公率领齐、秦两国的军队讨伐曹、卫两国，以解宋都之围。宋国派大夫门尹班向晋国告急，文公对大夫们说："宋国来告急，如果丢下宋国不管，宋国就会跟我们断交。如果请求楚国退兵，楚国也不会答应的。我想攻打楚国，但齐、秦两国又不愿意，该怎么办呢？"先轸说："不如让齐、秦两国去怨恨楚国。"文公问："能行吗？"先轸说："让宋国舍弃我国而去向齐、秦两国送财物，让齐、秦两国去请求楚国退兵。我国则将所得的曹、卫两国的土地赐给宋国。楚国爱护曹、卫两国，必定不会同意齐、秦两国的退兵请求。齐、秦两国的请求达不成，必定会怨恨楚国，然后我们再利用齐、秦两国的军队讨伐楚国，这样两国就不会不情愿了。"晋文公听了很高兴，因此将曹、卫两国的土地赐给了宋国。

原文

令尹子玉使宛春[①]来告曰："请复卫侯而封曹，臣亦释宋之围。"舅犯愠[②]曰："子玉无礼哉！君取一[③]，臣取二[④]，必击之。"先轸曰："子与[⑤]之。我不许曹、卫之请，是不许释宋也。宋众无乃强乎！是楚一言而有三[⑥]施，子一言而有三怨。怨已多矣，难以击人。不若私许复曹、卫以携[⑦]之，执宛春以怒楚，既战而后图之。"公说，是故拘[⑧]宛春于卫。

注释

①宛春：楚国大夫。

②愠：愤怒。

③君取一：晋文公只向楚国提出了一项从宋国退兵的要求。

④臣取二：子玉作为臣子，却向晋文公提出了"复卫侯""封曹"两项要求。

⑤与：许诺，答应。

⑥三：指曹、卫、宋三国。

⑦携：离间。

⑧拘：扣留。

译文

楚国令尹子玉派大夫宛春到晋国传话，说：“请你们恢复卫侯的君位，把土地退还给曹国，我们也会撤去对宋国的包围。”子犯愤怒地说：“子玉真是无礼！我们国君只提出一项要求，他们却提出两项要求，一定要攻打他们。”先轸说：“您还是先答应他们的要求吧。要是我们不答应曹、卫两国的要求，就等于不允许撤去楚国对宋国的包围。宋国民众怕是要被围困致死了！这样，楚国一句话就对曹、卫、宋三个国家施予了恩惠，而我们一句话却与三个国家结了怨。晋国结的怨恨已经很多了，很难去攻击别人。不如私下满足曹、卫两国的要求以离间其与楚国的关系，然后再扣留宛春以激怒楚国，等战争过后再做下一步打算。”晋文公听了很高兴，于是把宛春扣留在了卫国。

原文

子玉释宋围，从[①]晋师。楚既陈，晋师退舍，军吏请曰：“以君避臣[②]，辱也。且楚师老[③]矣，必败。何故退?”子犯曰：“二三子忘在楚乎[④]？偃也闻之：战斗，直为壮，曲为老。未报楚惠而抗[⑤]宋，我曲楚直，其众莫不生气，不可谓老。若我以君避臣，而不去，彼亦曲矣。”退三舍避楚。楚众欲止，子玉不肯，至于城濮[⑥]，果战，楚众大败。君子曰：“善以德劝。”

注释

①从：追逐。

②以君避臣：指晋文公退避楚臣子玉。

③老：疲惫。

④二三子忘在楚乎：指重耳经过楚国时楚成王礼遇他，重耳向楚成王承诺退避三舍作为报答。

⑤抗：救。

⑥城濮：卫国地名，在今山东鄄城境内。

译文

子玉解除了对宋国的包围，转而追击晋军。楚军摆开阵势之后，晋文公下令退避三十里，军吏请求说："身为君主却躲避臣子，这是一种耻辱。况且楚军已经疲劳，必定战败。我军为什么还要退兵呢？"子犯说："难道你们忘了国君在楚国的承诺吗？我听说，领兵作战，理直气才会壮，理屈士气就会低迷。我们还没报答之前楚国的恩惠就出兵援救宋国，这是我方理屈而楚国理直，楚军士气就会高涨，不能说他们已经疲惫不堪。如果我方以君主的身份躲避臣子，楚君还不愿撤退，那楚国就理屈了。"于是晋军就向后撤退九十里以躲避楚军。楚国将士都主张停止进攻，但子玉不肯，率军抵达城濮，果然发生了战事，楚军被打得大败。君子说："这是善于通过道德进行规劝。"

文公任贤与赵衰[1]举贤

原文

文公问元帅于赵衰，对曰：“郤縠[2]可，行年五十矣，守学弥惇。夫先王之法志，德义之府也。夫德义，生民之本也。能惇笃者，不忘百姓也。请使郤縠。”公从之。公使赵衰为卿，辞曰：“栾枝[3]贞慎，先轸有谋，胥臣多闻，皆可以为辅佐，臣弗若也。”乃使栾枝将下军，先轸佐之。取五鹿，先轸之谋也。郤縠卒，使先轸代之。胥臣佐下军。公使原季为卿，辞曰：“夫三德者，偃之出也。以德纪民，其章大矣，不可废也。”使狐偃为卿，辞曰：“毛[4]之智，贤于臣，其齿又长。毛也不在位，不敢闻命。”乃使狐毛将上军，狐偃佐之。狐毛卒，使赵衰代之，辞曰：“城濮之役，先且居[5]之佐军也善，军伐有赏，善君有赏，能其官有赏。且居有三赏，不可废也。且臣之伦，箕郑、胥婴、先都在[6]。”乃使先且居将上军。公曰：“赵衰三让。其所让，皆社稷之卫也。废让，是废德也。”以赵衰之故，蒐于清原，作五军[7]。使赵衰将新上军，箕郑佐之；胥婴将新下军，先都佐之。子犯卒，蒲城伯[8]请佐，公曰：“夫赵衰三让不失义。让，推贤也。义，广德也。德广贤至，又何患矣。请令衰也从子。”乃使赵衰佐新上军。

注释

①赵衰：晋国的卿，字子余。

②郤縠：晋国大夫。

③栾枝：晋国大夫，栾共子之子。

④毛：狐毛，狐偃的哥哥，晋国大夫。

⑤先且居：先轸之子。

⑥胥婴、先都：皆为晋国大夫。

⑦五军：晋国原有中军、上军、下军三军，清原阅兵时，又增新上军、新下军二军，共为五军。

⑧蒲城伯：先且居。

译文

晋文公询问赵衰元帅的人选，赵衰回答说："郤縠可以。他五十多岁了，依旧坚持学习，而且年岁越长越是重视学习。先王制定的法规典籍，是承载道德与信义的宝库。道德与信义，是治理百姓的根本。对道德与信义的修养如此重视的人，是不会忘记百姓的。请让郤縠担任元帅的职务。"文公听从了赵衰的建议。文公又任命赵衰为卿，赵衰推辞说："栾枝忠贞谨慎，先轸足智多谋，胥臣见闻很广，都能很好地辅佐国君，我不如他们贤能。"于是文公让栾枝统率下军，由先轸为副将辅助他。后来攻取五鹿，便是先轸出的计谋。郤縠死后，又让先轸接任中军统帅。由胥臣担任下军副将。文公又让赵衰任下卿，赵衰推辞说："三件有功德的事情，都是狐偃想出来的。用德行治理人民，成效显著，不可不任用他。"文公便任命狐偃为下卿，狐偃推辞说："狐毛的智慧远胜于我，况且狐毛又是我的兄长。若他不在卿位，我不敢接受任命。"于是，文公派狐毛统率上军，狐偃为副将。狐毛死后，文公派赵衰接任上军统帅，赵衰又推辞说："在城濮之战中，先且居辅佐治军很有功绩，有军功的应给予奖赏，以正道辅助国君的应给予奖赏，能完成自己职责的应给予奖赏。先且居兼有上述三者，不可不加以重用。而且像我这样的人，箕郑、胥婴、先都等都还在。"文公于是派先且居统率上军。文公说："赵衰三次辞让，而且举荐的，都是些能真正捍卫国家的人才。废置谦让之人不用，这就是废除德政。”因为赵衰，文公在清原地方举行阅兵，将原来的三军扩充为五军。让赵衰担任新上军的统帅，以箕郑为副将；胥婴担任新下军的统帅，以先都为副将。狐偃死后，蒲城伯先且居请求文公委派副将，文公说：“赵衰三次推让，都不失礼义。谦让，是为了推荐贤人，礼义，是为了推广道德。推广道德，贤才自然就来了，还担心什么呢！就让赵衰做你的副将吧。”于是，晋文公便派赵衰担任上军的副将。

胥臣论教诲之力

原文

文公问于胥臣曰：“我欲使阳处父傅讙也而教诲之[①]，其能善之乎?”对曰：“是在讙也。蘧蒢不可使俯，戚施不可使仰，僬侥不可使举，侏儒不可使援，矇瞍不可使视，嚚瘖不可使言，聋聩不可使听，童昏不可使谋。质将善而贤良赞之，则济可竢。若有违质，教将不入，其何善之为！臣闻昔者大任娠文王不变[②]，少溲于豕牢，而得文王不加疾焉。文王在母不忧，在傅弗勤，处师弗烦，事王[③]不怒，孝友二虢[④]，而惠慈二蔡[⑤]，刑于大姒[⑥]，比于诸弟。《诗》[⑦]云：‘刑于寡妻，至于兄弟，以御于家邦。’于是乎用四方之贤良。及其即位也，询于八虞[⑧]，而谘于二虢，度于闳夭而谋于南宫[⑨]，诹于蔡、原而访于辛、尹[⑩]，重之以周、邵、毕、荣[⑪]，亿宁百神，而柔和万民。故《诗》云：‘惠于宗公，神罔时恫。’若是，则文王非专教诲之力也。”公曰：“然则教无益乎?”对曰：“胡为文，益其

质。故人生而学，非学不入。”公曰：“奈夫八疾何！”对曰：“官师之所材也，戚施直镈[12]，蘧蒢蒙璆[13]，侏儒扶卢[14]，矇瞍修声，聋聩司火。童昏、嚚瘖、僬侥，官师之所不材也，以实裔土。夫教者，因体能质而利之者也。若川然有原，以印浦而后大。”

注释

①阳处父：晋国大夫。谨：晋文公之子，即晋襄公。

②大任：周文王的母亲。文王：指周文王。

③王：指周文王的父亲王季。

④二虢：指周文王的弟弟虢仲和虢叔。

⑤二蔡：周文王的两个儿子。

⑥大姒：周文王的妻子。

⑦《诗》：指《诗经·大雅·思齐》。

⑧八虞：指周代八位掌管山泽的官员，即伯达、伯括、仲实、仲忽、叔夜、叔夏、季随、季騧。

⑨闳夭：周初大臣。南宫：南宫括，周初大臣。

⑩蔡：蔡公。原：原公。辛：辛甲。尹：尹佚。

⑪周：周文公。邵：邵康公。毕：毕公。荣：荣公。

⑫镈：古代乐器，即大钟。

⑬璆：玉磬。

⑭扶卢：古代的一种杂技，以攀缘矛戟为戏。

译文

晋文公询问胥臣说：“我想让阳处父来教导谨，他能教育好吗？”胥臣回答道：“是否能教育好，不取决于老师的能力，主要取决于谨的资质。直胸的人无法俯身，驼背的人无法仰头，瘦弱的人无法举重，个矮的人不能攀高，盲人看不见东西，哑巴说不了话，耳聋的听不见声音，糊涂之人出不了好主意。如果一个人的本质很好，再加上有贤良的人对其进行教导，那么这个人就必然能取得成就。如果一个人本质恶劣，教导他也听不进去，怎么能使他为善呢！我听说，以前周文王的母亲在怀孕的时候没有任何不适，而且在小便的时候毫无痛苦地生下了文王。文王从不让母亲忧虑，不让保傅操心，不让师长烦扰，侍奉父王不让他发怒，对弟弟虢仲、虢叔友善，对儿子大蔡、小蔡慈爱，为妻子大姒做出榜样，与宗族兄弟和睦相处。诗上说：‘为自己的妻子做出表率，与兄弟相互亲近、共同合作，这是治理好家庭与国家的基础。’天下的贤才也就会慕名前来归附。文王即位之后，有事向八虞咨询，与虢仲、虢叔商议，向闳夭、南宫括询问意见，访问蔡公、原公、辛甲、尹佚四位太史，再加上有周文公、邵康公、毕公和荣公的辅助，从而让百神安宁，使万民安乐。因此《诗》上说：‘孝敬祖先，神灵自会庇佑。’既然是这样，那么，周文王就不单纯是教诲的作用了，而是他本身就有优异的资质。”晋文公说：“如此说来，教育岂不毫无作用？”胥臣回答说：“教育的目的是使本质变得更加美好。所以，拥有再好本质的人都要接受教育，都要不断地学习，以免走上错误的道路。”文公说：“那前面所说的八种残疾人该怎么办呢？”胥臣回答道：“可以因材而用，驼背的人正好俯身敲钟，直胸的人戴上玉磬，矮子表演杂技，盲人演奏音乐，耳聋的掌管烧火，糊涂的、哑巴和小种人，如果难以因材而用，就让他们充实边远的地区。教育，就是针对人的本质加以因势利导，如同引导河川让其汇流成大河一般。”

文公称霸

原文

文公即位二年，欲用其民，子犯曰：“民未知义，盍纳[①]天子以示之义？”乃纳襄王于周。公曰：“可矣乎？”对曰：“民未知信，盍伐原以示之信？”乃伐原。曰：“可矣乎？”对曰：“民未知礼，盍大蒐，备师尚礼以示之。”乃大蒐于被庐，作三军。使郤縠将中军，以为大政[②]，郤溱[③]佐之。子犯曰：“可矣。”遂伐曹、卫，出谷[④]

戍，释宋围，败楚师于城濮，于是乎遂伯。

注释

①纳：辅助，帮助。

②大政：指国政。

③郤溱：晋国大夫。

④谷：齐国地名，原被楚国占领，后晋国国力强盛，又归晋国。

译文

晋文公即位次年，就打算征用民力攻伐四方，子犯说："百姓还不明白道义，为什么不扶助周天子平定王室之乱让百姓懂得何为道义呢？"于是晋文公扶助周天子复位。晋文公又问："现在可以出兵了吧？"子犯回答说："百姓还不明白诚信，为什么不攻打原国以让百姓知晓何为诚信呢？"于是晋文公出兵攻打原国。晋文公又问："现在可以出兵了吧？"子犯回答说："百姓还不明白礼仪，为什么不举行一场盛大的阅兵式，在整肃军纪的同时又能让百姓知晓何为礼仪呢？"于是，晋文公在被庐举行了声势浩大的阅兵仪式，建立了上、中、下三军。任命郤縠为中军统帅，执掌国政，由郤溱辅佐。子犯说："现在可以出兵攻伐四方了。"于是，晋文公发兵攻打曹、卫两国，赶走戍守谷地的楚军，解宋国之围，在城濮之战中打败楚军，自此成就霸业。

晋语五

臼季举冀缺①

原文

臼季使，舍于冀②野。冀缺薅，其妻馌③之。敬，相待如宾。从而问之，冀芮之子也，与之归，使复命，而进之曰："臣得贤人，敢以告。"文公曰："其父有罪④，可乎？"对曰："国之良也，灭其前恶，是故舜之刑也殛⑤鲧，其举也兴禹。今君之所闻也。齐桓公亲举管敬子⑥，其贼也。"公曰："子何以知其贤也？"对曰："臣见其不忘敬也。夫敬，德之恪⑦也。恪于德以临事，其何不济！"公见之，使为下军大夫。

注释

①冀缺：郤成子，晋国大夫。

②冀：晋国城邑。

③馌（yè）：给在田间耕作的人送饭。

④其父有罪：指晋文公即位之初，冀芮、吕甥图谋杀害晋文公，未果，被秦穆公设计诛杀。

⑤殛：杀死。

⑥管敬子：管仲。

⑦恪：恭敬，谨慎。

译文

白季奉命出使，在冀邑郊外住了一晚。冀缺在田间锄草，他的妻子给他送饭，夫妻二人相敬如宾。白季上前询问才知道，原来冀缺是冀芮的儿子，于是带着冀缺一同返回了晋国。白季向文公汇报出使的情况后，将冀缺引荐给晋文公，说：“我在出使的路上得到了一位贤才，特地引荐给您。”文公说：“冀缺的父亲有罪，这样的情况是否能委以重任？”白季回答说：“只要是贤才，就不应计较其出身。这也是为什么舜处死了有罪的鲧，却又重用了鲧的儿子禹。您一定听说过，管仲曾谋害齐桓公，但齐桓公还是重用了管仲，那是害过他的仇敌啊。”文公问道：“你凭什么知道冀缺的才能呢？”白季回答道：“我见他夫妻二人相敬如宾。敬，是美德的表现。谨守道德标准而谨慎从事，那还有什么事是他做不成的呢！”文公于是召见了冀缺，并任命他为下军大夫。

宁嬴氏论貌与言

原文

阳处父如卫，反，过宁[①]，舍于逆旅[②]宁嬴氏。嬴谓其妻曰：“吾求君子久矣，今乃得之。”举[③]而从之，阳子道与之语，及山[④]而还。其妻曰：“子得所求而不从之，何其怀[⑤]也！”曰：“吾见其貌而欲之，闻其言而恶之。夫貌，情之华[⑥]也；言，貌之机[⑦]也。身为情，成于中。言，身之文也。言文而发之，合而后行[⑧]，离则有衅[⑨]。今阳子之貌济[⑩]，其言匮，非其实也。若中不济，而外强之，其卒将复[⑪]，中以外易矣[⑫]。若内外类[⑬]，而言反之，渎其信[⑭]也。夫言以昭信[⑮]，

奉之如机[16]，历时[17]而发之，胡可渎也！今阳子之情谌[18]矣，以济盖[19]也，且刚而主能[20]，不本而犯[21]，怨之所聚也。吾惧未获其利而及其难，是故去之。"期年，乃有贾季之难[22]，阳子死之。

注释

①宁：晋国城邑名。

②逆旅：旅舍。

③举：起。

④山：温山。

⑤怀：怀念。

⑥华：华彩。

⑦机：枢机。

⑧合而后行：情、言、貌三者合而后行之。

⑨衅：瑕疵。

⑩济：端庄，恭敬。

⑪其卒将复：最终与内情相反。复，反。

⑫中：内。以：与。易：异。

⑬类：善。

⑭渎其信：亵渎了诚信。渎，轻。

⑮昭信：昭示诚信。

⑯奉之如机：如枢机之相应。

⑰历时：相时。

⑱谌（huì）：辨察。

⑲以济盖：成其容貌，以盖其短。

⑳刚而主能：性格刚直，高估自己的才能。

㉑不本而犯：行事不以仁义为本，喜欢冒犯别人。

㉒贾季之难：公元前621年，晋因在夷地阅兵，贾季为中军元帅，赵盾为副元帅。阳处父认为赵衰之子赵盾贤能，向晋襄公建议，让赵盾担任中军元帅。贾季因此心生怨恨，派人刺杀阳处父。贾季，狐偃之子狐射姑，食邑于贾，字季佗。

译文

阳处父到卫国访问，返回晋国时，路过宁邑，住宿在宁嬴氏的旅店里。宁嬴对妻子说：“长久以来我都在寻求有德行的君子，今天总算遇到了一个。”于是他就追随阳处父而去，阳处父在路上跟他交谈，宁嬴到温山后又返回了家。他的妻子说：“你遇到了追寻的人却不追随他，是有多恋家啊！”宁嬴说：“我看到他的容貌是想追随他，但听到他的言辞又讨厌他。容貌，是人情感的华彩；言辞，是人容貌的枢机。人的身体产生情感，是在内心形成的。言辞，就是身体的文饰。言辞要有文采才能说出来，和情感、容貌相符合才能行事，三者背离就会有瑕疵。我看那阳子虽然相貌堂堂，但他言辞匮乏，这表明他的容貌和内情并不符合。如果内情不足，而外貌强装得很足，最终还是不足，这样内情与外貌就不一致了。如果内情与外貌一致，而言辞却与之相悖，那就会使其诚信受到亵渎。言辞是用来彰显诚信的，应当奉之如枢机，思虑成熟了才能说出来，怎么可以亵渎呢！如今阳子的内情似乎很难辨察，因为他的容貌掩盖了他的不足，而且他性情刚直，自以为才能甚高，不本着仁义行事而冒犯别人，这会招致别人的怨恨。我怕追随他得不到他的好处，反而蒙受他的祸患，因此才离开他。”一年之后，贾季之难发生，阳子死于这件事。

赵宣子[①]论比与党

原文

赵宣子言韩献子于灵公[②]，以为司马。河曲[③]之役，赵孟使人以其乘车干行，献子执而戮之。众咸曰：“韩厥必不没矣。其主朝升之，而暮戮其车，其谁安之！”宣子召而礼之，曰：“吾闻事君者比

而不党。夫周以举义，比也；举以其私，党也。夫军事无犯，犯而不隐，义也。吾言女于君，惧女不能也。举而不能，党孰大焉！事君而党，吾何以从政？吾故以是观女。女勉之。苟从是行也，临长晋国者，非女其谁？”皆告诸大夫曰：“二三子可以贺我矣！吾举厥也而中，吾乃今知免于罪矣。”

注释

①赵宣子：晋国正卿，赵衰之子，名盾，谥号“宣”。

②韩献子：名厥，谥号“献”。灵公：指晋灵公，名夷皋，晋文公之孙。

③河曲：晋国地名。

译文

赵宣子向晋灵公推荐了韩献子，晋灵公任命韩献子为司马。河曲之战时，赵宣子故意使人驾驶战车干扰军队的行列，韩献子将驾车的人抓住并处死了。众人议论纷纷：“韩厥肯定要付出代价。赵宣子保他做了司马的位置，他却处死了赵宣子的车夫，他的官位怕是要保不住了！”赵宣子和气地召见了韩厥，并对韩厥说：“我听说侍奉国君的人以义相结，而不结党营私。出于忠信，为国家推举正直的人，这是以义相结。举荐人才而徇私情，这是结党营私。军法是不能违犯的，犯了军法而不包庇，这叫作义。我向国君举荐了你，就怕你做不好。被推举的人无法胜任其官职，这比结党营私要严重得多啊！辅助君主却结党营私，我又有什么资格来掌管朝政呢？通过这件事，我知道你一定能够胜任。你往后要更努力啊。如果你能继续秉持这样的原则为官、为人，那么将来掌管晋国的人还能有谁？”赵宣子对晋国的大夫说：“你们可以祝贺我了！我推荐的韩厥完全能胜任司马的职责，如今我才知道，我并没有犯结党营私的罪。”

灵公使钼麑杀赵宣子①

原 文

灵公虐②，赵宣子骤谏，公患之，使钼麑贼③之。晨往，则寝门辟矣④，盛服将朝，早而假寐⑤。麑退，叹而言曰："赵孟敬⑥哉！夫不忘恭敬，社稷之镇⑦也。贼国之镇不忠，受命而废之不信，享⑧一名于此，不如死。"触庭之槐而死。灵公将杀赵盾，不克⑨。赵穿攻公于桃园⑩，逆⑪公子黑臀而立之，实⑫为成公。

注 释

①灵公：指晋灵公，晋文公之孙。钼（chú）麑（ní）：晋国大力士。

②虐：暴虐无道。

③贼：暗杀，刺杀。

④寝门：内室之门。辟：打开。

⑤假寐：打瞌睡。

⑥敬：恭敬，庄重。

⑦镇：栋梁。

⑧享：承担，承受。

⑨不克：指灵公想借宴会之机诛杀赵宣子，结果失败了。

⑩赵穿：晋国大夫，赵盾的堂兄弟。桃园：晋灵公的园林。

⑪逆：迎接。

⑫实：通"是"，这。

译文

晋灵公暴虐无道，赵宣子多次进行劝谏，晋灵公很厌烦他，于是派大力士钼麑暗杀赵宣子。清晨，钼麑来到赵府，见卧室的门已经打开，赵宣子穿好朝服准备上朝，因为时间还早，正坐在那里休息。钼麑立即退了出来，慨叹说："赵宣子真是恭敬啊！不忘记恭敬的人，是辅佐国家的栋梁。暗杀国家的栋梁是对国家不忠，接受命令不执行是对君主失信，承受不忠、不信两个罪名中的一个，都不如死了的好。"于是他一头撞在庭院里的槐树上死去。灵公又借宴会之机谋杀赵宣子，也没有成功。后来赵穿在桃园杀死了灵公，迎回晋文公的儿子黑臀并立其为国君，这就是晋成公。

张侯[①]御郤献子

原文

靡笄之役，郤献子伤，曰："余病喙[②]。"张侯御，曰："三军之心，在此车也。其耳目在于旗鼓。车无退表[③]，鼓无退声，军事集[④]焉。吾子忍之，不可以言病。受命于庙[⑤]，受脤[⑥]于社，甲胄而效死，戎之政也[⑦]。病未若死，只以解[⑧]志。"乃左并辔，右援枹[⑨]而鼓之，马逸不能止，三军从之。齐师大败，逐之，三周华不注[⑩]之山。

注释

①张侯：又名解张，晋国大夫。

②病：指伤势严重。喙（huì）：疲惫无力，筋疲力尽。

③表：旌旗。

④集：成功。
⑤受命于庙：古代大军出征必先告于祖庙，接受戒命。
⑥脤：古代祭祀社稷之神用的肉。
⑦戎：士兵。政：职责。
⑧解：抛弃，消除。
⑨枹（fú）：鼓槌。
⑩华（huà）不（fù）注：山名，在今山东济南东北。

译文

在靡笄之战中，郤献子负伤，说："我伤得都没法喘气了。"张侯为他驾车，说："三军将士的心，都集中在我们这辆兵车上。他们的眼睛看着我们兵车上的旌旗，耳朵听着我们兵车上的战鼓。只要我们的兵车不挥退兵的旗号，不敲撤退的鼓声，战事就能成功了。您先忍一忍吧，不要再说伤重的话了。出征前我们在祖庙接受命令，在土地庙接受祭肉，身披甲胄而为国效死，这是军人的职责。要是没有伤重而死，说伤重的话只会懈怠我们的斗志。"说完，张侯左手拉起马缰绳，右手拿起鼓槌擂响战鼓，战马狂奔不止，三军将士跟着主帅的战车奋力冲杀。齐军大败，晋军穷追猛打，绕着华不注山追了三圈。

郤献子等各推功于上

原文

靡笄之役，郤献子见，公曰："子之力①也夫！"对曰："克②也以君命命三军之士，三军之士用命，克也何力之有焉？"范文子见，公曰："子之力也夫！"对曰："燮③也受命于中军，以命上军之士，

上军之士用命，燮也何力之有焉？”栾武子④见，公曰：“子之力也夫！”对曰：“书也受命于上军，以命下军之士，下军之士用命，书也何力之有焉？”

注释

①力：功劳。

②克：郤克。

③燮：范燮，靡笄之战中为上军副帅。

④栾武子：姬姓，栾氏，名书，在靡笄之战中担任下军主将。

译文

靡笄之战胜利后，郤献子去见晋景公，景公说：“这次全是您的功劳啊！”郤献子回答说：“我郤克只是听从国君的命令指挥三军将士，三军将士听从命令，我郤克有什么功劳呢？”范文子来见晋景公，景公说：“这次全是您的功劳啊！”范文子回答说：“我范燮从中军主帅那里得到命令，以指挥上军将士，上军将士听从命令拼死作战，我范燮又有什么功劳呢？”栾武子也来见晋景公，景公说：“这次全是您的功劳啊！”栾武子回答说：“我栾书从上军主将那里得到命令，以指挥下军将士，下军将士听从命令拼死杀敌，我栾书又有什么功劳呢？”

晋语六

赵文子冠[1]

原文

赵文子冠，见栾武子[2]，武子曰："美哉！昔吾逮事庄主[3]，华则荣[4]矣，实之不知，请务实乎。"

注释

①赵文子：赵武，赵盾之孙。冠：古代男子二十岁举行冠礼，以示成年。

②栾武子：栾书。

③庄主：指赵朔，赵盾之子，谥号"庄"。

④荣：颜色艳丽。

译文

赵文子举行了冠礼后，去拜见栾武子，武子说："好啊，以前我赶上做你父亲赵庄子的副手，花开得很艳丽，但能不能结果就不知道了，请你努力务实吧！"

原文

见中行宣子[①]，宣子曰："美哉！惜也，吾老矣！"

注释

①中行宣子：指荀庚，晋国大夫。

译文

赵文子去见中行宣子，宣子说："好啊，可惜我已经老了！"

原文

见范文子，文子曰："而今可以戒[①]矣，夫贤者宠至而益戒，不足者为宠骄。故兴王[②]赏谏臣，逸王[③]罚之。吾闻古之王者，政德既成，又听于民，于是乎使工诵谏于朝[④]，在列者献诗使勿兜[⑤]，风听胪言于市[⑥]，辨祅祥于谣[⑦]，考百事[⑧]于朝，问谤誉于路，有邪而正之，尽戒之术[⑨]也。先王疾是骄也。"

注释

①戒：戒备。

②兴王：振兴国事的君主。

③逸王：骄奢淫逸的君主。

④工：乐工。诵：诵读前代的箴言。

⑤兜：蒙蔽。

⑥风：采集。胪（lú）言：传言。

⑦祅（yāo）：反常怪异的事物。谣：歌谣。

⑧百事：百官职事。

⑨术：方法。

译文

赵文子去见范文子，文子说："从现在起你可要警惕了，贤德的人得到宠爱会更加警惕，缺乏智慧的人会因为得宠而骄傲。所以振兴国事的君王会奖励那些敢于劝谏的大臣，而骄奢淫逸的君王则会惩罚他们。我听说古代的君王，在建立起德政之后，又会采取民众的意见，让乐工在朝堂上诵读前代的箴谏，在位的百官献上谏诗而不让君主受蒙蔽，在集市上还会听取商旅的传言，在歌谣中考察政事的吉凶，在朝廷上考察百官职事，在道路上询问毁谤赞誉，有奸斜不正的就及时纠正，这些就是保持警惕的方法了。先王最痛恨的就是傲慢。"

原文

见郤驹伯[①]，驹伯曰："美哉！然而壮不若老者多矣。"

注释

①郤驹伯：郤锜，晋国卿士，郤克之子。

译文

去见郤驹伯，驹伯说："好啊！但是壮年人不如老年人的地方还有很多呢。"

原文

见韩献子[①]，献子曰："戒之，此谓成人。成人在始与善，始与善，善进善，不善蔑由至矣；始与不善，不善进不善，善亦蔑由至矣。如草木之产也，各以其物[②]。人之有冠，犹宫室之有墙屋也，粪除[③]而已，又何加焉。"

注释

①韩献子：韩厥，晋国卿士。

②物：类。

③粪除：去除污秽。比喻自我修养。

译文

赵文子去见韩献子，献子说："慎重警戒，这就是成年人了。成年人在于一开始就要亲近善人，一开始就亲近善人，再通过善人接近善人，不善的人就不会影响到你了；一开始就亲近不善的人，不善的人就会引进不善的人，那善人就没办法影响到你了。就好比草木的生长，都以其物类聚在一起。人戴上冠冕，就好比宫室有了墙屋，只是去除污秽、经常清扫罢了，其他的还有什么更重要呢？"

原文

见智武子[①]，武子曰："吾子勉之，成、宣之后而老[②]为大夫，非耻乎！成子之文，宣子之忠，其可忘乎！夫成子导前志以佐先君[③]，导法而卒以政[④]，可不谓文乎！夫宣子尽谏于襄、灵，以谏取恶，不惮死进，可不谓忠乎！吾子勉之，有宣子之忠，而纳之以成

子之文，事君必济。”

注释

①智武子：智罃（yīng），晋国卿士。

②老：年老。

③导前志：通晓前代的典章。先君：指晋文公。

④导法：精通法令。以政：执政。

译文

赵文子去见智武子，武子说：“努力吧，作为赵成子、赵宣子的后代，年老了还在做大夫，难道不耻辱吗？成子的文采，宣子的忠诚，怎能忘记？成子通晓前代的典籍，用以辅佐文公，精通法令而最终成就德政，能说不是文吗！宣子在襄公、灵公两代尽力劝谏，还因为劝谏受到灵公的厌烦，但还是以死相谏，能说不是忠吗！你努力吧，有宣子的忠诚，再加上成子的文采，侍奉君王定能成功。”

原文

见苦成叔子[①]，叔子曰：“抑年少而执官者众，吾安容子[②]。”

注释

①苦成叔子：郤犨，晋国卿士。

②容子：安排你。

译文

去见苦成叔子郤犨，叔子说："年少而为官的人很多，我该怎么安排你呢？"

原文

见温季子[①]，季子曰："谁之不如，可以求之[②]。"

注释

①温季子：郤至，晋国卿士。

②求之：求其次。

译文

去见温季子郤至，季子说："你比不了别人，可以退而求其次。"

原文

见张老[①]而语之，张老曰："善矣，从栾伯之言，可以滋[②]；范叔之教，可以大[③]；韩子之戒，可以成[④]。物[⑤]备矣，志在子。若夫三郤，亡人之言也，何称述焉！智子之道善矣，是先主覆露[⑥]子也。"

注释

①张老：张孟，晋国大夫。

②滋：不断进步。

③大：增长自身德行。

④成：成就大事。

⑤物：前辈的训诫。

⑥覆露：庇护。

译文

赵文子去见张老，将各位卿士的话告诉他，张老说：“好啊，听从栾伯的话，可以不断进步；听从范叔的教诲，可以增长自身的德行；听从韩献子的告诫，可以成就大事。前辈们的训诫已经很完备了，能否做到就要看你自己了。至于三郤的话，都是让人丧气的言论，有什么可称道的呢？智武子的话说得很好啊，这是赵氏祖先在庇佑你啊。”

范文子不欲伐郑

原文

厉公①将伐郑，范文子不欲，曰：“若以吾意，诸侯皆叛，则晋可为也。唯有诸侯，故扰扰焉。凡诸侯，难之本也。得郑忧滋长，焉用郑！”郤至曰：“然则王者多忧乎？”文子曰：“我王者也乎哉？夫王者成其德，而远人以其方贿归之，故无忧。今我寡德而求王者

之功，故多忧。子见无土而欲富者，乐乎哉？”

注释

①厉公：指晋厉公，名州蒲，公元前580至前573年在位。

译文

晋厉公准备出兵攻打郑国，范文子不想动用武力，说：“依照我的想法，如果诸侯都背离晋国了，晋国才能有所作为。那些归附晋国的诸侯，总能给晋国制造纷乱。这些诸侯，是晋国祸乱的根源。得到郑国而晋国的祸乱更多，何必出兵郑国呢？”郤至说：“那么，称王天下的君王忧患就多吗？”文子回答说：“我们晋国称王天下了吗？称王天下的君主建立功德，四方诸侯自会向其进贡财货，因此没有忧患。如今我们晋国还没有诚服天下的美德，却要追求称王天下的功业，所以会有很多忧患。你看那些没有土地而追求富强的国家，会安乐吗？”

晋败楚师于鄢陵

原文

厉公六年[①]，伐郑，且使苦成叔及栾黡[②]兴齐、鲁之师。楚恭王帅东夷救郑[③]。楚半阵[④]，公使击之。栾书曰：“君使黡也兴齐、鲁之师，请俟之。”郤至曰：“不可。楚师将退，我击之，必以胜归。夫阵不违忌[⑤]，一间[⑥]也；夫南夷与楚来而不与阵[⑦]，二间也；夫楚与郑阵而不与整，三间也；且其士卒在阵而哗，四间也；夫众闻哗

则必惧，五间也。郑将顾[8]楚，楚将顾夷，莫有斗心，不可失也。”公说。于是败楚师于鄢陵[9]，栾书是以怨郤至。

注释

①厉公六年：为鲁成公十六年，即公元前575年。厉公，指晋厉公。

②栾黡（yǎn）：栾书之子桓子。

③楚恭王：楚国国君，楚庄王之子。东夷：楚国东边的少数民族。

④半阵：指尚未列好阵列。

⑤违：避开。忌：避讳。

⑥间：间隙，漏洞。此指可乘之机。

⑦不与阵：不列阵作战。

⑧顾：观望。

⑨鄢陵：地名，在今河南鄢陵一带。

译文

晋厉公六年，晋国讨伐郑国，并且派苦成叔和栾黡分别到齐、鲁两国请求出兵。楚恭王率领东边的夷人部队救援郑国。楚军还没有摆好阵势，晋厉公就下令发起进攻。栾书说：“您已经派栾黡他们到齐、鲁两国发兵，请等他们的军队到了再进攻。”郤至说：“不行。楚军就要撤退，我们此时发起进攻，必定获胜而归。楚军列阵不避讳月食，这是第一个可乘之机；南方的夷人与楚军一同前来却没被列入军阵，这是第二个可乘之机；楚军与郑军虽然摆开阵势但却很不齐整，这是第三个可乘之机；况且楚军的士兵在营地里喧哗，这是第四个可乘之机；楚军的士兵听到喧哗声必定心生恐惧，这是第五个可乘之机。郑军在观望楚军，楚军在观望夷人，都没有斗志，不能坐失良机啊。”厉公听了很高兴。于是在鄢陵大败楚军，栾书因此怨恨郤至。

郤至勇而知礼

原文

鄢之战，郤至以韎韦之跗注[1]，三逐楚平王[2]卒，见王必下奔退战。王使工尹襄问之以弓[3]，曰："方事之殷也[4]，有韎韦之跗注，君子也，属[5]见不穀而下，无乃伤乎？"郤至甲胄而见客，免胄而听命，曰："君之外臣至，以寡君之灵，间蒙甲胄[6]，不敢当拜君命之辱，为使者故，敢三肃[7]之。"君子曰：勇以知礼。

注释

①韎（mèi）：赤黄色。韦：熟牛皮。跗（fū）注：古代的一种军服，衣裤相连，裤长直到脚背。

②楚平王：当指楚共王。

③工尹：楚国官名。襄：人名。问：赠送。

④事：指战事。殷：盛。

⑤属：适才。

⑥间：得以参与。蒙：身披。

⑦肃：军中肃拜之礼，弯腰作揖至地。

译文

鄢陵之战中，郤至身穿浅红色的皮军服，三次追赶楚共王的溃军，但是郤至每次看到楚共王的时候都会跳下战车，停止追击。楚共王派工尹襄将一张弓赠予郤至，说："战事激烈时，有一位身穿浅红色皮军服的人，是一位君子，遇见我就弃车飞奔，这不是太累了吗？"郤至接见工尹襄时正身着甲胄，于是摘下头盔听他转达楚共王的话，听完后，说："托楚王的福，外臣还好，外臣身披晋国盔甲正与贵国交战，承蒙贵国国君下问，却不能下拜接受，为表谢意，请允许我行三次肃拜之礼。"君子认为，郤至勇敢且懂得礼仪。

范文子论外患与内忧

原文

鄢之役，晋伐郑，荆[①]救之。大夫欲战，范文子不欲，曰："吾闻之，君人者[②]刑其民，成，而后振武于外，是以内和而外威。今吾司寇之刀锯日弊[③]，而斧钺[④]不行。内犹有不刑，而况外乎？夫战，刑也，刑之过也。过由大[⑤]，而怨由细[⑥]，故以惠诛[⑦]怨，以忍[⑧]去过。细无怨而大不过，而后可以武，刑外之不服者。今吾刑外乎大人，而忍于小民，将谁行武[⑨]？武不行而胜，幸也。幸以为政，必有内忧。且唯圣人能无外患，又无内忧，讵[⑩]非圣人，必偏[⑪]而后可。偏而在外，犹可救也，疾自中起，是难[⑫]。盍姑释荆与郑以为外患乎？"

注释

①荆：指楚国。
②君人者：国君。
③司寇：官名，掌管狱讼、纠察等事。刀锯：针对平民的刑具。
④斧钺：古时杀人的刑具。钺，大斧。
⑤过由大：过失来自大臣。
⑥怨由细：怨恨来自小民。
⑦诛：消除。
⑧忍：忍心。
⑨行武：振作军威。
⑩讵（jù）：如果。
⑪偏：偏向。
⑫是难：实属困难。

译文

鄢陵之战前，晋国讨伐郑国，楚国派兵援救郑国。晋国大夫都想与楚国开战，范文子不同意，他说："我听说，君主要用刑罚来肃正国民，这件事做成以后，才会对外显示武力，因此能做到国内团结而外国畏惧。如今我国司寇惩罚小民的刀锯一天天地用坏了，而用来惩罚大臣的斧钺却并不常使用。国内尚且有无法施以典刑的，更何况国外呢？战争，也是一种刑罚，用于惩罚有过错的人。过错是大臣造成的，而怨恨则来自小民，因此要用恩惠去除小民的怨恨，下狠心去除大臣的过错。小民没有怨恨，大臣不犯过错，然后才可以用兵动武，去惩罚国外不服从的人。如今我们的刑罚不施加于大臣，却狠心地对付小民，这样靠谁来振奋军威呢？军威不振而打赢战争，只是一种侥幸。抱着侥幸的心理治理国家，必然会有内忧。况且只有先贤圣人才能做到既无外患，又无内忧，若不是圣人，必然要偏于刑或偏于惠才行。如果偏的一头在国外，还能挽救，如果毛病出在国内，那就很难应付了。我们何不先撇开楚国和郑国，把它们作为外患呢？"

范文子论德为福之基

原文

鄢之役，荆压晋军，军吏患之，将谋。范匄自公族趋过之①，曰："夷灶堙井，非退而何?"范文子执戈逐之，曰："国之存亡，天命也，童子何知焉？且不及而言，奸也，必为戮。"苗贲皇②曰："善逃难哉!"既退荆师于鄢，将谷，范文子立于戎马之前，曰："君幼弱，诸臣不佞，吾何福以及此！吾闻之，'天道无亲，唯德是授'。吾庸知天之不授晋且以劝楚乎，君与二三臣其戒之！夫德，福之基也，无德而福隆，犹无基而厚墉也，其坏也无日矣。"

注释

①范匄：又称范宣子，范文子之子。公族：指公族大夫。

②苗贲皇：苗棼皇，晋国大夫。

译文

鄢陵之战时，楚军在晋军不远处摆下阵势，晋军将士都很担心，打算谋划应对之法。公族大夫范匄急忙上前，说："楚军摧毁了营地上的炉灶，填平了水井，除了赶紧撤退还有什么好办法呢?"范文子拿起戈追打范匄，说："国家的生死存亡，自有天意，你这个小孩子懂得什么？而且，并未征询你的意见，你就胡乱发言，这是不能容忍的行为，一定要执行刑罚。"苗贲皇说：

"范文子善于逃避灾难啊!"在鄢陵击败楚军后，晋军要吃楚军囤积的军粮，这时范文子阻止兵士，说："我们的国君年幼，诸位大臣又都没多少才干，我们凭什么分享这一战果?《周书》上有句话是这样说的：'天意并非亲近某一个人，只授福给有德的人。'我怎么知道这是上天授福给晋国并且以此来勉励楚国呢?国君和各位将士应当警惕啊！德是福的基础，没有德业而获福太多，就如同地基尚未夯实，上面却筑起了高墙，不知道哪一天就倒塌了。"

栾书发郤至之罪

原文

既战，获王子发钩[①]。栾书谓王子发钩曰："子告君曰：'郤至使人劝王战，及齐、鲁之未至也。且夫战也，微[②]郤至王必不克。'吾归子。"发钩告君，君告栾书，栾书曰："臣固闻之，郤至欲为难，使苦成叔缓齐、鲁之师，已劝君战，战败，将纳孙周[③]，事不成，故免楚王。然战而擅舍国君，而受其问[④]，不亦大罪乎？且今君若使之于周，必见孙周。"君曰："诺。"栾书使人谓孙周曰："郤至将往，必见之！"郤至聘于周，公使觇[⑤]之，见孙周。是故使胥之昧与夷羊五[⑥]刺郤至、苦成叔及郤锜，郤锜谓郤至曰："君不道于我，我欲以吾宗与吾党夹而攻之，虽死必败，君必危，其可乎?"郤至曰："不可。至闻之，武人不乱，智人不诈，仁人不党。夫利君之富，富以聚党，利党以危君，君之杀我也后矣。且众何罪，钩之死也，不若听君之命。"是故皆自杀[⑦]。既刺三郤，栾书弑厉公，乃纳孙周而立之，实为悼公。

注释

①发钩：楚国公子，名筏。

②微：无。

③孙周：晋悼公，名周。

④受其问：接受楚恭王的慰问。

⑤觇（chān）：窥视。

⑥胥之昧与夷羊五：皆为晋厉公的宠臣。

⑦自杀：当为"见杀"，被杀。

译文

鄢陵之战时，楚国公子发钩被晋军俘获。栾书对公子发钩说："你去对晋厉公说：'郤至曾派人告知楚王，要趁着齐、鲁两国军队还未抵达之时就与晋国开战。而且在战场上，正是因为有郤至，楚王才能脱身。'只要你这样说，我就放你回楚国。"发钩就照样对厉公说了，厉公将这番话说与栾书听，栾书说："我早就听说了，郤至准备发难，让苦成叔故意延缓齐、鲁两国的军队行军，自己则率主力与楚军开战，一旦晋军作战不利，就会迎接孙周回国并立之为君，结果晋国战胜了楚国，郤至又设法放走了楚王。私放楚王，并接受了楚王的答谢，这不是犯了大罪吗？您若命其出使东周，他必会去见孙周。"厉公说："好。"栾书派人对孙周说："郤至出使东周的时候，您一定要设法与他见一见！"后来郤至到东周行聘问之礼，晋厉公派人暗中监视，郤至果然去见了孙周。厉公因此派胥之昧、夷羊五两人前去刺杀郤至、郤犨与郤锜，郤锜对郤至说："国君对我们不仁，我想带领亲族攻打他，即便我们死了，国家也会败亡，国君也会蒙难，这样可以吗？"郤至说："不可以。我听说，勇武知义的人不会叛乱，有智慧的人不会欺诈，仁义的人不结党营私。如果利用国君的恩赐得以致富，又用财富去结党营私、危害国君，那国君要杀我们又有什么过错呢？况且我们的族人又有什么过错呢？既然免不了一死，还不如被国君处死。"三郤没有抵抗，都被杀死。三郤死后，栾书杀害了晋厉公，于是接孙周回国，将其立为国君，这就是晋悼公。

晋语七

栾武子立悼公①

原文

既弑厉公，栾武子使智武子、彘恭子如周迎悼公[2]。庚午[3]，大夫逆于清原[4]。公言于诸大夫曰："孤始愿不及此，孤之及此，天也。抑人之有元[5]君，将禀命[6]焉。若禀而弃之，是焚谷也；其禀而不材，是谷不成也。谷之不成，孤之咎[7]也；成而焚之，二三子之虐也。孤欲长处其愿，出令将不敢不成，二三子为令之不从，故求元君而访[8]焉。孤之不元，废也，其谁怨？元而以虐奉之，二三子之制[9]也。若欲奉元以济大义，将在今日；若欲暴虐以离百姓，反易民常[10]，亦在今日。图之进退，愿由今日。"大夫对曰："君镇抚群臣而大庇荫[11]之，无乃不堪君训而陷于大戮[12]，以烦刑、史[13]，辱君之允令[14]，敢不承业[15]。"乃盟而入。

注释

①悼公：指晋悼公。

②智武子：智罃。彘恭子：士鲂，士会之子。

③庚午：鲁成公十八年正月十五。

④清原：晋国边境的小城，在今山西稷山东南。

⑤元：贤明。

⑥禀命：听命。

⑦咎：过错。

⑧访：咨询，谋划。

⑨制：专横。

⑩常：法规。

⑪庇荫：保护。

⑫大戮：指处死并陈尸示众。

⑬刑：掌管刑狱的官员。史：负责记事的史官。

⑭允令：信令。

⑮承业：奉事。

译文

杀死晋厉公之后，栾武子派智武子、彘恭子到周王室迎接悼公。正月十五那天，大夫们到清原迎接悼公。悼公对大夫们说："我本来的愿望没到这一步，如今登上君位，这是天意。臣民之所以拥立贤明的国君，想必是为了听从国君的命令。如果接受了国君的命令而不服从，就好比烧掉谷子一样；如果接受的国君命令不合理，就好比谷子不成熟一样。谷子不成熟，是我的过错；谷子成熟了却烧掉它，就是诸位的暴虐了。我想长久地维持君位，发布命令不敢不成熟，诸位正是因为命令得不到遵从，才去寻求、访问贤明的国君。如果我不成器，就请废黜我，我又能怨恨谁呢？但如果我做到了贤明而你们却暴虐地待我，那就是你们太专横了。如果你们想拥立贤明的国君以成就大义，那就在今天决定；如果你们想施行暴虐而让百姓离散，颠倒民众的常道，也在今天决定。你们好好考虑一下是进是退，希望能在今天决定下来。"大夫们回答说："您镇抚群臣还大力护佑我们，只怕我们不能很好地接受您的训诫而陷入杀头之罪，以致麻烦刑官、史官来为我们定罪记过，而辱没您的信令，我们怎么敢不受命奉事呢？"于是悼公与大夫们盟誓后进入了绛都。

原文

辛巳[①]，朝于武宫。定百事，立百官，育门子[②]，选贤良，兴旧

族[3]，出滞赏[4]，毕故刑[5]，赦囚系[6]，宥闲罪[7]，荐[8]积德，逮鳏寡，振废淹[9]，养老幼，恤孤疾，年过七十，公亲见之，称曰“王父”，敢[10]不承。

注释

①辛巳：鲁成公十八年正月十六。

②门子：卿大夫嫡子。

③兴旧族：重新提拔、重用旧臣的后人。

④滞赏：过去应该给予而没有落实的奖赏。

⑤毕故刑：停止以前判定的刑罚。

⑥囚系：囚犯。

⑦闲罪：有嫌疑的犯人。

⑧荐：推荐，重用。

⑨振：起用。废淹：被废除及埋没的贤才。

⑩敢：岂敢。

译文

辛巳日这天，晋悼公到晋武公的宗庙朝祭。商定国家大事，任命百官，培育大夫的嫡子，选用贤良的人才，提拔旧臣的子孙，落实前朝应给的奖励，停止过去的刑罚，赦免囚犯，宽宥有嫌疑的犯人，推荐积德的人，救济鳏夫寡妇，起用被废弃不用的贤才，抚恤老人和幼儿，抚恤孤儿和残疾人，凡是七十岁以上的老人，悼公都亲自接见，把他们敬称为“王父”，那些老人都乐于服从命令。

悼公即位

原文

二月乙酉①，公即位。使吕宣子②将下军，曰："邲之役③，吕锜佐智庄子于上军④，获楚公子穀臣与连尹襄老⑤，以免子羽⑥。鄢之役，亲射楚王⑦而败楚师，以定晋国而无后⑧，其子孙不可不崇⑨也。"使彘恭子将新军，曰："武子之季、文子之母弟也。武子宣法⑩以定晋国，至于今是用。文子勤身以定诸侯，至于今是赖。夫二子之德，其可忘乎！"故以彘季屏⑪其宗。使令狐文子佐之⑫，曰："昔克潞之役，秦来图败晋功，魏颗以其身却退秦师于辅氏，亲止杜回，其勋铭于景钟⑬。至于今不育⑭，其子不可不兴⑮也。"

注释

①乙酉：初一。

②吕宣子：吕相，吕锜之子。

③邲之役：指公元前597年发生在晋国和楚国之间的邲之战。

④吕锜：吕相的父亲。智庄子：荀首，晋国下军大夫。

⑤穀臣：楚庄王之子。连尹：官名，楚国主射官。襄老：楚国大臣。

⑥子羽：智庄子之子，名智罃，字子羽。在邲之战中，子羽被楚军俘虏，晋军也俘虏了楚公子穀臣，并射死了连尹襄老。后晋人以穀臣和襄老的尸体换回子羽。

⑦亲射楚王：指在鄢陵之战中，吕锜射中楚恭王的眼睛。

⑧无后：指后代中没有在上位做高官的人。
⑨崇：高。这里指提拔。
⑩宣法：明法。
⑪屏：屏障。
⑫令狐：晋国地名，在今山西临猗西。文子：指魏颉，魏颗之子。
⑬景钟：晋景公所铸大钟。
⑭育：提拔，举荐。
⑮兴：兴起，重用。

译文

二月初一那天，晋悼公即位。他任命吕宣子为下军主将，说："邲之战中，吕锜在上军辅佐智庄子，俘虏了楚国公子縠臣并射死了连尹襄老，这才使被楚国人俘虏的子羽归国。在鄢陵之战中，吕锜亲自射中了楚恭王的眼睛，大败楚军，使晋国得以安定，可是他的后代却没有为官的，他的子孙不能不提拔。"晋悼公任命彘恭子为新军统帅，说："他是范武子的小儿子、范文子的同母兄弟。范武子申明法令而安定晋国，时至今日还在使用他的法令。范文子终身勤勉又平定了诸侯，时至今日还在仰仗他的功劳。范武子、范文子的功德，难道可以忘记吗？"因此，晋悼公让彘恭子护卫范氏宗族。晋悼公任命令狐文子为新军副将，说："在之前战胜潞国的战役中，秦国曾图谋败坏晋国的军功，魏颗亲自在辅氏打退了秦军，俘虏了力士杜回，他的功勋还铭刻在景公钟上。他的后人至今没有得到举荐，他的儿子不能不起用。"

原文

君知士贞子之帅志博闻而宣惠于教也①，使为太傅②。知右行辛之能以数宣物定功也③，使为元司空④。知栾纠之能御以和于政也⑤，使为戎御⑥。知荀宾⑦之有力而不暴也，使为戎右⑧。

注释

①士贞子：指士渥浊，士穆子之子。帅志：尽心竭力，专心致志。惠：仁爱。

②太傅：官名，负责辅导太子。

③右行辛：贾辛，晋国大夫。物：事。

④司空：官名，负责工程建筑等事务。

⑤栾纠：弁纠，晋国大夫。政：军政。

⑥戎御：驾驶国君的兵车。

⑦荀宾：晋国大夫。

⑧戎右：国君车右的武士，负责保卫国君。

译文

晋悼公知道士贞子专心致志、博闻多见，并且致力于以仁爱之心推行教化，就任命他为太傅。知道右行辛善于计算，明白物理而能算定功劳，就任命他为大司空。知道栾纠善于驾驶兵车来配合军政，就任命他为国君兵车的御者。知道荀宾有力量而不暴躁，就任命他为国君的车右武士。

原文

栾伯请公族大夫①，公曰："荀家惇惠②，荀会文敏③，黡④也果敢，无忌⑤镇静，使兹四人者为之。夫膏粱⑥之性难正也，故使惇惠者教⑦之，使文敏者导⑧之，使果敢者谂⑨之，使镇静者修⑩之。惇惠者教之，则遍而不倦⑪；文敏者导之，则婉而入⑫；果敢者谂之，则过不隐⑬；镇静者修之，则壹⑭。"使兹四人者为公族大夫。

注释

①栾伯：指栾书。公族大夫：官名，负责教育公族与卿士的子弟。

②荀家：晋国大夫。惇惠：宽厚仁爱。

③荀会：荀家族人。文敏：好学聪敏。

④黡：栾黡，栾书之子。

⑤无忌：又名公族穆子，韩厥之子。

⑥膏粱：精美的食物。

⑦教：教育。

⑧导：辅导。

⑨谂（shěn）：规谏，劝告。

⑩修：修正。

⑪遍而不倦：考虑周全且不懈怠。

⑫婉而入：柔顺而明事理。

⑬过不隐：知道过失而不隐瞒。

⑭壹：专一。

译文

栾书请求晋悼公委任公族大夫，悼公说："荀家宽厚仁爱，荀会好学聪敏，栾黡勇敢果断，韩无忌沉稳镇静，让这四人担任公族大夫。那些富家子弟性情骄纵，难以矫正，才让宽厚仁爱的人去教育他们，让好学聪敏的人去引导他们，让勇敢果断的人去告诫他们，让沉稳镇静的人纠正他们。让宽厚仁爱的人教育他们，就会变得虑事全面而不懈怠；让好学聪敏的人引导他们，就会变得委婉而明事理；让勇敢果断的人告诫他们，就会变得知道过失而不隐藏；让沉稳镇静的人纠正他们，就会变得沉稳专一。"于是任命这四人为公族大夫。

原文

公知祁奚[①]之果而不淫也，使为元尉[②]。知羊舌职之聪敏肃给也[③]，使佐之。知魏绛[④]之勇而不乱也，使为元司马[⑤]。知张老[⑥]之智而不诈也，使为元候[⑦]。知铎遏寇之恭敬而信强也[⑧]，使为舆尉[⑨]。知籍偃之惇帅旧职而恭给也[⑩]，使为舆司马[⑪]。知程郑[⑫]端而不淫，且好谏而不隐也，使为赞仆[⑬]。

注释

①祁奚：字黄羊，晋国大夫。

②元尉：中军尉。

③羊舌职：叔向之父，晋国大夫。肃给：敏捷。

④魏绛：魏颗之弟，晋国大夫。

⑤元司马：中军司马。

⑥张老：指张孟，晋国大夫。

⑦元候：中军官职名，负责侦察谍报。

⑧铎遏寇：姓铎遏，名寇，晋国大夫。信强：诚信坚强。

⑨舆尉：上军尉。

⑩籍偃：籍游，晋国大夫。恭给：恭顺有礼。

⑪舆司马：上军司马。

⑫程郑：晋国大夫。

⑬赞仆：给君主驾车御马的仆从。

译文

悼公知道祁奚果断而不过分，就任命他为中军尉。知道羊舌职聪明敏捷，就任命他为祁奚的副手。知道魏绛勇猛而不乱纪，就任命他为元司马。知道张老有智谋而不欺诈，就任命他为元候。知道铎遏寇恭敬而诚信坚强，就任命他为上军尉。知道籍偃恪尽职守而恭敬有礼，就任命他为上军司马。知道程郑端庄而不淫邪，并且敢于进谏而不隐晦，就任命他为赞仆。

悼公始合诸侯

原文

始合诸侯于虚朾以救宋[①]，使张老延君誉[②]于四方，且观道逆者。吕宣子[③]卒，公以赵文子[④]为文也，而能恤大事，使佐新军[⑤]。三年[⑥]，公始合诸侯。四年，诸侯会于鸡丘[⑦]，于是乎布命、结援[⑧]、修好、申盟而还。令狐文子[⑨]卒，公以魏绛为不犯[⑩]，使佐新军。使张老为司马，使范献子[⑪]为候奄。公誉达于戎[⑫]。五年，诸戎来请服，使魏庄子[⑬]盟之，于是乎始复霸[⑭]。

注释

①虚朾（chēng）：宋国地名，确址不详。救宋：公元前573年，宋国鱼石叛逃至楚国，楚国借机讨伐宋国并攻取彭城封给鱼石，晋悼公率军援救宋国。

②延君誉：宣扬晋君的美誉。

③吕宣子：指吕相。

④赵文子：赵武，赵盾之孙。

⑤佐新军：任新军副帅。

⑥三年：晋悼公三年，即公元前 571 年。

⑦鸡丘：晋国地名，在今河北邯郸一带。

⑧结援：缔结互援条约。

⑨令狐文子：魏颉。

⑩不犯：军纪严明。

⑪范献子：士富，范文子族弟。

⑫戎：邻近晋国的戎族部落。

⑬魏庄子：魏绛。

⑭复霸：先有晋文公称霸，故称晋悼公为复霸。

译文

晋悼公初次会和诸侯于虚朾，目的是救援宋国，悼公派张老去各诸侯国宣扬晋君的美誉，并借机观察诸侯的顺逆态度。吕宣子去世后，悼公认为赵文子有文德，并且能处理军国大事，就任命他为新中军副将。晋悼公三年，悼公开始会和诸侯。晋悼公四年，诸侯在鸡丘会盟，于是悼公发布命令，要求各诸侯国缔结互援条约，修复彼此的友好关系，重申盟约，然后回国。令狐文子去世，悼公认为魏绛能使部队军纪严明，就任命他为新军副将。任命张老为司马，任命范献子为候奄。悼公的声誉传到了戎族部落。晋悼公五年，各戎族部落前来请求归顺，悼公便派魏庄子与他们结盟，于是晋国开始重新称霸诸侯。

原文

四年[①]，会诸侯于鸡丘，魏绛为中军司马，公子扬干乱行于曲梁[②]，魏绛斩其仆。公谓羊舌赤[③]曰："寡人属[④]诸侯，魏绛戮[⑤]寡人之弟，为我勿失。"赤对曰："臣闻绛之志，有事不避难，有罪不避刑，其将来辞[⑥]。"言终，魏绛至，授仆人书而伏剑[⑦]。士魴、张老交[⑧]止之。仆人授公，公读书曰："臣诛[⑨]于扬干，不忘其死。日君乏使[⑩]，使臣狃[⑪]中军之司马。臣闻师众以顺为武[⑫]，军事有死无犯为敬，君合诸侯，臣敢不敬，君不说，请死之。"公跣[⑬]而出，曰：

“寡人之言，兄弟之礼也。子之诛，军旅之事也，请无重寡人之过。”反役⑭，与之礼食⑮，令之佐新军。

注释

①四年：晋悼公四年。

②公子扬干：悼公之弟。曲梁：晋国地名，在鸡丘附近。

③羊舌赤：指铜鞮伯华，羊舌职之子。

④属：会合，召集。

⑤戮：侮辱。

⑥辞：言辞。此指解释说明。

⑦伏剑：自杀。

⑧交：一起。

⑨诛：责。

⑩日：昔日。乏：缺乏。

⑪狃（niǔ）：担任。

⑫师众：军队。顺：服从命令。

⑬跣（xiǎn）：赤脚。

⑭反役：从鸡丘返回。

⑮与之礼食：悼公设宴礼待魏绛。

译文

晋悼公四年，悼公在鸡丘会合诸侯，当时魏绛担任中军司马，公子扬干在曲梁扰乱了军队的行列，魏绛杀掉了扬干的车夫。悼公对羊舌赤说：“我会合诸侯，魏绛却侮辱我的弟弟，快把他抓起来，别让他跑了。”羊舌赤回答说：“我知道魏绛的志向，他遇事不避灾难，有罪过不避刑罚，恐怕他会亲自来说明情况。”话音刚落，魏绛就到了，他把书信交给仆人，就准备拔剑自杀。士鲂和张老一起制止了他。仆人把书信交给悼公，悼公读了书信，信上说：“我惩罚扬干，知道这是犯了死罪。昔日您缺乏使唤的人，才让我担任中军司马。我听说军队服从军令才有力量，宁死不犯军法才是恭敬，君主会合诸侯，我怎敢不忠于职守，您为此不高兴，我只有一死。”悼公赶紧光着脚出来，说：“我说的话，是出于兄弟之礼。您对扬干的惩罚，是依军法行事，请您不要加重我的过错。”从鸡丘回国后，悼公设宴礼待魏绛，并任命他为新军副将。

祁奚荐子午以自代

原文

祁奚辞于军尉，公问焉，曰：“孰可?”对曰：“臣之子午可。人有言曰：‘择臣莫若君，择子莫若父。’午之少也，婉①以从令，游有乡②，处有所，好学而不戏③。其壮也，强志而用命④，守业⑤而不淫。其冠也，和安而好敬，柔惠小物⑥，而镇定⑦大事，有直质而无流心⑧，非义不变，非上不举。若临大事，其可以贤于臣。臣请荐所能择而君比义⑨焉。”公使祁午为军尉，殁平公⑩，军无秕政⑪。

注释

①婉：婉顺。

②乡：通“向”，方向。

③戏：开玩笑。

④志：记忆。用命：遵从父命。

⑤守业：恪守学业。

⑥柔惠：仁爱。小物：小事。

⑦镇定：镇静，安定。

⑧流心：放纵自己的心性。

⑨比义：比较。

⑩平公：指晋平公，悼公之子。

⑪秕（bǐ）政：不好的政令。

译文

祁奚因年老而辞去军尉的职务，悼公向他询问，说："谁可以接替你？"祁奚回答说："我的儿子祁午可以。人们常说：'选择臣子莫如君主，选择儿子莫如父亲。'祁午小时候，婉顺听话，外出游戏必先告知父母去向，有事逗留必先告知父母场所，爱好学习而不爱开玩笑。稍大一些，博闻强记而听从父亲的命令，恪守学业而不越本分。二十岁成年后，为人和气而恭敬有礼，在小事上表现出仁爱的态度，在大事上镇静而不慌乱，性格质朴耿直而没有放荡之心，不符合道义的事不去做，没有君长的命令不擅自行动。如果让他处理国家大事，他可能做得比我还好。我请求推荐自己的儿子，由君主您决定是否恰当。"于是悼公任命祁午为中军尉，一直到平公去世，军队中没有出现过不好的政令。

悼公使韩穆子掌公族大夫

原文

韩献子[①]老，使公族穆子[②]受事于朝。辞曰："厉公之乱，无忌备公族，不能死。臣闻之曰：'无功庸[③]者，不敢居高位。'今无忌，智不能匡君，使至于难，仁不能救，勇不能死，敢辱君朝以忝[④]韩宗，请退也。"固辞不立。悼公闻之，曰："难虽不能死君而能让，

不可不赏也。”使掌公族大夫。

注释

①韩献子：指韩厥。

②公族穆子：韩厥长子，名无忌，为公族大夫。

③功庸：功劳。

④忝：辱没。

译文

韩献子因年老辞去职位，晋悼公让公族穆子继任卿位于朝中掌事。穆子推辞说：“厉公之乱时，我身为公族大夫，不能以身殉难。我听闻：‘没有建立功劳的人，不敢居高位。’如今，我没有能匡正国君而使其免遭祸难的智慧，没有能救国君于危难的仁义，缺乏以身殉难的勇气，怎敢居于朝堂而辱没韩氏宗族呢？请让我辞退。”穆子坚辞不就。悼公听说后，说：“虽然不能殉君之难，但这种谦让的品格，不可不奖赏。”于是，悼公让穆子去掌管公族大夫。

司马侯[①]荐叔向

原文

悼公与司马侯升台而望曰：“乐夫！”对曰：“临下之乐则乐矣，德义之乐则未也。”公曰：“何谓德义？”对曰：“诸侯之为[②]，日在君侧，以其善行，以其恶戒，可谓德义矣。”公曰：“孰能？”对曰：“羊舌肸习于春秋[③]。”乃召叔向使傅太子彪[④]。

注释

①司马侯：指汝叔齐，晋国大夫。

②为：行为，事迹。

③羊舌肸（xī）：晋国名臣叔向。春秋：这里指春秋时期各国的历史。

④太子彪：晋平公。

译文

晋悼公与司马侯一起登台远望，晋悼公说："真快乐啊！"司马侯回答说："居高临下确实能让人感到快乐，然而这并不是推崇德义所带来的快乐。"悼公问道："什么才是德义呢？"司马侯回答说："诸侯的所作所为，每天都发生在国君身边，以各国国君的善行作为效法的榜样，以他们的恶行作为借鉴，就称得上德义。"悼公问道："谁能做到呢？"司马侯回答说："叔向熟悉各国的历史典籍，他能做到这些。"于是悼公就召见叔向，让他做太子彪的老师。

晋语八

辛俞从栾氏出奔

原文

栾怀子之出[①]，执政[②]使栾氏之臣勿从，从栾氏者为大戮施[③]。栾氏之臣辛俞行，吏执之，献诸公。公曰："国有大令，何故犯之?"对曰："臣顺之也，岂敢犯之？执政曰'无从栾氏而从君'，是明令必从君也。臣闻之曰：'三世事家[④]，君之；再世以下，主之。'事君以死，事主以勤，君之明令也。自臣之祖，以无大援[⑤]于晋国，世隶于栾氏，于今三世矣，臣故不敢不君。今执政曰'不从君者为大戮'，臣敢[⑥]忘其死而叛其君，以烦司寇。"公说，固[⑦]止之，不可。厚赂[⑧]之，辞曰："臣尝陈辞矣，心以守志，辞以行之，所以事君也。若受君赐，是堕[⑨]其前言。君问而陈辞，未退而逆[⑩]之，何以事君?"君知其不可得也，乃遣之。

注释

①栾怀子：栾盈。出：出逃楚国。

②执政：指范宣子，晋国正卿。

③大戮施：处以死刑并陈尸示众。

④三世事家：祖上三代为大夫家臣。

⑤大援：指坚实的靠山、有力的后盾。

⑥敢：不敢。

⑦固：坚决，一再。

⑧赂：以财物收买。

⑨堕：毁坏。

⑩逆：背弃。

译文

栾怀子出逃至楚国，执政的范宣子命令栾氏家臣不得跟随，凡是跟随栾氏的人都要被处以死刑并陈尸示众。栾氏家臣辛俞跟随栾氏出奔，被执法的官吏抓住，献给了晋平公。平公说：“国家有法令，你为什么触犯？”辛俞说：“我是服从法令，哪里敢触犯法令？执政正卿说‘不要跟随栾氏而要跟随君主’，这是明确要求必须跟随君主。我听说：‘三代为大夫家臣，要侍奉大夫如君主；两代为大夫家臣，要侍奉大夫为主人。’侍奉君主要不计生命代价，侍奉主人要勤勉尽责，这是您的明令。从我的祖父起，因为在晋国没有太大的依靠，所以世代依附于栾氏，到今天已经三代了，因此我不敢不把栾氏当作君主来侍奉。如今执政正卿说‘不跟随君主的人都要处以死刑’，我怎敢忘记死亡而背叛我的君主，还麻烦司法官员对我用刑。”平公听完很高兴，一再挽留他，但辛俞不肯。平公便用厚礼来拉拢他，辛俞推辞说：“我已经陈述过了，人心是用来守住志向的，言辞是用来传达志向的，这是侍奉君主之道。如果我接受了您的赏赐，那就毁掉了我先前说的话。您向我询问，我陈述己志，还未退下就违背自己的话，凭什么侍奉君主您呢？”平公知道无法得到辛俞，就将他放走了。

叔孙穆子[1]论死而不朽

原文

鲁襄公使叔孙穆子来聘，范宣子[2]问焉，曰：“人有言曰‘死而不朽’，何谓也？”穆子未对。宣子曰：“昔匄之祖，自虞以上为陶唐氏[3]，在夏为御龙氏[4]，在商为豕韦氏[5]，在周为唐、杜氏[6]。周卑，晋继之，为范氏，其此之谓也？”对曰：“以豹所闻，此之谓世

禄，非不朽也。鲁先大夫臧文仲⑦，其身殁矣，其言立于后世，此之谓死而不朽。”

注释

①叔孙穆子：叔孙豹，鲁国卿士。

②范宣子：范匄，晋国正卿。

③虞：虞舜，相传为有虞氏族的首领。陶唐氏：舜。

④御龙氏：陶唐氏的后人，传说夏代时刘累学养龙，以事孔甲，孔甲赐姓为御龙。

⑤豕韦氏：尧的后人，在商时为豕韦氏。

⑥唐、杜氏：豕韦氏在商代末年改国号为唐，周成王灭唐后迁至杜，故称杜伯。

⑦先：对已故之人的称呼。臧文仲：臧孙辰，鲁国正卿。

译文

鲁襄公派叔孙穆子出使晋国，范宣子问道：“古人有句话叫‘死而不朽’，这是什么意思呢？”叔孙穆子没有作答。范宣子说：“从前我的祖先，在虞舜之前是陶唐氏，在夏朝时是御龙氏，在商朝时是豕韦氏，在周朝时是唐、杜氏。周王室衰微之后，我的祖先到晋国继承前人的事业，是为范氏，所谓的‘死而不朽’，恐怕说的就是我们范氏这种情形吧？”叔孙穆子回答说：“据我所闻，这叫作世代享有爵禄，不是不朽。鲁国已故大夫臧文仲，人虽然死了，其言论还在后世流传，这才叫作‘死而不朽’。”

范宣子与和大夫[1]争田

原文

范宣子与和大夫争田，久而无成。宣子欲攻之，问于伯华[2]。伯华曰：“外有军，内有事。赤也，外事也，不敢侵官。且吾子之心有出焉，可征讯也。”问于孙林甫[3]，孙林甫曰：“旅人，所以事子也，唯事是待。”问于张老，张老曰：“老也以军事承子，非戎，则非吾所知也。”问于祁奚，祁奚曰：“公族之不恭，公室之有回，内事之邪，大夫之贪，是吾罪也。若以君官从子之私，惧子之应且憎也。”问于籍偃[4]，籍偃曰：“偃也以斧钺从于张孟，日听命焉，若夫子之命也，何二之有？释夫子而举，是反吾子也。”问于叔鱼，叔鱼曰：“待吾为子杀之。”

叔向闻之，见宣子曰：“闻子与和未宁，遍问于大夫，又无决，盍访之訾祏[5]。訾祏实直而博，直能端辨之，博能上下比之，且吾子之家老也。吾闻国家有大事，必顺于典刑，而访谘于耇老，而后行之。”司马侯[6]见，曰：“吾闻子有和之怒，吾以为不信。诸侯皆有二心，是之不忧，而怒和大夫，非子之任也。”祁午见，曰：“晋为诸侯盟主，子为正卿，若能靖端诸侯，使服听命于晋，晋国其谁不为子从，何必和？盍密和，和大以平小乎！”

宣子问于訾祏，訾祏对曰：“昔隰叔子[7]违周难于晋国，生子舆[8]为理，以正于朝，朝无奸官；为司空，以正于国，国无败绩。世及武子[9]，佐文、襄为诸侯[10]，诸侯无二心。及为卿，以辅成、景[11]，军无败政。及为成[12]师，居太傅，端刑法，缉训典，国无奸

民，后之人可则，是以受随、范[13]。及文子成晋、荆之盟[14]，丰兄弟之国，使无有间隙，是以受郇、栎[15]。今吾子嗣位，于朝无奸行，于国无邪民，于是无四方之患，而无外内之忧，赖三子之功而飨其禄位。今既无事矣，而非和，于是加宠，将何治为?”宣子说，乃益和田而与之和。

注释

①和大夫：晋国和邑的大夫。

②伯华：羊舌赤。

③孙林甫：孙文子。

④籍偃：籍游。

⑤訾祏：范宣子的家臣。

⑥司马侯：汝叔齐，晋国大夫。

⑦隰叔子：杜伯之子。周宣王杀杜伯，隰叔子至晋国避难。

⑧子舆：指士蒍，字子舆，晋国大夫。

⑨武子：指范武子，名士会，为士蒍之孙。

⑩文、襄：晋文公、晋襄公。

⑪成、景：晋成公、晋景公。

⑫成：当为“景”。

⑬随、范：晋国地名，士会的封邑。

⑭文子：范文子，名士燮。晋、荆之盟：指鲁成公十二年（公元前579年），晋国派范文子前往宋国与楚国缔结盟约。

⑮郇、栎：晋国地名，范文子的封邑。

译文

范宣子与和邑的大夫争讼田地的边界，争端很久都没有得到解决。宣子想攻打他，便去向伯华咨询。伯华说：“对外有军事行动，对内有政事。我是负责对外军事行动的，不敢逾越职权干涉内政。您若有对外用兵的事项向我咨询，可以把我招来询问。”范宣子询问孙林甫，孙林甫说：“我是客居晋国

的人，是侍奉您的，只等待着为您效命。”范宣子询问张老，张老说：“我只通晓军事问题，无关乎军事的事，我就没有能力帮助您了。”范宣子询问祁奚，祁奚说：“公族中有不恭敬的事，公室中有不公正的事，朝廷里有不公正的事，大夫们贪得无厌，就是我的罪过。如果食国君俸禄而给您办私事，那么，恐怕您表面上感激我，内心却会怨恨我。”范宣子询问籍偃，籍偃说：“我是为张老执掌刑罚的，随时遵从他的命令，如果是他下的命令，我还有什么话可说呢？但若是擅自行动，那不仅违背了张老的命令，也违背了您的命令。”范宣子询问叔鱼，叔鱼说：“我去替您杀了他。”叔向听说后，去见宣子，说：“听说您与和邑大夫的争端还没有解决，您问遍了大夫，仍找不到解决办法，那您为什么不去询问訾祏呢？訾祏生性正直、学识渊博，正直的人能明辨是非，学识渊博的人能上下比较，而且他又是您的老家臣。我听说国家发生大事，一定要遵循常规办事，还要向长者咨询，然后才能采取相应的措施。”司马侯来进见宣子，说：“我听说您对和邑大夫多有不满，我对这件事表示怀疑。您操心国家大事，却与和邑大夫置气，这可不是您应该有的样子。”祁午来进见，说：“晋国是诸侯的盟主，您是正卿，若能够平定、端正诸侯，使他们听从晋国的号令，那晋国还有谁会违逆您呢？何不与之和好，用大德来化解小怨呢！”宣子问到訾祏，訾祏回答说：“从前隰叔子在晋国避难，生下的子舆当了法官，整肃朝政，清除奸佞；当了司空，将国家治理得很好。传到范武子，辅佐文公、襄公称霸诸侯，诸侯都归附于晋国。等做了卿，辅佐成公、景公，整肃军纪，极大地提升了军队的战斗力。及至做了景公的军师，官居太傅，端正刑法，汇合训导的法规，百姓都能遵纪守法，后人可以遵从效法，因此受封随、范二邑。到范文子时，完成了晋、楚的会盟，加深了兄弟国家间的友谊，使各国之间的联系更为紧密，因此受封郇、栎二邑。现在，您继承了职位，在朝中没有奸诈的行为，国内没有不守法的百姓，四方没有灾害，又没有内忧外患，仰赖着三位先辈的功劳享受禄位。如今国家太平无事，您却怨恨和邑的大夫，若此时君王加宠于您，您将怎样治理国事呢？”宣子听了很高兴，于是多给和邑的大夫田地与他和好。

叔向论忠信而本固

原文

诸侯之大夫盟于宋，楚令尹子木[1]欲袭晋军，曰："若尽晋师而杀赵武[2]，则晋可弱也。"文子[3]闻之，谓叔向曰："若之何?"叔向曰："子何患焉。忠不可暴，信不可犯，忠自中，而信自身，其为德也深矣，其为本也固矣，故不可抈也。今我以忠谋诸侯，而以信覆之，荆之逆诸侯也亦云，是以在此。若袭我，是自背其信而塞其忠也。信反必毙，忠塞无用，安能害我?且夫合诸侯以为不信，诸侯何望焉。为此行也，荆败我，诸侯必叛之，子何爱于死，死而可以固晋国之盟主，何惧焉?"是行也，以藩为军，攀辇即利而舍，候遮捍卫不行，楚人不敢谋，畏晋之信也。自是没平公无楚患。

注释

①子木：楚国令尹，名屈建。

②赵武：晋国正卿。

③文子：指赵文子。

译文

诸侯国的大夫在宋国会盟，楚国令尹子木想偷袭晋军，说："如果歼灭晋军并杀了赵武，那么晋国就不足为患了。"赵武听说这件事后，对叔向说："该如何应对楚国的偷袭呢?"叔向回答说："有什么好担心的。忠诚就不会被施暴，信义就不会被侵犯。忠诚出自本心，信义源于自我，它们是深厚的道德、牢固的根基，不是能轻易动摇的。如今我们诚信地侍奉诸侯，用信义证明我们的忠诚，楚国也是这么对诸侯说的，因此才有了这次会盟。如果楚国偷袭我们，那就是背信弃义、自绝忠诚。背弃信义、自绝忠诚的国家必为诸侯所不齿，又怎能对我们造成危害呢？况且，会盟的时候不讲信义，那诸侯还会信任楚国吗？这一次会盟，即便楚国打败了我们，诸侯也必定会背弃楚国，你又何必如此怜惜性命呢？如果能以自己的性命换取晋国的盟主地位，又有什么好怕的呢？”在这次会盟中，晋军只设藩篱为营，牵引战车到水草便利的地方驻扎，白天不用瞭望与掩蔽，夜里不设岗哨捍卫，楚国最终也没敢偷袭晋军，这是因为楚军畏惧晋军讲信义。自此之后，直到晋平公去世，始终没有楚国挑起的祸患。

赵文子为室张老谓应从礼

原文

赵文子为室，斫其椽而砻之①，张老夕焉而见之，不谒②而归。文子闻之，驾而往，曰：“吾不善，子亦告我，何其速也？”对曰：“天子之室，斫其椽而砻之，加密石③焉；诸侯砻之；大夫斫之；士首之④。备其物，义也；从其等，礼也。今子贵而忘义，富而忘礼，吾惧不免，何敢以告。”文子归，令之勿砻也。匠人请皆斫之，文子曰：“止。为后世之见之也，其斫者，仁者之为⑤也，其砻者，不仁者之为也。”

注释

①斫：削，砍。砻（lóng）：磨。

②谒：拜谒。

③密石：纹理紧密的磨石。

④首之：指仅砍掉椽头，并不细磨。

⑤为：行为。

译文

赵文子建造房子，砍削椽子后进行了精心的打磨，张老傍晚时分去拜访文子，没有见到文子就返回了。文子听说后，特地乘车去请教张老，说："如果我有什么过错，您也应该坦诚相告，何必不见而别呢？"张老回答说："天子居住的宫殿，椽子砍削后先要粗磨，再用密纹石精磨；诸侯居住的宫室，椽子要粗磨；大夫居住的家院，椽子只会砍削；士居住的房子，椽子仅砍掉椽头。使用的物器符合规矩，是义；遵守等级，是礼。如今，您显贵之后却忘记了义，富有之后却忘记了礼，恐怕就要大祸临头了，我如何敢告诉您呢？"文子回家之后，命令停止打磨椽子。木匠建议销毁那些已经打磨好的椽子，文子说："没有这个必要。我要警醒后人，那些砍削过的椽子是仁人的作为，那些打磨过的椽子是不仁之人的作为。"

医和[1]视平公疾

原文

平公有疾，秦景公使医和视之，出曰："不可为[2]也。是谓远男而近女[3]，惑以生蛊[4]；非鬼非食，惑以丧志。良臣不生[5]，天命不祐。若君不死，必失诸侯。"赵文子闻之曰："武从二三子以佐君为诸侯盟主，于今八年矣，内无苛慝，诸侯不二，子胡曰'良臣不生，天命不祐'？"对曰："自今之谓。和闻之曰：'直不辅曲，明不规暗[6]，拱木不生危，松柏不生埤[7]。'吾子不能谏惑，使至于生疾，又不自退而宠其政[8]，八年之谓多矣，何以能久！"文子曰："医及

国家乎?”对曰:“上医医国，其次疾人，固医官[9]也。”文子曰:“子称蛊，何实生之?”对曰:“蛊之慝，谷之飞[10]实生之。物莫伏于蛊，莫嘉于谷，谷兴蛊伏[11]而章明者也。故食谷者，昼选男德以象谷明[12]，宵静女德以伏蛊慝。今君一之[13]，是不飨谷而食蛊也，是不昭谷明而皿蛊[14]也。夫文，‘虫’‘皿’为‘蛊’，吾是以云。”文子曰:“君其几何?”对曰:“若诸侯服，不过三年，不服，不过十年，过是，晋之殃也。”是岁也，赵文子卒，诸侯叛晋，十年，平公薨。

注释

①和：秦国医生。

②为：治疗。

③远男而近女：疏远男人，亲近女色。

④蛊：蛊病。

⑤不生：将要死去。

⑥明不规暗：明智不规谏昏暗。

⑦埤（bì）：低洼潮湿之地。

⑧宠其政：贪恋执政者的高位。

⑨固医官：原本为医生的职责。

⑩谷之飞：谷子扬起的灰尘。

⑪谷兴蛊伏：谷气兴起，蛊就会隐藏起来。

⑫以象谷明：就好像人吃了谷变得聪明一样。

⑬一之：不分昼夜，亲近女色。

⑭皿蛊：人身藏蛊就如同盛蛊的器皿。

译文

晋平公生病了，秦景公派了一个名叫和的医生来给他看病，医生和出来以后说:“病已经没法治了。这是疏远男人而亲近女色，受到迷惑而生了蛊病；这种蛊病不是鬼神作怪，也不是饮食不当，而是在于贪恋女色而沦丧意志。良臣就要死去，上天也不能护佑。如果国君不死，必然会失去诸侯的拥护。”赵文子听后，说：“我赵武随从诸位大夫辅佐国君成为诸侯盟主，到如今已经八年了，国内没有动乱和奸恶，国外没有诸侯叛离，您为什么说‘良臣就要死去，上天也不能护佑’呢？”医生和回答说：“我说的是从今往后的情况。我听说：‘正直的不辅助邪曲的，明智的不能规谏昏昧的，拱围的大树不能生长在又高又险的地方，松柏不能生在低洼、潮湿的地方。’您不能规谏君主沉迷女色，以致君主生病，又不能自行引退而贪恋执政者的高位，八年已经够久了，怎么还能长久呢！”赵文子问：“当医生的也能医治国家吗？”医生和回答说：“上等的医生医治国家，次等的医生只会医治病人，治国本来就是医生的职责。”赵文子问：“您所说的蛊，是从哪里生出来的呢？”医生和回答说：“蛊的邪恶，是从谷子扬起的灰尘中生出来的。万物中没有不隐藏蛊的，万物中也没有比谷子更好吃的东西，谷气兴起蛊就隐伏起来，谷子不霉烂生虫，人吃了就得益聪明。因此吃谷子的人，白天选择有德行的男性亲近，就好像人因吃谷子而变得聪明起来，晚上与有德的女子一起休息而有节制，才能避免蛊邪。如今的晋君，不分昼夜地亲近女色，这就如同不享用谷气而以蛊为食，那就不会像吃谷的人那样聪明，反而成了盛蛊的器皿。从文字上说，‘虫’‘皿’二字合成‘蛊’字，因此我才会这么说。”赵文子说：“那晋君还能活多久呢？”医生和说：“如果诸侯都顺服晋国，最多不过三年，如果诸侯不顺服晋国，最多不过十年，超过这个限度，就是晋国的祸患。”这一年，赵文子去世，诸侯都背叛了晋国，十年后，平公去世。

叔向论忧德不忧贫

原文

叔向见韩宣子[①]，宣子忧贫，叔向贺之。宣子曰：“吾有卿之名，而无其实，无以从[②]二三子，吾是以忧，子贺我何故？”对曰：“昔栾武子无一卒之田[③]，其宫不备其宗器[④]，宣[⑤]其德行，顺其宪

则[6]，使越[7]于诸侯，诸侯亲之，戎、狄怀之，以正晋国，行刑不疚，以免于难。及桓子[8]骄泰奢侈，贪欲无艺[9]，略则行志，假贷居贿[10]，宜及于难，而赖武之德，以没其身。及怀子[11]改桓之行，而修武之德，可以免于难，而离[12]桓之罪，以亡于楚。夫郤昭子，其富半公室，其家半三军，恃其富宠，以泰[13]于国，其身尸[14]于朝，其宗灭于绛。不然，夫八郤，五大夫三卿，其宠大矣，一朝而灭，莫之哀也，唯无德也。今吾子有栾武子之贫，吾以为能其德[15]矣，是以贺。若不忧德之不建，而患货之不足，将吊不暇[16]，何贺之有?”宣子拜稽首焉，曰：“起也将亡，赖子存之，非起也敢专承之，其自桓叔以下嘉吾子之赐。”

注释

①韩宣子：韩起，晋国正卿。

②从：交往。

③栾武子：栾书，晋国上卿。一卒之田：百顷田产。

④宗器：祭祀用的礼器。

⑤宣：宣扬。

⑥宪则：法规。

⑦越：传播。

⑧桓子：栾桓子，栾书之子栾黡。

⑨无艺：无极，无度。

⑩贿：财物。

⑪怀子：栾怀子，栾黡之子栾盈。

⑫离：通“罹”，遭受，蒙受。

⑬泰：骄纵奢侈。

⑭尸：陈尸示众。

⑮能其德：能够拥有和他一样的德行。

⑯吊：哀悼。不暇：来不及。

译文

叔向去见韩宣子，韩宣子正为家庭贫困而担忧，叔向反而向他祝贺。韩宣子说："我只有正卿的名分，没有正卿的财产，无法和卿士、大夫交际往来，我正为此担忧，您却祝贺我，这是什么缘故呢？"叔向回答说："从前栾武子家中没有百顷田地，家中置备不齐祭祀的礼器，可是他能宣扬德行，遵循国家法制，名声传到了各诸侯国，诸侯亲近他，戎、狄都归附他，他正是依靠这些治理晋国的，正因为他执行法令没有弊端，才避免了弑君之难。到了他的儿子栾桓子，骄奢淫逸，贪得无厌，违法乱纪，恣意妄为，通过借出财货牟取暴利，本该遭到祸患，却仰仗他父亲武子的余德得以善终。到了栾怀子，改善了其父桓子的行为，重新发扬武子的美德，本该免除灾祸的，却受到他父亲桓子的连累，逃亡去了楚国。那位郤昭子，家中财产抵得上王室的一半，家中所出的将帅占三军的一半。仰仗着他的财富和尊宠，在国内骄横跋扈，结果被杀，在朝廷陈尸示众，他的家族也在绛城被灭绝。如果不是这样，郤氏八人，有五个做大夫、三个做卿士，他们受到的恩宠够大的了，可一旦灭亡，没有人同情，就是因为他们没有德行啊。如今您像栾武子那样贫寒，我认为您也能具备他那样的美德，所以才祝贺您。如果您不去担忧自己能不能立德，而只是担忧财物不足，我恐怕为您哀悼还来不及呢，怎么还会祝贺您呢？"韩宣子下拜叩头，说："我韩起正要灭亡，多亏您保全了我，不仅我韩起一人承蒙您的恩德，从我的祖宗桓叔以下的韩氏子孙都要感激您的恩德。"

晋语九

叔向论三奸同罪

原文

士景伯[①]如楚，叔鱼为赞理[②]。邢侯[③]与雍子争田，雍子纳其女于叔鱼以求直[④]。及断狱之日，叔鱼抑邢侯，邢侯杀叔鱼与雍子于朝。韩宣子患之，叔向曰："三奸同罪，请杀其生者而戮其死者。"宣子曰："若何？"对曰："鲋也鬻狱[⑤]，雍子贾之以其子，邢侯非其官也而干[⑥]之。夫以回鬻国之中[⑦]，与绝亲以买直，与非司寇而擅杀，其罪一也。"邢侯闻之，逃。遂施[⑧]邢侯氏，而尸叔鱼与雍子于市。

注释

①士景伯：士弥牟，晋国刑法官员。

②叔鱼：羊舌鲋，叔向之弟。赞：辅助，此指代替。理：审理事件。

③邢侯：晋国大夫，申公巫臣之子。

④求直：请求叔鱼判自己理直（胜诉）。

⑤鬻狱：指受贿乱法。

⑥干：犯，扰乱。

⑦回：邪僻。中：中正。

⑧施：处罚。

译文

士景伯到楚国访问，叔鱼代替他审理案件。邢侯和雍子争夺田地，雍子把自己的女儿嫁给叔鱼以求诉讼的胜利。判决那天，叔鱼有意判决邢侯败诉，邢侯在公堂上杀死了叔鱼和雍子。韩宣子对这件事深感忧虑，叔向说："三个奸人罪恶相同，请杀了活着的，把死了的陈尸示众。"韩宣子问："为什么这么做?"叔向说："叔鱼断案贪赃枉法，雍子用亲生女儿收买法官，邢侯不是法官而干预刑法。以奸邪出卖国家公正，摒弃父女亲情换取胜诉，不是法官却擅自杀人，这三者的罪行是一样的。"邢侯听说后，连忙逃走了。于是韩宣子就处罚了邢侯的家属，将叔鱼和雍子的尸体陈列在闹市示众。

中行穆子帅师伐狄围鼓[1]

原文

中行穆子帅师伐狄，围鼓。鼓人或请以城叛，穆子不受，军吏曰："可无劳师而得城，子何不为?"穆子曰："非事君之礼也。夫以城来者，必将求利于我。夫守而二心，奸之大者也；赏善罚奸，国之宪法也。许而弗予，失吾信也；若其予之，赏大奸也。奸而盈禄，善将若何？且夫狄之憾者以城来盈愿，晋岂其无？是我以鼓教吾边鄙贰也。夫事君者，量力而进，不能则退，不以安贾贰。"令军吏呼城，儆将攻之，未傅而鼓降。中行伯既克鼓，以鼓子苑支[2]来。令鼓人各复其所，非僚勿从。

鼓子之臣曰夙沙厘[3]，以其孥行，军吏执之，辞曰："我君是

事，非事土也。名曰君臣，岂曰土臣？今君实迁，臣何赖于鼓？”穆子召之，曰：“鼓有君④矣，尔心事君，吾定而禄爵。”对曰：“臣委质于狄之鼓，未委质于晋之鼓也。臣闻之：委质为臣，无有二心。委质而策死，古之法也。君有烈名，臣无叛质。敢即私利以烦司寇而乱旧法，其若不虞何！”穆子叹而谓其左右曰：“吾何德之务而有是臣也？”乃使行。既献，言于公⑤，与鼓子田于河阴⑥，使夙沙厘相之。

注释

①中行穆子：晋国卿士，名荀吴，又称中行伯，中行偃之子，谥号“穆”。狄：白狄，此指鲜虞国。鼓：国名，为白狄的一支。

②苑支：鼓国国君。

③夙沙厘：鼓国大臣。

④君：指鼓国的新君沙陀。

⑤公：指晋顷公，名去疾。

⑥河阴：晋国黄河以南的地区。

译文

中行穆子领军讨伐狄人，包围了鼓国。鼓国有人请求献上城池归降晋国，穆子拒绝了。军吏说：“不动刀兵就可获得城池，您为何要拒绝呢？”穆子回答说：“这不是侍奉君主的礼仪。献城投降的人，背叛了他的国君却想在我们这里获得好处。这种三心二意的人，是最奸猾的。奖赏善良，惩罚奸恶，这是国家的大法。若答应了他们献城投降的请求又不奖赏他们，就是我们失信；若奖赏了他们，就是奖赏奸邪。奸邪之流得到高官厚禄，那忠诚正直的人将会怎样呢？况且，狄人中心怀不满的人通过献城来满足他们的私欲，晋国难道就没有这般卑劣的人吗？我若接受了他们的投降，就是在鼓励我国边疆的人对国家不忠啊。为国君征讨四方，将领要量力而行，实力足够就进攻，实力不足就撤退，不能为了取胜就接受这些叛国者的投降。”于是命令军吏向城中呼喊，告诫他们晋军就要展开进攻，结果还未交战，鼓人就投降了。中行穆子攻克鼓国后，将鼓国国君苑支带回晋国。命令鼓人各自回到住处，不是鼓君的侍役不准随从前往晋国。鼓国国君有个叫夙沙厘的臣子，带领妻子跟从鼓国国君，被晋军抓了起来，他说："我侍奉的是国君，不是国土。只有听说过君臣的，难道还能叫土臣吗？如今，国君迁徙了，我留守鼓国还有什么意义呢？"穆子召见了他，说："鼓国已有新君继位，你只要一心侍奉新君，我给你安排高官厚禄。"夙沙厘回答说："我是狄族鼓君的臣子，而不是晋国鼓君的臣子。我听说，只要向君主献了礼、称了臣，就不能背叛。作为臣子，唯有效忠至死，这是自古以来的礼法。君主没有失德，臣子就不能背离。我又如何敢为私利而违背礼法来劳烦法官定罪呢？若都这样，当晋国遇到祸患的时候又该怎么办呢？"穆子感叹地对身边的人说："我得具备多么高尚的道德才能拥有这样的臣子呢？"于是，穆子准许夙沙厘随行。穆子献了战功之后，将这件事告诉了晋顷公，顷公将黄河以南一带的田地赐给了鼓君，让夙沙厘辅佐鼓君。

董叔[1]欲为系援

原文

董叔将娶于范氏，叔向曰："范氏富，盍已[2]乎？"曰："欲为系援[3]焉。"他日，董祁愬于范献子曰[4]："不吾敬也。"献子执而纺[5]于庭之槐，叔向过[6]之，曰："子盍为我请乎！"叔向曰："求系，既系矣；求援，既援矣。欲而得之，又何请焉？"

注释

①董叔：晋国大夫。

②已：停止。

③系援：攀附。

④董祁：董叔的妻子。愬：诉。

⑤纺：捆绑。

⑥过：路过。

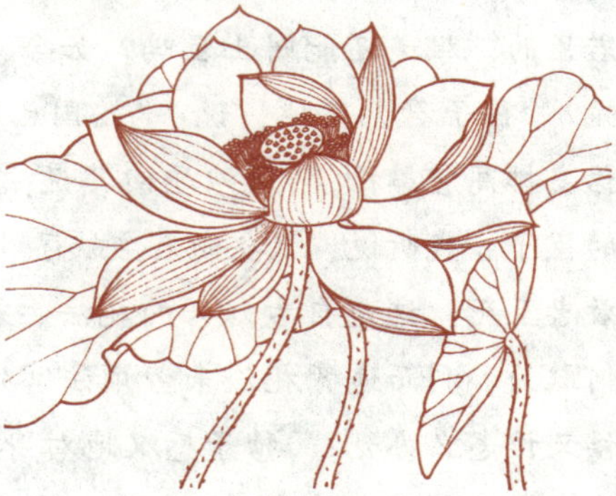

译文

董叔打算娶范宣子的女儿为妻，叔向说："范氏富贵，何不停止这样的亲事呢？"董叔说："我正想靠这门亲事攀附范氏呢。"婚后的一天，董叔的妻子向哥哥范献子告状说："董叔不尊重我。"范献子就把董叔抓来绑了，吊在院子里的槐树上，正好叔向路过那里，董叔喊道："您何不替我求求情呢？"叔向说："你追求牵系，现在已经牵系上了；你追求攀附，现在已经攀附上了。想得到的都已经得到了，还有什么可求的呢？"

史黯论良臣

原文

赵简子曰："吾愿得范、中行之良臣①。"史黯②侍，曰："将焉用之？"简子曰："良臣，人之所愿也，又何问焉？"对曰："臣以为不良故也。夫事君者，谏过而赏善，荐可而替否③，献能而进贤，择材而荐之，朝夕诵善败而纳之。道之以文，行之以顺，勤之以力，致之以死。听则进，否则退。今范、中行氏之臣不能匡相其君，使至于难；君出在外④，又不能定，而弃之，则何良之为？若弗弃，则主焉得之？夫二子之良，将勤营其君，复使立于外，死而后止，何日以来？若来，乃非良臣也。"简子曰："善。吾言实过矣。"

注释

①范：范吉射。中行：指中行寅。

②史黯：晋国太史，当时为赵简子家的史官。

③荐：进献，推荐。替：废除，去除。

④君出在外：鲁哀公五年（公元前490年），范吉射、中行寅在朝歌发动叛乱，事败之后逃往齐国。

译文

赵简子说："我希望得到范吉射、中行寅手下的贤良之臣。"史黯侍立一旁，说："得到他们的臣下做什么呢？"简子说："良臣是谁都想得到的，又有什么好问的呢？"史黯回答说："我认为他们还称不上是良臣，所以才问的。侍奉君主的人，应当劝谏君主改正过失，鼓励君主弘扬善行，进谏好的，去除不好的，贡献才能，引荐贤良的人才，早晚讲述善恶成败的例子劝导君王。贤良的臣子以文德引导君主，勤心尽力，不吝惜自己的生命以捍卫君主。君主虚心纳谏，就在朝任事；君主闭目塞听，就远离朝政。如今范氏、中行氏的臣子，不仅未能辅佐好自己的君主，反而陷君主于困境；君主出逃在外，这些臣子不仅不能设法安定君主，反而背弃君主，这又算什么良臣呢？倘若他们不抛弃自己的君主，您又如何能得到他们？如果真是良臣，就应当为他们的君主苦心筹谋，使他们的君主在国外重获土地、尊荣，不死不休，这样的话，哪一天才会到您这儿来呢？倘若来了，那就算不上什么良臣了。"赵简子说："说得好。我确实错了。"

晋阳之围

原文

晋阳之围，张谈[①]曰："先主为重器也[②]，为国家之难也，盍姑无爱宝于诸侯乎？"襄子曰："吾无使也。"张谈曰："地[③]也可。"襄子曰："吾不幸有疾[④]，不夷于先子[⑤]，不德而贿。夫地也求饮[⑥]吾欲，是养吾疾而干[⑦]吾禄也。吾不与皆毙。"襄子出，曰："吾何走乎？"从者曰："长子近，且城厚完[⑧]。"襄子曰："民罢[⑨]力以完

之，又毙死以守之，其谁与我？”从者曰：“邯郸之仓库实。”襄子曰：“浚[10]民之膏泽以实之，又因而杀之，其谁与我？其晋阳乎！先主之所属也，尹铎之所宽也，民必和矣。”乃走晋阳，晋师围而灌之，沉灶产蛙[11]，民无叛意。

注释

①张谈：又称张孟谈，赵襄子的家臣。

②先主：指赵襄子的祖辈。重器：指国家的贵重礼器。

③地：赵襄子的家臣。

④疾：指失误，缺失。

⑤不夷：不及。夷，平。先子：指赵襄子的父亲赵简子。

⑥饮（yìn）：满足。

⑦干：求取。

⑧完：完好。

⑨罢（pí）：通“疲”，疲惫。

⑩浚（jùn）：压榨，剥削。

⑪沉灶产蛙：锅灶淹在水中，生出了蛤蟆。

译文

晋阳被围之前，张孟谈说：“先主制备的各种贵重礼器，为的是解救国家危难，何不姑且不吝惜财宝，向诸侯求援呢？”赵襄子说：“我没有使者可以派遣。”张孟谈说：“地可以为使者。”赵襄子说：“不幸的是我德行不足，不及我的先人，不能修德却要去贿赂诸侯请求支援。地只会迎合我的贪欲，这是滋长我的过失而求取我的俸禄。我不能与其一起败亡。”赵襄子打算出逃，说：“我该到哪里去呢？”随从说：

"长子城离这里近，而且城墙厚实完好。"赵襄子说："民众竭尽全力修筑了它，再让他们拼死守卫，谁会跟我们同心协力呢?"随从说："邯郸的粮仓和府库很充实。"赵襄子说："那是榨取了民脂民膏才充实起来的，现在又因为这些东西使他们面临杀戮，谁还肯为我们出力呢？还是去晋阳吧！那是先主赵简子嘱咐过的地方，尹铎政令宽和，民众必定团结一心。"于是赵襄子便逃到了晋阳，晋军包围了晋阳，又掘开汾河灌城，水淹没百姓家的炉灶，生出了蛤蟆，民众仍然没有背叛的意思。

郑语

史伯为桓公[1]论兴废

原文

桓公为司徒，甚得周众与东土[2]之人，问于史伯[3]曰："王室多故[4]，余惧及焉，其何所可以逃死?"史伯对曰："王室将卑，戎、狄必昌[5]，不可逼[6]也。当成周[7]者，南有荆蛮、申、吕、应、邓、陈、蔡、随、唐[8]，北有卫、燕、狄、鲜虞、潞、洛、泉、徐、蒲[9]，西有虞、虢、晋、隗、霍、杨、魏、芮[10]，东有齐、鲁、曹、宋、滕、薛、邹、莒[11]，是非王之支子母弟甥舅也，则皆蛮、荆、戎、狄之人也，非亲则顽[12]，不可入也。其济、洛、河、颍之间乎[13]！是其子男之国，虢、郐为大，虢叔恃势，郐仲恃险，是皆有骄侈怠慢之心，而加之以贪冒[14]。君若以周难之故，寄孥与贿[15]焉，不敢不许。周乱而弊，是骄而贪，必将背君，君若以成周之众，奉辞伐罪，无不克矣。若克二邑，邬、弊、补、舟、依、黩、历、华[16]，君之土也。若前华后河，右洛左济，主芣、騩而食溱、洧[17]，修典刑[18]以守之，是可以少[19]固。

注释

①桓公：郑桓公，姬姓，名友，周宣王之弟，初封于郑，后在周王室任司徒。

②东土：指陕西以东的地区。

③史伯：伯阳，周王室太史。

④多故：多事，多灾多难。

⑤昌：强盛。

⑥逼：迫，靠近。

⑦成周：西周的东都洛邑。

⑧荆蛮：芈姓诸侯国，又称楚。申、吕：姜姓诸侯国。应、蔡、随、唐：姬姓诸侯国。邓：曼姓诸侯国。陈：妫姓诸侯国。

⑨卫：康叔封国，姬姓。燕：邵公封国，姬姓。狄：北狄。鲜虞：姬姓在狄者。潞、洛、泉、徐、蒲：都是赤狄政权，隗姓。

⑩虞：古国名，姬姓，始封之君是虞仲的后代。虢：古国名，姬姓，分为东虢、西虢、北虢，此指西虢。晋：唐叔之后，姬姓。隗、霍、杨、魏、芮：都是姬姓诸侯国。

⑪齐：姜太公封国，姜姓。鲁：周公封国，姬姓。曹、滕：都是姬姓诸侯国。宋：殷商之后，子姓诸侯国。薛：任姓诸侯国。邹：指"邾"，曹姓诸侯国。莒：己姓诸侯国。

⑫顽：指蛮夷戎狄。

⑬济：济水。洛：洛水。河：黄河。颍：颍水。

⑭贪冒：贪图财产。

⑮贿：财货。

⑯邬、弊、补、舟、依、【黑柔】、历、华：邻近的虢和郐的八个城邑。

⑰主芣（fú）、瑰（guī）：以芣山、瑰山之神为神主。主，神主。食溱（zhēn）、洧（wěi）：饮溱河、洧河之水。溱、洧，水名。

⑱典刑：旧法。

⑲少：稍稍。

译文

郑桓公担任周王室的司徒，很得西周民众和东土民众的心，他问史伯说："周王室多灾多难，我担心灾难落在我身上，到哪里才能逃避一死？"史伯回答说："周王室将要衰微，四周的戎、狄肯定会昌盛起来，不能离这些地方太近。周朝的都城洛邑，南面有荆蛮、申、吕、应、邓、陈、蔡、随、唐诸国，北面有卫、燕、狄、鲜虞、潞、洛、泉、徐、蒲诸国，西面有虞、虢、晋、隗、霍、杨、魏、芮诸国，东面有齐、鲁、曹、宋、滕、薛、邹、莒诸国，这些诸侯国不是周王的同姓支族、异姓甥舅，就是蛮、荆、戎、狄之类的少数民族，不是亲属关系就是凶顽之民，因此不能到那里去。应该去的大概是济水、洛水、黄河、颍水一带吧！这些地区都是子爵、男爵的国家，以虢国、郐国最大，虢叔倚仗着地势，郐仲凭借着险要，他们都有骄侈怠慢的思想，又贪图财利。您如果因为周王室遭难，想把妻子儿女和财物寄放在那里，他们不敢不答应。周王室混乱而衰弱，虢、郐两国的君主又骄奢贪婪，他们必然会背叛您，您如果率领洛邑的兵马，奉天子之命讨伐有罪之国，没有不成功的。如果攻克了虢、郐两国，那么邬、弊、补、舟、依、𫘪、历、华八邑就都是您的土地了。如果前面有颍水、后面有黄河，右边有洛水、左边有济水，主祭芣山、騩山之神，饮溱河、洧河之水，遵循旧法来守护这片土地，那您的地位就可以稍微稳固了。

原文

公曰："南方[①]不可乎？"对曰："夫荆子熊严[②]生子四人：伯霜、仲雪、叔熊、季紃[③]。叔熊逃难于濮而蛮[④]，季紃是立，薳氏[⑤]将起之，祸又不克。是天启之心[⑥]也，又甚聪明和协，盖[⑦]其先王。臣闻之，天之所启，十世不替[⑧]。夫其子孙必光[⑨]启土，不可逼也。且重、黎[⑩]之后也，夫黎为高辛氏火正[⑪]，以淳耀敦大[⑫]，天明地德[⑬]，光照四海，故命之曰'祝融'[⑭]，其功大矣。

注释

①南方：指周朝的南部。

②熊严：楚国国君，公元前 837 至前 822 年在位。

③伯霜：熊霜，熊严的长子。仲雪：熊雪，熊严的次子。叔熊：熊堪，熊严的三子，熊霜死后，叔熊争位失败逃难至濮邑。季紃（xún）：熊紃，熊严的小儿子。

④蛮：指叔熊逃难至濮邑后随蛮夷风俗。

⑤薳（wěi）氏：楚国大夫。

⑥天启之心：上天开启了季紃的内心。

⑦盖：超过。

⑧替：废黜。

⑨光：光大。

⑩重、黎：相传是颛顼的两位大臣。重为南正之官，掌管祭祀天神；黎为北正之官，掌管民事。两人被认为是楚人的祖先。

⑪高辛氏：帝喾，尧的父亲。火正：古代掌火之官。

⑫淳耀：光明。敦大：厚重。

⑬天明：观察日月星的光明。地德：展现大地的美德。

⑭祝融：帝喾时的火官。

译文

郑桓公问："那南方不可以居住吗？"史伯回答说："楚王熊严有四个儿子：伯霜、仲雪、叔熊、季紃。叔熊逃难到了濮邑而随从蛮俗，季紃被立为国君，薳氏打算拥立叔熊为君，结果因祸而没有成功。这是上天开启了季紃的内心啊，季紃为人聪明温和，能团结臣民，功德超过了先王。我听说，上天开启的人，十世也不会废弃。季紃的子孙必然能光大前人的事业，开疆拓土，因而楚国是不可靠近的。况且楚国是重、黎的后人，黎是高辛氏的火官，因为他纯真、渊博，有如日月的光明、大地的美德，光辉普照四海，所以高辛氏又把他叫作'祝融'，他的功绩算是很大的了。

原文

"夫成天地之大功者，其子孙未尝不章[①]，虞、夏、商、周是也。虞幕能听协风[②]，以成乐物生者也。夏禹能单平[③]水土，以品[④]处庶类者也。商契能和合五教[⑤]，以保[⑥]于百姓者也。周弃[⑦]能播殖百谷蔬，以衣食民人者也。其后皆为王公侯伯。祝融亦能昭显天地之光明，以生柔嘉材者也[⑧]，其后八姓于周未有侯伯[⑨]。佐[⑩]制物于前代者，昆吾[⑪]为夏伯矣，大彭、豕韦为商伯矣[⑫]。当周未有。己姓

昆吾、苏、顾、温、董[13]，董姓鬷夷、豢龙[14]，则夏灭之矣。彭姓彭祖、豕韦、诸稽，则商灭之矣。秃姓舟人，则周灭之矣。妘姓邬、郐、路、偪阳，曹姓邹、莒，皆为采卫[15]。或在王室，或在夷、狄，莫之数也。而又无令闻，必不兴矣。斟姓无后。融之兴者，其在芈姓乎？芈姓夔越[16]，不足命也。蛮芈蛮矣，唯荆实有昭德，若周衰，其必兴矣。姜、嬴、荆、芈，实与诸姬代相干也[17]。姜，伯夷[18]之后也，嬴，伯翳之后也。伯夷能礼于神以佐尧者也，伯翳能议百物以佐舜者也。其后皆不失祀而未有兴者，周衰其将至矣。"

注释

①章：彰显。

②虞幕：虞舜的祖先。协风：和风。

③平：治理。

④品：区分。

⑤商契（xiè）：传说中商的始祖。五教：指父义、母慈、兄友、弟恭、子孝。

⑥保：养，安抚。

⑦周弃：指后稷，名弃，周朝的始祖。

⑧柔：滋润。嘉材：五谷材木。

⑨八姓：祝融之后八姓是己、董、彭、秃、妘、曹、斟、芈。侯伯：诸侯的领袖。

⑩佐：辅佐。

⑪昆吾：己姓，名樊，祝融之孙，陆终的长子。

⑫大彭：彭姓，名钱，陆终第三子，称为彭祖。豕韦：彭姓，封于豕韦。

⑬己姓昆吾、苏、顾、温、董：五国己姓古都。

⑭鬷（zōng）夷、豢龙：都是董姓的古国。

⑮采：采服，离王都两千五百里的地区。卫：卫服，离王都三千里的边远地区。

⑯夔（kuí）：熊挚后代建立的诸侯国。越：越章国，楚王熊渠封少子执疵为越章王。

⑰代：交替。干：违犯，触犯。

⑱伯夷：炎帝的后裔，尧时任典礼官员，掌管宗庙祭祀。

译文

“凡是帮助天地成就大功的人，他的子孙后代没有不显要发达的，虞、夏、商、周都是这样。虞幕能倾听和风，育成万物使其生长。夏禹能竭尽全力治理水土，使万物生长各得其所。商契能够和谐地推行五教，以此教养、安抚百姓。周弃能播种百谷、蔬菜，供给百姓衣食。虞幕、夏禹、商契、周弃的后代都成了王公侯伯。祝融也能显扬天地的光明，培育优良的五谷、材木，祝融的后代八姓在周朝尚未有诸侯之长的。在前代辅佐君主治理国事的，昆吾曾是夏朝的诸侯之长，大彭、豕韦曾是商朝的诸侯之长。在周朝尚未有诸侯之长。己姓的昆吾、苏、顾、温、董五国，董姓的鬷夷、豢龙二国，在夏代就灭亡了。彭姓的彭祖、豕韦、诸稽等国，在商代就灭亡了。秃姓舟人国，在周代就灭亡了。妘姓的邬、郐、路、偪阳四国，曹姓的邹、莒二国，都是采服、卫服的边远地区。这六姓的后代，有的在王室附近，有的在夷、狄境内，没有人统计，又没有美好的名声，肯定是不能兴盛的。斟姓没有后代。祝融的后代能够兴起的，恐怕是在芈姓吧？芈姓诸侯国中的蘷、越二国，不足以受命。处在蛮地的芈姓已经蛮化了，只有楚国的确有明德，如果周朝衰微，楚国必然兴盛起来。齐姜、秦嬴、楚芈，确实与诸姬姓之国争相称雄。姜姓，是伯夷的后代，嬴姓，是伯翳的后代。伯夷能够礼敬神明来辅佐唐尧，伯翳能够使百物各得其宜来辅佐虞舜。他们的后代都是没有失掉宗庙祭祀，却没有兴盛的人，周王室衰亡之后，他们就会兴盛起来了。”

原文

公曰："谢西之九州[①]，何如?"对曰："其民沓贪而忍[②]，不可因[③]也。唯谢、郏[④]之间，其冢君[⑤]侈骄，其民怠沓[⑥]其君，而未及周德[⑦]；若更君[⑧]而周训之，是易取也，且可长用[⑨]也。"

注释

①谢：周宣王舅舅申伯的封国。州：两千五百家为州。

②沓：贪婪。忍：残忍。

③因：就，靠近。

④郏：古邑名，周朝的东都。

⑤冢君：对各诸侯国君主的敬称。冢，大。

⑥怠沓：懈怠，轻慢。

⑦周德：忠信的德行。

⑧更君：更换国君。

⑨长用：久处。

译文

郑桓公问："谢国西面的九州，怎么样?"史伯回答说："那里的民众贪婪残忍，不能接近他们。只有谢国、郏地之间的虢、郐地带，那里的国君奢侈骄横，民众怠慢他们的君主，还不具备忠信的德行；如果更换君主而用忠信训导他们，是很容易得到这一地区的，而且可以长久地住下去。"

原文

公曰："周其弊[1]乎？"对曰："殆[2]于必弊者也。《泰誓》曰：'民之所欲，天必从之。'今王弃高明昭显[3]，而好谗慝暗昧[4]；恶角犀丰盈[5]，而近顽童穷固[6]。去和而取同[7]。夫和实生物，同则不继。以他平他谓之和，故能丰长而物归之；若以同裨[8]同，尽乃弃矣。故先王以土与金木水火杂，以成百物。是以和五味以调口，刚四支[9]以卫体，和六律[10]以聪耳，正七体以役心[11]，平八索以成人[12]，建九纪以立纯德[13]，合十数以训百体[14]。出千品，具万方，计亿事，材兆[15]物，收经入，行姟极[16]。故王者居九畡[17]之田，收经入以食兆民，周训[18]而能用之，和乐如一。夫如是，和之至也。于是乎先王聘后于异姓，求财于有方，择臣取谏工而讲以多物，务和同也。声一无听，物一无文，味一无果[19]，物一不讲。王将弃是类也而与剸[20]同，天夺之明，欲无弊，得乎？

注释

①弊：凋敝，衰落。

②殆：差不多，大概。

③王：周幽王。高明昭显：光明正大。

④谗慝：邪恶，奸佞。暗昧：愚昧，昏庸。

⑤角犀丰盈：贤明之相，指贤人。角犀，额角入发处隆起。丰盈，面颊丰满。

⑥顽童：愚顽无知的人。穷固：穷凶顽恶。

⑦和：多样性的统一。同：同一。

⑧裨：增添，补助。

⑨四支：四肢。支，通"肢"。

⑩六律：黄钟、太簇、姑洗、蕤宾、夷则、无射。

⑪七体：七窍。役心：服务于心。

⑫平：正。八索：指人的首、腹、足、股、目、口、耳、手八个部分。

⑬建：立。九纪：指人的九脏，心、肝、脾、肾、肺、胃、膀胱、胆、肠。

⑭十数：王、公、大夫、士、皂、舆、隶、僚、仆、台等人。百体：百官体制。

⑮兆：万亿为兆。

⑯行姟（gāi）极：达到数字极限。

⑰九畡（gāi）：指九州辽阔的土地。

⑱周训：忠信之教。

⑲果：形成美味。

⑳剸：同“专”，单一，相同。

译文

郑桓公问：“周王室会衰败吗？”史伯回答说：“差不多要衰败了。《尚书·泰誓》说：‘老百姓所向往的，上天必定会遵从。’如今周王抛弃光明正大有德行的人，喜欢进谗邪恶、奸邪阴险的人；讨厌贤明正直的人，亲近愚顽鄙陋的人。排斥与自己意见不一致的正确主张，采纳与自己一致的错误主张。和谐才能生成万物，单一的雷同就不能发展。把不同的东西加以协调叫作和谐，所以能丰富发展而使万物归于统一；如果把相同的东西简单相加，用尽之后就完了。所以先王把土和金、木、水、火相配合，而生成万物。因此调配五种滋味以适合人的口味，强健四肢来保卫身体，调和黄钟、太簇、姑洗、蕤宾、夷则、无射六种音律使它悦耳动听，端正目、鼻、口、耳七窍来为心服务，协调身体首、腹、足、股、目、口、耳、手的八个部分使人完整，设置心、肝、脾、肾、肺、胃、膀胱、胆、肠九脏以树立纯正的德行，合成王、公、大夫、士、皂、舆、隶、僚、仆、台十种等级来训导百官。于是产生了千种品位，具备了上万方法，计算成亿的事物，经营万亿的财物，取得万兆的收入，达到数字的极限。所以君王拥有九州辽阔的土地，取得收入供养万民，用忠信教化和使用他们，使他们和谐安乐如一家人。这样的话，就是和谐的极点了。于是先王从异姓的家族中聘娶王后，向四方各地求取财货，在选择大臣时，任用敢于直谏的官员处理国家众多的事务，努力做到和谐而不是单一的雷同。只有一种声音就谱不成动听的乐曲，只有一种颜色就构不成绚丽的文采，只有一种味道就形不成美味，只有一种事物就无法进行衡量比较。如今周王摒弃这种和谐的法则而专用雷同，这是上天夺取了他的理智，要想不衰败，可能吗？

原文

“夫虢石父谗谄巧从之人也[1]，而立以为卿士，与剸同也；弃聘后而立内妾[2]，好穷固也；侏儒戚施[3]，实御在侧，近顽童也；周法不昭，而妇言是行，用谗慝[4]也；不建立卿士，而妖试幸措[5]，行暗昧也。是物也，不可以久。且宣王之时有童谣曰：‘檿弧箕服[6]，实亡周国。’于是宣王闻之，有夫妇鬻是器者，王使执而戮[7]之。府之小妾生女而非王子也，惧而弃之。此人[8]也，收以奔褒[9]。天之命此久矣，其又何可为[10]乎？《训语》[11]有之曰：‘夏之衰也，褒人之神化为二龙，以同[12]于王庭，而言曰：“余，褒之二君也。”夏后[13]卜杀之与去之与止之，莫吉。卜请其漦[14]而藏之，吉。乃布币焉而策告之[15]，龙亡而漦在，椟[16]而藏之，传郊之[17]。’及殷、周，莫之发也。及厉王之末，发而观之，漦流于庭，不可除也。王使妇人不帏[18]而噪之，化为玄鼋[19]，以入于王府。府之童妾未既龀[20]而遭之，既笄[21]而孕，当宣王时而生。不夫而育，故惧而弃之。为弧服者方戮在路，夫妇哀其夜号也，而取之以逸[22]，逃于褒。褒人褒姁有狱[23]，而以为入于王，王遂置之[24]，而嬖[25]是女也，使至于为后而生伯服。天之生此久矣，其为毒也大矣，将使候淫德而加[26]之焉。毒之酋腊[27]者，其杀也滋[28]速。申、缯、西戎方强[29]，王室方骚[30]，将以纵欲，不亦难乎？王欲杀太子以成伯服，必求之申，申人弗畀[31]，必伐之。若伐申，而缯与西戎会以伐周，周不守矣！缯与西戎方将德[32]申，申、吕方强，其隩爱[33]太子亦必可知也，王师若在，其救之亦必然矣。王心怒矣，虢公从矣，凡周存亡，不三稔[34]矣！君若欲避其难，其速规所矣，时至而求用，恐无及也！”

注释

①虢石父：虢国国君。谗谄：馋毁和谄谀。
②聘后：指申后。内妾：指褒姒。
③戚施：指驼背的残疾人。
④谗慝：邪恶，奸佞。
⑤妖：妖臣。幸：佞幸之臣。
⑥檿（yǎn）：山桑。箕：树木名。
⑦戮：责。
⑧此人：指卖檿弧箕服的人。
⑨收：取。褒：诸侯国名，姒姓，在今陕西勉县一带。
⑩为：治。
⑪《训语》：周代典籍。
⑫同：共处。
⑬后：君。
⑭漦（chí）：龙涎。
⑮布：摆放。币：礼币，指玉帛之类的东西。
⑯椟：柜子。此处用作动词。
⑰传郊之：传祭之于郊。
⑱帏：下裳的正幅。
⑲玄鼋（yuán）：蜥蜴。
⑳既龀（chèn）：刚刚换牙。
㉑笄（jī）：女子十五而笄，盘发插簪，表示成年。
㉒逸：逃逸。
㉓褒姁（xū）：褒国国君。狱：诉讼案件。
㉔置之：赦免褒姁。
㉕嬖：亲爱。
㉖加：施加。
㉗酋腊（xī）：制作很久的毒酒。
㉘滋：增益，更加。

㉙申：诸侯国名，姜姓，为申后的娘家。缯：诸侯国名，姒姓，中国的同盟国。

㉚骚：扰乱。

㉛畀：给，交出。

㉜德：感激。

㉝隩（ào）爱：疼爱，怜爱。

㉞三稔：三年。稔，庄稼成熟，指一年。

译文

"虢石父是一个挑拨离间、阿谀奉承、巧于媚从的人，周王却立他为王室的卿士，这是周王一人专制；周王废弃申后而立内妾褒姒，这是喜欢鄙陋无识的人；侏儒俳优，陪侍在周王身边取乐，这是接近愚顽昏暗的人；周朝的旧法不明，一味听信妇人的谗言，这是任用挑拨是非的人；不任用有德之人为卿士，而宠信任用佞幸的人，这是行为暗昧。这种状况，是不能够长久的。况且宣王时有一首童谣：'桑弓萁袋，灭亡周国。'宣王听了后，有一对夫妇正好卖桑弓萁袋，宣王便派人抓来惩罚了他们。王宫小妾生了一个女孩，但不是周王的，她因为害怕而抛弃了这个孩子。正巧卖桑弓萁袋的夫妇捡到了这个孩子并将其收养，逃亡到了褒国。上天命定这件事很久了，又怎么能改变呢？《训语》上说：'夏朝衰亡的时候，褒国的神化为两条龙，聚居于夏王宫庭，龙说："我们是褒国的二位君主。"夏王卜问，是杀掉两条龙，还是赶走两条龙，还是留下两条龙，结果卦象都不吉利。夏王又占卜，请把龙涎收藏起来，结果卦象吉利。于是夏王就陈列玉帛，以简策书写告诉龙。龙飞走了，而龙涎还在，夏王用柜子把龙涎收藏起来，在郊外祭祀它。'一直到殷、周，都没有人打开过柜子。厉王末年，打开柜子查看，龙涎流到了庭前，不可清除。厉王让宫中妇人不穿下衣而喧哗鼓噪，结果龙涎化成了一只黑色的鳖，进入王府中。王府中有一个年幼的婢妾，刚到换牙的年纪，遇到了这只黑鳖，等她十五岁的时候就怀了孕，到宣王时，这个婢妾生下一个女孩。因为婢妾没有丈夫却生了孩子，所以害怕而抛弃了孩子。卖桑弓萁袋的夫妇正好在路边接受惩罚，他们可怜那女婴夜里啼哭，于是捡了孩子躲藏起来，逃亡到褒国。褒君褒姁有罪，就把褒姒进献给周王，周王便赦免了褒姁而宠爱褒姒，立她为王后并生了伯服。上天生褒姒这个祸害已经很久了，她的毒害够大了，就想趁周王失德而留下这个女人。制作很久的毒酒，毒害人也就越快。申国、缯国、西戎正强盛，周王室正扰乱不安，周王还想放纵私欲，想要不衰败不是很难吗？周王想杀太子宜臼，改立伯服，肯定要求申国交出太子，申国不交，周王必定会讨伐申国。如果周王讨伐申国，那么缯国和西戎就会联合起来攻打周室，周王室就保不住了！缯国和西戎正要报答申国，申国、吕国正强盛，他们深爱太子宜臼也是可以预料的，周王的军队如果攻打申国，吕国一定救援申国。周王心中愤怒了，虢石父一定会顺从他，周王室的存亡，不出三年了！您如果想避难，就应迅速规划安身之所，等到灾难来了再想办法，恐怕就来不及了！”

原文

公曰：“若周衰，诸姬其孰兴①？”对曰：“臣闻之，武实昭文之功②，文之祚尽③，武其嗣乎④！武王之子，应、韩不在⑤，其在晋乎！距险而邻于小⑥，若加之以德，可以大启⑦。”公曰：“姜、嬴其孰兴？”对曰：“夫国大而有德者近兴，秦仲、齐侯⑧，姜、嬴之隽⑨也，且大，其将兴乎？”公说，乃东寄帑与贿，虢、郐受之，十邑皆有寄地。

注释

①诸姬：各姬姓诸侯国。其：大概。

②武：周武王。昭：彰显。文：周文王。

③文：指文王子孙封国，如鲁、卫等国。祚尽：福运用尽。

④武：指武王子孙封国。嗣：继续，继承。

⑤应：应侯。韩：韩侯。都是周武王的后代。

⑥距：通“据”，据守。邻于小：与虞、虢、霍、杨、韩、魏、芮等小国为邻。

⑦大启：大大开拓疆土。启，开拓。

⑧秦仲：秦国国君，秦公伯之子，周宣王时任大夫。齐侯：齐庄公，名

购，齐成公之子。

⑨隽：同“俊”，俊杰。

译文

郑桓公问：“如果西周衰败的话，各个姬姓的诸侯中哪个会兴盛？”史伯回答说：“我听说，周武王确实发扬了周文王的功业，文王子孙的封国福祚完了，应该由武王子孙的封国来继承吧！武王的子孙中，应侯和韩侯已经不在了，兴盛的应该是晋国吧！晋国地势险要，和它接邻的都是小国，如果能够修行德政，就可以大大开拓疆土了。”郑桓公又问：“姜姓和嬴姓诸侯中哪个会兴盛？”史伯回答说：“国土广大而且有德的国家可能兴盛，秦仲和齐庄公，分别是姜姓、嬴姓中的俊杰，而且秦、齐两国国土广大，恐怕是他们该兴盛吧？”郑桓公听了很高兴，于是向东寄放妻子儿女和财物，虢国、郐国接受了郑桓公的寄托，虢、郐、邬、蔽、补、丹、依、畴、历、华十邑都有桓公寄放东西的地方。

平王之末秦晋齐楚代兴

原文

幽王八年而桓公为司徒[①]，九年而王室始骚，十一年而毙。及平王[②]之末，而秦、晋、齐、楚代兴，秦景、襄于是乎取周土[③]，晋文侯于是乎定天子，齐庄、僖于是乎小伯[④]，楚蚡冒[⑤]于是乎始启濮。

注释

①幽王八年：公元前774年。桓公：指郑桓公。

②平王：指周平王。

③景：当作“庄”，秦庄公，名其，公元前821至前778年在位。襄：指秦襄公，公元前777至前766年在位。

④庄：指齐庄公。僖：指齐僖公，名禄父，公元前730至前698年在位。

⑤蚡（fén）冒：楚国国君，名熊眴，公元前757至前741年在位。

译文

周幽王八年，郑桓公为司徒，周幽王九年，周王室开始出现动乱，周幽王十一年，周幽王与郑桓公都死了。到了周平王末年，秦国、晋国、齐国、楚国相继兴盛，秦庄公、秦襄公占领了周王室的土地，晋文侯安定了周天子，齐庄公、齐僖公成为诸侯中的小霸主，楚王蚡冒开辟了南蛮的濮地。

楚语上

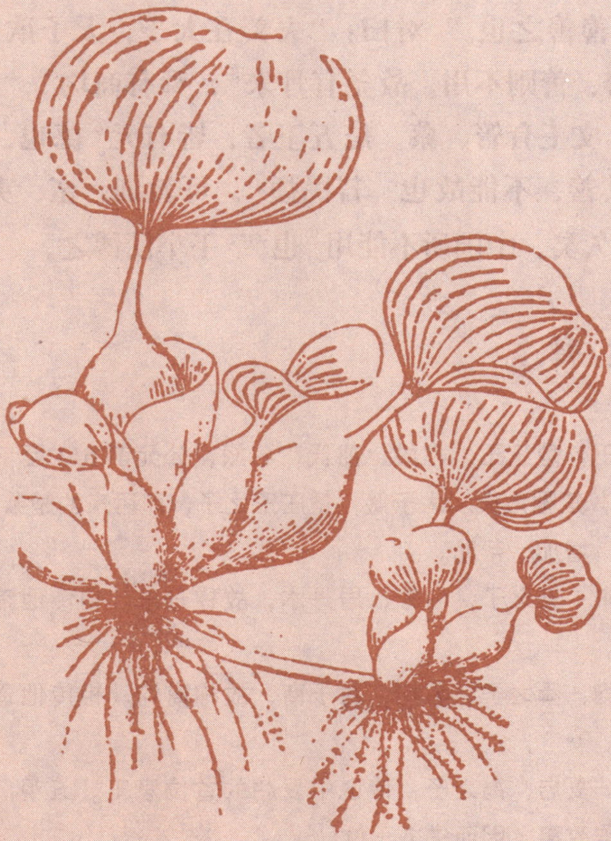

申叔时论傅太子之道

原文

庄王使士亹傅太子箴[①]，辞曰："臣不才，无能益[②]焉。"王曰："赖子之善善之也。"对曰："夫善在太子，太子欲善，善人将至；若不欲善，善则不用。故尧有丹朱[③]，舜有商均[④]，启有五观[⑤]，汤有太甲，文王有管、蔡。是五王者，皆有元[⑥]德也，而有奸子。夫岂不欲其善，不能故也。若民烦[⑦]，可教训。蛮、夷、戎、狄，其不宾[⑧]也久矣，中国所不能用[⑨]也。"王卒使傅之。

注释

①庄王：楚庄王，芈姓，熊氏，名旅，公元前613至前591年在位。士亹（wěi）：楚国大夫。太子箴：楚庄王之子，即后来的楚恭王。

②益：增加，帮助。

③丹朱：尧之子，名朱，居丹水，故称丹朱。相传他荒淫无度，所以尧禅位于舜。

④商均：舜之子，名均，封于商，故称商均。相传他昏庸无能，所以舜禅位于禹。

⑤启：夏启，禹之子，传说中夏朝的首位君王。五观：夏启之子，行事荒唐，不理政事，因而失去王位。

⑥元：大。

⑦民烦：昏乱。

⑧宾：宾服，顺服。

⑨用：听从。

译文

楚庄王派士亹教导太子箴，士亹辞谢说："我没有才能，不能对太子有所帮助。"楚庄王说："我想靠您的才德让太子变得更好。"士亹回答说："变好的关键在于太子，太子想好，那有才德的人就会来了；如果太子不想好，有才德的人教导，他也不会任用。所以尧有不肖子丹朱，舜有不肖子商均，启有不肖子五观，汤有不肖孙太甲，文王有不肖子管叔、蔡叔。这五位圣王，都有大德，却有不肖的子孙。难道他们不想让子孙学好吗？那是因为他们的不肖子孙不想学好啊。如果百姓纷乱，还是可以训导的。蛮、夷、戎、狄少数民族，他们不臣服天子已经很久了，他们已不听从中原各国。"庄王最终还是让士亹教导太子。

原文

问于申叔时[①]，叔时曰："教之'春秋'，而为之耸善而抑恶焉[②]，以戒劝其心；教之'世'[③]，而为之昭明德而废幽昏焉，以休惧其动[④]；教之'诗'，而为之导[⑤]广显德，以耀明其志；教之'礼'，使知上下之则[⑥]；教之'乐'，以疏其秽而镇其浮[⑦]；教之'令'[⑧]，使访物官[⑨]；教之'语'[⑩]，使明其德，而知先王之务用明德于民也；教之'故志'[⑪]，使知废兴者而戒惧焉；教之'训典'[⑫]，使知族类[⑬]，行比[⑭]义焉。

注释

①申叔时：楚国大夫。

②耸：扬。抑：贬黜。

③世：记载先王世系的书。

④休：嘉奖鼓励。动：行为。

⑤导：指引。

⑥则：法则。

⑦疏：洗涤，清除。镇：压制。浮：轻浮。

⑧令：先王法令。

⑨访：了解。物官：百官的职守。

⑩语：记载治国嘉言的书。

⑪故志：记载先代政治成败的书。

⑫训典：记载先王典制的书。

⑬族类：宗族，指宗族的发展、衍生。

⑭比：符合。

译文

士亹询问大夫申叔时，申叔时说："历来教育太子，可以让其懂得褒扬善行而贬抑邪恶，来劝勉他的心志；用先王的世系来教育太子，可以让太子知道有德行的人能名声显扬、昏庸的人要被废黜，来鼓励和约束他的行为；用诗歌来教育太子，对他宣扬先王的美德，来指引太子的志向；用礼仪来教育太子，可以让他知道尊卑上下的法则；用音乐来教育太子，可以让他得到疏导，洗涤他身心的污秽，使他稳重而不轻浮；用法令来教育太子，让他懂得百官的职事；用治国的嘉言来教育太子，让他发扬美德，知道先王务必以德对待百姓的道理；用古书载记来教育太子，让他懂得历代成败兴衰的道理而为之戒惧；用先王的训典来教育太子，让他知道宗族的发展、衍生，使其行为符合道义。

原文

“若是而不从，动而不悛[①]，则文咏[②]物以行之，求贤良以翼[③]之。悛而不摄[④]，则身勤[⑤]之，多训典刑以纳之，务慎惇笃以固之。摄而不彻[⑥]，则明施舍以导之忠[⑦]，明久长以导之信，明度量以导之义[⑧]，明等级以导之礼，明恭俭以导之孝，明敬戒以导之事，明慈爱以导之仁，明昭利以导之文，明除害以导之武，明精意[⑨]以导之罚，明正德以导之赏，明齐肃以耀之临[⑩]。若是而不济，不可为[⑪]也。

注释

①悛（quān）：悔改。

②咏：讽喻。

③翼：辅佐。

④摄：稳固。

⑤勤：勤勉。

⑥彻：通达。

⑦忠：慈惠仁爱。

⑧义：宜。

⑨精意：办案时的精微之意。

⑩齐：齐一。肃：敬。

⑪为：做老师。

译文

“如果这样教导，太子仍不听从，举动失当而不改，那就用文辞托物讽谏引导他的行为，寻求贤良之士辅佐他。改正了还不稳固，那就身体力行来勉励他，经常用典法常刑让他接受，努力而审慎地用笃厚的品德来巩固他。稳固了却不通达，那就阐明推己及人之义，引导他明白惠爱；阐明如何使国祚长久的道理，引导他明白诚信；讲明度量关系上要适度，引导他处事适宜；讲明上下等级的秩序，引导他明白礼法；讲明谦恭、克俭的道理，引导他明白孝道；讲明恭敬、警戒的原则，引导他明白怎样治理国事；讲明要以慈爱之心待人，引导他明白仁德；讲明如何利人利物，引导他明白文德；讲明如何铲恶除暴，引导他明白武功；讲明办案中的精微之意，引导他明白慎加惩罚；讲明待人要无所偏私，引导他明白赏赐；讲明做事要专一严肃，引导他明白怎样临朝理事。如果这样教导还不成功，就不能做他的老师了。

原文

"且夫诵诗以辅相之，威仪以先后之，体貌[①]以左右之，明行以宣[②]翼之，制节义以动行[③]之，恭敬以临监[④]之，勤勉以劝之，孝顺以纳之，忠信以发之，德音以扬之。教备而不从者，非人也。其可兴[⑤]乎！夫子践位则退[⑥]，自退则敬，否则赧[⑦]。"

注释

①体貌：指以礼相待。

②宣：周遍，全面。

③动行：行动。

④临监：监督。

⑤兴：成。

⑥夫子：指太子。退：引退。

⑦赧（nǎn）：脸红，羞愧。

译文

“况且以吟诵诗歌来辅佐他，用礼仪来帮助他，以礼相待来影响他，昭明行为来辅助他，制立节义来约束他，端庄恭敬地监督他，殷勤恳切地激励他，以孝顺之心来接纳他，用忠诚信义来感化他，用好的声誉来激励他。如此全面的教导而太子还不听从，那就不是一个可以教育好的人了，难道这样的人可以教养成人吗？太子即位您就应当引退，自己引退就显示出自重，否则就会感到惭愧。”

屈建祭父不荐芰①

原文

屈到②嗜芰。有疾，召其宗老③而属之，曰：“祭我必以芰。”及祥④，宗老将荐芰，屈建命去之。宗老曰：“夫子属之。”子木曰：“不然。夫子承楚国之政，其法刑在民心而藏在王府，上之可以比先王，下之可以训后世，虽微楚国，诸侯莫不誉。其祭典有之曰：国君有牛享，大夫有羊馈，士有豚犬之奠，庶人有鱼炙之荐，笾豆、脯醢则上下共之⑤，不羞珍异，不陈庶侈。夫子不以其私欲干国之典。”遂不用。

注释

①屈建：楚国大夫，名子木，屈到之子。芰（jì）：菱角。

②屈到：楚国卿士，名子夕。

③宗老：大夫家中掌管祭祀的家臣。

④祥：祭名，父母死十三个月而祭叫“小祥”，二十五个月而祭叫“大祥”。

⑤笾豆：古代祭祀时盛果品的竹器和盛肉的木器。脯醢：果干和肉酱。

译文

屈到喜欢吃菱角。他生病时，叫来负责祭祀的家臣，嘱咐说：“祭祀我的时候，祭品中一定要有菱角。”到了除服祭的时候，家臣准备了菱角作为祭品，屈建命令将其撤掉。家臣说：“这是您父亲嘱托的。”屈建说：“不能这样。我父亲执掌楚国的政事，他制定的法令深入民心，收藏在君王的府库里，对上可以规范君王，对下可以教导百姓，即使没有楚国，在诸侯各国也没有不称赞的。祭祀的法典上说：祭祀国君要用牛，祭祀大夫要用羊，祭祀士用小猪与狗，祭祀普通人用烤鱼，竹笾木器里装的果干和肉酱，则从国君到普通百姓都可以用，不进献珍稀的东西，不陈列过多的食品。我父亲也不能因为自己的嗜好而违背了国家的法律。”于是祭祀时便没有用菱角。

蔡声子论楚材晋用

原文

椒举娶于申公子牟[①]，子牟有罪而亡，康王[②]以为椒举遣之，椒举奔郑，将遂奔晋。蔡声子[③]将如晋，遇之于郑，飨之以璧侑[④]，曰："子尚良食[⑤]，二先子其皆相子[⑥]，尚能事晋君以为诸侯主。"辞曰："非所愿也。若得归骨于楚，死且不朽。"声子曰："子尚良食，吾归子。"椒举降三拜[⑦]，纳其乘马[⑧]，声子受之。

注释

①椒举：伍举，楚国大夫，伍子胥的祖父。申公子牟：王子牟，曾为申公。

②康王：楚康王，芈姓，熊氏，名昭，楚恭王之子。

③蔡声子：公孙归生，字子家，蔡国大夫。

④璧侑：劝人吃酒。

⑤尚：还是。良食：多进食。

⑥二先子：指椒举的父亲伍参和蔡声子父亲子朝。相：助。

⑦降：下堂。三拜：拜谢了三次。

⑧乘马：四匹马。

译文

楚国大夫椒举娶了申公子牟的女儿为妻，子牟犯罪逃亡，楚康王认为是椒举放他走的，椒举逃亡到郑国，又打算逃亡到晋国。蔡声子将出使晋国，在郑国遇见了椒举，设宴款待他，并拿出璧玉劝他饮酒，说："您努力多吃饭，我俩的先人在天之灵都会帮助您，您还能侍奉晋君并使其成为诸侯盟主。"椒举推辞说："这并非我的愿望。如果我的尸骨能回到楚国，那我死了也是不朽的。"蔡声子说："您努力多吃饭，我会想办法让您回到楚国。"椒举下堂拜谢了三次，并赠给蔡声子四匹马，蔡声子接受了。

原文

还见令尹子木，子木与之语，曰："子虽兄弟于晋，然蔡吾甥也，二国孰贤？"对曰："晋卿不若楚，其大夫则贤，其大夫皆卿材也。若杞梓①、皮革焉，楚实遗之，虽楚有材，不能用也。"子木曰："彼有公族甥舅，若之何其遗之材也？"对曰："昔令尹子元之难②，或谮王孙启③于成王，王弗是，王孙启奔晋，晋人用之。及城濮之役，晋将遁矣，王孙启与于军事，谓先轸曰：'是师也，唯子玉欲之，与王心违，故唯东宫与西广实来④。诸侯之从者，叛者半矣，若敖氏⑤离矣，楚师必败，何故去之！'先轸从之，大败楚师，则王孙启之为也。

注释

①杞梓：杞树和梓树，都是贵重的木材。

②子元之难：鲁庄公二十八年（公元前664年），楚国令尹子元企图引诱楚成王的母亲并与其私通，入宫时被捕，后被申公斗班杀死。

③王孙启：子元之子。

④东宫：楚太子的卫队。西广：楚军编制分为东广、西广。

⑤若敖氏：令尹子玉的家族。

译文

蔡声子回到楚国后会见令尹子木，子木与他谈话，说："您虽然和晋国是兄弟关系，但蔡君是我们楚王的外甥，您认为晋楚两国的卿大夫谁更贤明呢？"蔡声子回答说："晋国的正卿不如楚国的令尹，但晋国的大夫很贤明，他们都是当卿的人才。就像杞树、梓树、皮革一样，都是楚国送给晋国的，虽然楚国有人才，但自己不能使用。"子木说："晋君有公族、甥、舅之类的亲戚，为什么还要楚国送给他们人才呢？"蔡声子回答说："从前楚国令尹子元遇难，有人对楚成王说他儿子王孙启的坏话，成王不辨是非，王孙启就逃亡到晋国，晋人任用了他。等到城濮之战，晋军本来打算撤退，王孙启当时参与了晋国的军事谋划，他对晋军主帅先轸说：'楚国这次出兵，只有子玉一个人想开战，与成王的想法不一致，因此楚国只有东宫和西广两支部队参战。随从楚国前来的诸侯，叛离的在半数以上，连子玉的同族若敖氏都已经叛离了，楚军必败，为什么要撤退呢！'先轸采纳了王孙启的意见，大败楚军，这是楚人王孙启干的啊。

原文

"昔庄王①方弱，申公子仪父②为师，王子燮为傅③，使师崇、子孔帅师以伐舒④。燮及仪父施二帅而分其室。师还至，则以王如庐⑤，庐戢黎杀二子而复王⑥。或谮析公臣⑦于王，王弗是，析公奔晋，晋人用之。实谗败楚，使不规东夏⑧，则析公之为也。

注释

①庄王：楚庄王。

②子仪父：斗克，楚国大司马。子仪是他的字，父是尊称。

③王子燮：楚国公子。傅：太傅。

④师崇：潘崇，楚国太师。子孔：成嘉，楚国令尹。舒：国名，偃姓，据说是少昊后人。

⑤以：挟持。庐：楚邑名，在今湖北南漳一带。

⑥二子：指王子燮和仪父。

⑦析公臣：楚国大夫。

⑧规：占领。东夏：指楚国东面的蔡沈两国。

译文

"从前楚庄王还未成年，申公子仪父任太师，王子燮任太傅，派师崇和子孔率领军队去讨伐舒国。王子燮和仪父给两人施加罪名，瓜分了二人的家产。师崇和子孔率军队返回楚国，王子燮和仪父又挟持庄王跑到庐邑，庐邑大夫戢黎杀了王子燮和仪父，把庄王送回国都。有人对庄王说析公臣的坏话，庄王不辨是非，析公臣逃亡到晋国，晋人任用了他。这些谗言后来使楚国在绕角之战中失败，楚国不能占有东夏，这是析公臣干的啊。

原文

"昔雍子之父兄谮雍子于恭王①，王弗是，雍子奔晋，晋人用之。及鄢之役②，晋将遁矣，雍子与于军事，谓栾书③曰：'楚师可料④也，在中军王族而已。若易中下⑤，楚必歆⑥之。若合而臽吾中⑦，吾上下必败其左右⑧，则三萃⑨以攻其王族，必大败之。'栾书从之，大败楚师，王亲面伤⑩，则雍子之为也。

注释

①雍子：楚国大夫。恭王：楚恭王。

②鄢之役：指鄢陵之战。

③栾书：鄢陵之战中晋军中军主将。

④料：预测。

⑤易中下：中军和下军调换位置。

⑥歆：贪利。

⑦合：集中，汇集。臽（xiàn）：通“陷”，陷入。中：中军。

⑧上下：晋军的上军和下军。左右：楚军的左军和右军。

⑨三萃：集中上军、下军、新军。

⑩王亲面伤：指在鄢陵之战中，楚恭王的眼睛被射伤。

译文

“从前雍子的父兄对楚恭王说雍子的坏话，恭王不辨是非，雍子逃亡到晋国，晋人任用了他。等到鄢陵之战时，晋国将要撤退，雍子当时参与了晋国的军事谋划，他对晋军主帅栾书说：‘楚军可以预测，它的主力只是在中军的王族亲兵而已。如果我们调换中军、下军的位置，楚军一定会贪利中计。如果楚军来交战，就会陷入我军中军，我军的上军、下军一定能打败楚军的左军、右军，然后我们再集中上军、下军、新军的力量攻打他们的王族亲兵，一定能大败楚军。’栾书采纳了雍子的意见，大败楚军，恭王的眼睛也被射伤了，这是雍子干的啊。

原文

“昔陈公子夏为御叔娶于郑穆公①，生子南②。子南之母③乱陈而亡之，使子南戮于诸侯。庄王既以夏氏之室赐申公巫臣，则又畀之子反④，卒于襄老。襄老死于邲，二子争之⑤，未有成⑥。恭王使

巫臣聘于齐，以夏姬行，遂奔晋。晋人用之，实通吴、晋。使其子狐庸⑦为行人于吴，而教之射御，导之伐楚。至于今为患，则申公巫臣之为也。

注释

①公子夏：陈宣公之子，御叔之父。郑穆公：郑国国君，公元前627至前606年在位。

②子南：夏徵舒，字子南，御叔之子。

③子南之母：指郑穆公之女夏姬。夏姬嫁给御叔，御叔早死，夏姬与陈灵公、孔宁等人私通，子南杀死陈灵公，后楚庄王率诸侯讨伐子南，灭陈。

④畀（bì）：赏赐。子反：公子侧，楚国司马。

⑤二子：指子反和申公巫臣。之：指夏姬。

⑥成：结果。

⑦狐庸：巫臣之子。

译文

"从前陈公子夏给御叔娶了郑穆公的女儿夏姬为妻，生下子南。子南的母亲夏姬淫乱陈国而导致陈国灭亡，子南被诸侯杀死。楚庄王先把夏姬赏赐给申公巫臣，接着又赏赐给司马子反，最后又赏赐给了襄老。襄老在邲之战中死去，子反和申公巫臣两人争夺夏姬，没有结果。恭王派申公巫臣出使齐国，申公巫臣带着夏姬同行，于是逃亡到了晋国。晋人任用了他，是他沟通了吴国和晋国的关系。申公巫臣还派他的儿子狐庸在吴国当外交官，教吴军驾车射箭，引导吴军进攻楚国。一直到今天，吴国还是楚国的祸患，这是申公巫臣干的啊。

原文

“今椒举娶于子牟，子牟得罪而亡，执政弗是，谓椒举曰：‘女实遣之。’彼惧而奔郑，缅然引领南望，曰：‘庶几赦吾罪。”又不图也，乃遂奔晋，晋人又用之矣。彼若谋楚，其亦必有丰败[①]也哉。”

注释

①丰败：惨败。

译文

“现今椒举娶了子牟的女儿为妻，子牟犯罪逃亡了，楚国的执政不辨是非，对椒举说：‘是你放走了子牟。’椒举恐惧而逃亡到郑国，他远远地伸长脖子望着南方，说：‘也许楚国能赦免我的罪吧。”楚国如果不处置好这件事，他就会逃亡到晋国，晋人又将任用他了。如果他谋取楚国，势必会给楚国带来惨败啊。”

原文

子木愀然[①]曰：“夫子何如，召之其来乎？”对曰：“亡人得生，又何不来为？”子木曰：“不来，则若之何？”对曰：“夫子不居矣，春秋相事[②]，以还轸[③]于诸侯。若资东阳之盗使杀之[④]，其可乎？不然，不来矣。”子木曰：“不可。我为楚卿，而赂盗以贼一夫于晋[⑤]，非义也。子为我召之，吾倍其室[⑥]。”乃使椒鸣[⑦]召其父而复之。

注释

①愀（qiǎo）然：忧虑的样子。

②春秋相事：一年四季要奉命出使。

③还轸：回车。

④资：出资买通。东阳：楚国地名。

⑤赂：贿赂，收买。贼：暗杀。

⑥室：家产。

⑦椒鸣：椒举之子。

译文

子木忧虑地说："那该怎么办，如果召他，他会回来吗？"声子回答说："逃亡的人已经获得生路，怎么会不回来呢？"子木说："要是他不回来，又该怎么办呢？"声子回答说："那您就不能安居了，一年四季要奉命出使，乘车遍访各国诸侯。如果收买东阳强盗暗杀他，可以吗？不然的话，他就不愿回来了。"子木说："不可以。我身为楚卿，却收买强盗到晋国去杀一个人，这是不义的事。您替我召回他，我会加倍给他家产。"子木于是派椒鸣召其父亲回国，并恢复他的大夫职位。

伍举论台美而楚殆

原文

灵王为章华之台[①]，与伍举升焉[②]，曰："台美夫！"对曰："臣闻国君服宠[③]以为美，安民以为乐，听德[④]以为聪，致远[⑤]以为明。不闻其以土木之崇高、彤镂为美[⑥]，而以金石匏竹之昌大[⑦]、嚣庶为乐；不闻其以观大、视侈、淫色以为明，而以察清浊为聪[⑧]。

注释

①灵王：楚灵王，芈姓，熊氏，名虔，公元前 540 至前 529 年在位。章华：地名，在今湖北监利西北离湖上。

②伍举：椒举，楚国大夫。升：登。

③服宠：受到尊崇。

④听德：听从有德的人。

⑤致远：使远方的人归附。

⑥彤：涂丹漆。镂：雕刻花纹。

⑦金：钟。石：磬。匏（páo）：笙。竹：箫管。

⑧察：分辨。清浊：音乐的清越与低沉。

译文

楚灵王建造了章华台，和大夫伍举一起登了上去，说："这高台真美呀！"伍举说："我听说国君把有德且受到尊崇当作美，把安定百姓当作乐，把能听从有德的人当作耳聪，把能招致远方的人归附当作眼明。我没有听说把土木建筑的高大和雕梁画栋当作美，把钟磬、笙箫等演奏乐队的盛大和喧哗当作乐；没有听说过把观赏的场面大、看到的东西奢侈、迷乱于姿色当作眼明，而把能分辨音乐的清浊当作耳聪。

原文

"先君庄王为匏居之台①，高不过望国氛②，大不过容③宴豆，木不妨守备④，用不烦官府⑤，民不废时务，官不易朝常⑥。问谁宴焉，则宋公、郑伯⑦；问谁相礼⑧，则华元、驷骈⑨；问谁赞⑩事，则陈侯、蔡侯、许男、顿子⑪，其大夫侍之。先君以是除乱克敌，而无恶于诸侯。今君为此台也，国民罢焉，财用尽焉，年谷败焉⑫，百官烦焉，举国留⑬之，数年乃成。愿得诸侯与始升焉，诸侯皆距⑭无有至者。而后使太宰启疆请于鲁侯⑮，惧之以蜀之役⑯，而仅得以来。使富都那竖赞焉⑰，而使长鬣⑱之士相焉，臣不知其美也。

注释

①匏居之台：台榭名。

②氛：气象，情势。

③容：容纳。

④妨：妨害。守备：指用于制作守城器材的材料。

⑤不烦官府：不增加官府的负担。

⑥朝常：上朝的常规。

⑦宋公、郑伯：指宋郑两国朝见楚国。

⑧相礼：相导朝见之礼。

⑨华元：宋国之卿。驷騑：公子騑，郑穆公之子。

⑩赞：助。

⑪陈侯、蔡侯、许男、顿子：陈国、蔡国、许国、顿国的君主。

⑫年谷：指年景，收成。败：歉收。

⑬留：用手筑土。

⑭距：通“拒”，拒绝。

⑮启疆：薳启疆，楚国卿士。鲁侯：鲁昭公。

⑯蜀之役：指鲁成公二年楚国攻伐鲁国直到蜀地的战役。鲁国恐惧，因此派人和楚国结盟。

⑰富：容貌好。都：美好。那：俊美。竖：竖子，小臣。赞：佐助行礼。

⑱长鬣（liè）：长胡须。这里指高大、健硕的人。

译文

“先君庄王曾建造匏居之台，高度不过是便于观望国家吉凶的气象，台的大小不过能够容纳宴会俎豆，用的木材不占用国家守备，财用不增加官府开支，民众不至于荒废农时，官吏不打乱上朝的常规。说到宴请的有谁，是宋公、郑伯这类大国国君；说到有谁相助行礼，是宋卿华元、郑卿驷騑这类贤大夫；说到有谁辅佐庄王会盟之事，是陈侯、蔡侯、许男、顿子这些盟国国君，他们的大夫各自陪侍自己的国君。先君就是这样消除战乱战胜敌人的，且不得罪诸侯。如今君王建造了这高台，楚国民众为此疲惫不堪，楚国财用为此花光，年成为此歉收，百官为此厌烦，举国上下都来筑造，用了好几年才建成。您希望有诸侯一起登台，可是诸侯都拒绝了，没人肯来。后来您派太宰薳启疆请鲁侯前来，并用蜀之役相威胁，鲁侯才勉强来楚。您派俊美、娴雅的少年辅佐赞礼，派长髯美须、高大健硕的人相助行礼，我不知道这有什么美的。

原文

“夫美也者，上下、内外、小大、远近皆无害焉，故曰美。若于目观则美，缩[①]于财用则匮，是聚民利以自封而瘠民也[②]，胡美之为？夫君国者，将民之与处；民实瘠矣，君安得肥？且夫私欲弘侈[③]，则德义鲜少；德义不行，则迩者骚离而远者距违[④]。天子之贵也，唯其以公侯为官正[⑤]，而以伯子男为师旅[⑥]。其有美名也，唯其施令德于远近，而小大安之也。若敛民利以成其私欲，使民蒿[⑦]焉忘其安乐，而有远心[⑧]，其为恶也甚矣，安用目观？

注释

①缩：乱用。

②封：厚。瘠民：使百姓贫瘠、困乏。

③弘侈：大而多。

④迩：近。骚离：骚动，叛离。远者：指邻国。距违：违命。

⑤官正：官吏之长。

⑥师旅：古代的军队编制。这里指统率军队。

⑦蒿：消耗。

⑧远心：叛离之心。

译文

“所谓美，是指对上下、内外、小大、远近都没有妨害，所以才叫美。如果眼睛看起来是美的，胡乱用财导致匮乏，这是搜刮民财使自己富有却让民众穷困，这样有什么美的呢？当国君的人，要与民众共处；民众贫穷、瘦弱了，君主怎么能肥厚呢？况且人的私欲太大太多，德义就不能施行；德义不能施行，就会使近处的人忧愁叛离，远方的人抗拒违命。天子的尊严，就体现在他把公、侯当作官长，而让伯、子、男统率军队。天子之所以享有美名，正是因为他把美德布施给远近之处，使大小诸侯都得到安定。如果聚敛民财来满足自己的私欲，使民众忧伤而失去安乐，从而产生叛离之心，那造成的罪恶就大了，看上去好看又有什么用呢？

原文

“故先王之为台榭[1]也，榭不过讲军实[2]，台不过望氛祥[3]。故榭度于大卒之居[4]，台度于临观之高。其所不夺穑地[5]，其为不匮财用，其事不烦官业[6]，其日不废时务。瘠硗[7]之地，于是乎为之；城守之木[8]，于是乎用之；官僚之暇，于是乎临之；四时之隙[9]，于是乎成之。故《周诗》曰：‘经始灵台[10]，经之营之。庶民攻[11]之，不日[12]成之。经始勿亟[13]，庶民子来[14]。王在灵囿[15]，麀鹿攸伏[16]。’夫为台榭，将以教民利也，不知[17]其以匮之也。若君谓此台美而为之正[18]，楚其殆矣！”

注释

①台榭：积土为台，无室曰榭。

②讲：讲习，演示。军实：军事。

③氛祥：显示凶兆和祥瑞的云气。

④度：衡量。大卒：君王的士卒。

⑤夺：占用。穑地：农田。

⑥烦：扰乱。官业：官府里的事务，公务。

⑦瘠硗（qiāo）：土壤坚硬、贫瘠。

⑧木：应为“末”，指筑城的余料。

⑨隙：闲暇。

⑩经：测量。灵台：天子之台。

⑪攻：治。

⑫不日：没过多久。

⑬亟：急迫。

⑭子来：像子女孝顺父母一样。
⑮王：周文王。灵囿：灵台中的园囿。
⑯麀（yōu）鹿：母鹿。伏：伏卧。
⑰不知：没有听说。
⑱正：正确。

译文

“所以先王建造台榭，榭不过是用来讲习军事的，台不过是用来观望气象吉凶的。因而榭只要能在上面可以检阅士卒，台只要能达到登临观望气象吉凶的高度就行了。台榭的场所不应该侵夺农田，建造台榭不使国家的财用匮乏，建造台榭的事务不烦扰正常的官员行政，建造台榭的时间不妨碍农时。贫瘠的土地，可以作为台榭的场所；建造城防剩余的木料，可以用作建造台榭的材料；官员在闲暇时间，可以光临台榭观赏；四季农闲时，可以作为建造台榭的时机。因此《诗经·大雅·灵台》说：‘经营建造灵台，经营它，建造它。庶民来营造，很快就修成了。开始建造时不用着急，庶民会像子女为父母服务一样前来。周文王来到了园林，母鹿悠然地躺在草地上。’建造台榭，是为了让百姓获得利益，没有听说是为了使百姓匮乏的。如果您认为这高台很美，事情做得很对，那楚国就危险了！”

白公子张[1] 讽灵王宜纳谏

原文

灵王虐，白公子张骤谏[2]。王患之，谓史老[3]曰："吾欲已子张之谏，若何？"对曰："用之实难，已之易矣。若谏，君则曰余左执鬼中，右执殇宫，[4]凡百箴谏，吾尽闻之矣，宁闻他言？"

注释

①子张：楚国大夫。

②骤：屡次。

③史老：指楚国大夫申公子亹。

④"君则"二句：意谓自己能驱使鬼神，万物的情状无不在掌握之中。中，指身体。殇，指死神。

译文

楚灵王暴虐无道，白公子张多次劝谏。灵王很是反感，对史老说："我该如何制止子张的劝谏呢？"史老回答说："接纳谏言很难，但制止它很容易。若他再次劝谏，您就说自己能役使鬼神，万物的情状无不尽在掌握之中，哪里需要听什么劝告？"

原文

白公又谏，王如史老之言。对曰："昔殷武丁能耸其德[①]，至于神明，以入于河[②]，自河徂亳[③]，于是乎三年，默以思道。卿士患之，曰：'王言以出令也，若不言，是无所禀令也。'武丁于是作书，曰：'以余正四方，余恐德之不类，兹故不言。'如是而又使以象梦[④]旁求四方之贤，得傅说[⑤]以来，升以为公，而使朝夕规谏，曰：'若金，用女作砺。若津水，用女作舟。若天旱，用女作霖雨。启乃心，沃朕心。若药不瞑眩[⑥]，厥疾不瘳[⑦]。若跣[⑧]不视地，厥足用伤。'若武丁之神明也，其圣之睿广也，其智之不疚也，犹自谓未乂[⑨]，故三年默以思道。既得道，犹不敢专制，使以象旁求圣人。既得以为辅，又恐其荒失遗忘，故使朝夕规诲箴谏，曰：'必交修余，无余弃也。'今君或者未及武丁，而恶规谏者，不亦难乎！

注释

①武丁：殷高宗。耸：敬。

②河：黄河。这里指河内地区。

③徂：往。亳：地名，在今河南商丘。

④象梦：梦象。意谓以所梦之人作象而使求之。

⑤傅说：武丁时期的重臣。

⑥瞑眩：服药后出现的恶心、头眩、胸闷等反应。

⑦瘳：病愈。

⑧跣：赤脚。

⑨乂：治。指修身。

译文

白公又向灵王劝谏，灵王将史老的话转述给白公听。白公回答说：“从前殷高宗武丁注重修养的德行，与神明相通，将都城迁往河内，然后又将都城迁移到亳，此后三年，武丁沉默不语，专注于思考治国之道。大臣们非常担忧，向武丁劝谏说：‘君王通过说话来发布命令，若君王沉默不语，我们将无所适从。’于是，武丁颁布诏书，说：‘因为我担心我的德行不够而治理不好天下，所以我才不讲话。’然后，武丁又派人依据自己梦中所见的形象四处寻访贤人，得到了傅说并把他请来，破格升为上公，让他早晚都向自己进谏，说：‘我若是兵器，你就是磨刀石。我要是渡河，你就是渡船。天若有大旱，你就是甘霖。敞开你的心扉，滋润我的心田。若药力无法使人有眩晕感，疾病也就不会快速消除。若光着脚走路不注意地面，脚就容易受伤。’像武丁那样和神明相通，他睿智广博，他的智慧无可挑剔，尚且担心自己的修养不够，所以沉默三年来思考治国之道。就算他已明了为君之道，依旧不敢自专独断，四处寻访贤人来辅佐自己。对已经得到了贤人，还怕有所疏忽，叫他早晚进谏，说：‘一定要不厌其烦地教导我，不要抛弃我。’现在您也许赶不上武丁，却讨厌规谏您的人，您这样治理国家不是太困难了吗！

原文

“齐桓、晋文，皆非嗣也，还轸①诸侯，不敢淫逸，心类②德音，以德有国。近臣谏，远臣谤，舆人诵，以自诰③也。是以其人也，四封不备一同④，而至于有畿⑤田，以属⑥诸侯，至于今为令君。桓、文皆然，君不度忧于二令君，而欲自逸也，无乃不可乎？《周诗》有之曰：‘弗躬弗亲，庶民弗信。’臣惧民之不信君也，故不敢不言。不然，何急其以言取罪也？”

注释

①还轸：指流亡在外，居无定所。

②类：认同。

③诰：同“告”。

④备：满。同：方圆百里。

⑤畿：方圆千里。

⑥属：会。

译文

“齐桓公与晋文公，都不是嫡长子，他们在诸侯国之间辗转流离，没有享受片刻的安逸，始终怀揣美好的道德，并最终因为修养德行而成为国君。他们身边有大臣劝谏，远方的臣子批评，众人讽诵议论，都能虚心纳谏，以此来规范自己的言行。因此，他们刚回国即位时，疆域不足方圆百里，后来拓展至方圆千里，凭借美好的德行与强大的国力称霸诸侯，直至现在依旧被奉为贤君。齐桓公、晋文公皆是如此，您不担忧赶不上两位贤君的功业，却贪图安逸，这样恐怕不行吧？《周诗》上说：‘国君不亲自处理政事，百姓不会信任国君。’我担心百姓不信任您，因此不敢不进谏。不然的话，我何必冒着获罪的风险而执意向您进谏呢？”

原文

王病之，曰：“子复语。不榖虽不能用，吾慭[①]置之于耳。”对曰：“赖君用之也，故言。不然，巴浦之犀、犛、兕、象[②]，其可尽乎，其又以规为瑱[③]也？”遂趋而退，归，杜门不出。七月，乃有乾溪[④]之乱，灵王死之。

注释

①慭（yìn）：愿意。

②巴浦：楚国地名。犛（máo）：同“牦”，牦牛。

③瑱（tián）：古人冠冕上用玉、石、牙等制成的垂在两侧的装饰物，可以用来塞耳。

④乾溪：地名。

译文

灵王愧疚地说：“您继续说。我愿意听取您这些谏言，虽然我可能不是全部都能做到。”白公回答说：“我之所以向您劝谏，就是希望您能接受并践行我对您说的话。不然的话，巴浦之地的犀牛、牦牛、兕、象的角与牙齿做的耳瑱，能用得完吗？哪里还要我的谏言来做耳瑱呢？”于是快步退了下去，不再劝谏，回到家中，闭门不出。七个月之后，乾溪之乱就发生了，灵王死于叛乱之中。

左史倚相儆司马子期[①]唯道是从

原文

司马子期欲以妾为内子[②]，访之左史倚相，曰：“吾有妾而愿，欲笄之，其可乎？”对曰：“昔先大夫子囊违王之命谥；子夕[③]嗜芰，子木有羊馈而无芰荐。君子曰：违而道。谷阳竖爱子反之劳也[④]，

而献饮焉，以毙于鄢；芋尹申亥⑤从灵王之欲，以陨于乾溪。君子曰：从而逆。君子之行，欲其道也，故进退周旋，唯道是从。夫子木能违若敖⑥之欲，以之道而去芰荐，吾子经营楚国，而欲荐芰以干之，其可乎？”子期乃止。

注释

①子期：公子结，楚平王之子。

②内子：卿大夫的嫡妻。

③子夕：指屈到，楚国卿士。

④谷阳竖：子反的内臣。子反：公子侧，楚国大将。

⑤芋尹申亥：申无宇之子。

⑥若敖：屈到。

译文

司马子期想将爱妾立为正妻，向左史倚相咨询意见，说：“我有个妾谨慎本分，我想将她扶为正妻，这样合适吗？”倚相回答说：“以前，大夫子囊不执行楚恭王的遗命要用的谥号；子夕喜欢吃菱角，子木用羊祭祀而非菱角。君子评价这些行为，说：这虽然违反了君父的命令，但符合道义。谷阳竖怜惜子反的辛劳，献酒给他喝，结果子反死在鄢地；芋尹申亥满足了楚灵王的欲望，结果灵王死在乾溪。君子评价这些行为，说：这虽然是顺从，但违背了道理。君子行事，要符合道义，所以进退周旋，都要服从道义。子木没有满足父亲的欲望，为符合道义而不用菱角，您执掌楚国的政事，也想做出用菱角祭祀那样违犯道义的事，可以吗？”于是子期放弃了这个想法。

楚语下

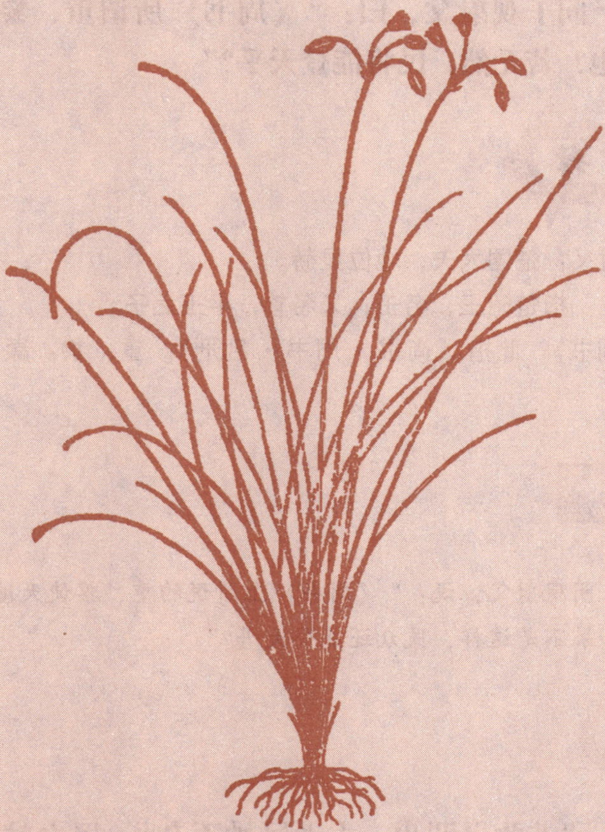

观射父[1] 论绝地天通

原文

昭王[2]问于观射父，曰：“《周书》所谓重、黎实使天地不通者[3]，何也？若无然，民将能登天乎？”

注释

①观射父：楚国大夫，地位显赫。

②昭王：指楚昭王，名壬，又名轸，平王之子。

③《周书》：此指《尚书·周书·吕刑》。重、黎：颛顼帝时期的两位大臣。

译文

楚昭王问观射父，说：“《周书》上所说的重、黎使天地无法相通，是怎么回事？如果不是这样，民众还能登天吗？”

原文

对曰：“非此之谓也。古者民神不杂[1]。民之精爽不携贰者[2]，而又能齐肃衷正[3]，其智能上下比义[4]，其圣能光远宣朗[5]，其明能光照之，其聪能听彻[6]之，如是则明神降[7]之，在男曰觋[8]，在女曰

巫。是使制神之处位次主⑨，而为之牲器时服⑩，而后使先圣之后之有光烈⑪，而能知山川之号、高祖之主、宗庙之事、昭穆之世、齐敬之勤、礼节之宜、威仪之则、容貌之崇、忠信之质、禋洁之服⑫，而敬恭明神者，以为之祝⑬。使名姓⑭之后，能知四时之生、牺牲之物、玉帛之类、采服之仪、彝器之量、次主之度、屏摄之位、坛场之所、上下之神、氏姓之出⑮，而心率旧典者为之宗⑯。于是乎有天地神民类物⑰之官，是谓五官⑱，各司其序，不相乱也。民是以能有忠信，神是以能有明德，民神异业⑲，敬而不渎⑳，故神降之嘉生㉑，民以物享㉒，祸灾不至，求用不匮。

注释

①民神不杂：指司民、司神之官各异。

②爽：（精神）清明。携：离，分散。贰：二。

③齐：一。肃：敬。衷：中。

④比义：比度。

⑤圣：（思想）通达。光远：广远。宣朗：明朗。

⑥彻：通达，透彻。

⑦降：下。

⑧觋（xí）：为人向鬼神祈祷的男巫。

⑨处：居。位：祭位。次主：尊卑的先后次序。

⑩牲：指牲畜的毛色、大小。器：祭器。时服：不同季节的服色。

⑪光烈：光明。

⑫号：名号。昭穆：祖宗神主的排列次序，父昭居左，子穆居右，始祖居中。齐（zhāi）：庄。崇：修饰。禋（yīn）：祭天之礼。

⑬祝：太祝，掌管祈求幸福吉祥。

⑭名姓：指旧族。

⑮生：万物生长。类：类别。采服：祭祀时所穿的服饰。彝器：用于祭祀的鼎、尊、俎、豆等器物。量：数量。次主之度：按照亲疏排列神主的次序。屏摄之位：祭祀时所处的位置，有严格的尊卑次序。

⑯率：遵照。宗：宗伯，掌祭祀礼仪。

⑰类物：别善恶、利器用之官。

⑱五官：五行之官。木正句芒，火正祝融，金正蓐收，水正玄冥，土正后土。

⑲异业：异事。

⑳渎：亵渎。

㉑嘉生：吉祥事物。

㉒民以物享：民众把食物献祭给神。

译文

观射父回答说："《周书》说的不是这个意思。古时候，司民、司神之官不混杂。民众之中那些精神专注不二又能恭敬中正的人，他们的才智能使天地上下各得其宜，他们的圣明广远明朗，他们能够能洞察一切，他们的耳能够通达四方，这样神明就会下附到他们身上，具备这种能力的男性叫作觋，具备这种能力的女性叫作巫。让这些人制定神灵居所和祭位次序，规定祭祀用的牺牲、祭器、四时祭服，然后让先圣的后裔中品质光明，懂得山川名号、远祖神主、宗庙事务、昭穆世系、庄敬勤谨、礼节适宜、威仪规则、容貌修饰、忠信品质、洁祀祭服，并能够恭敬神明的人担任太祝。让那些有名的家族后裔中能够懂得四时物产、牺牲动物、玉帛类别、祭服准仪、彝器数量、神主次序、祭者位次、祭坛场所、上下神祇、氏姓出处，诚心遵循旧法的人做宗伯。于是就有了掌管天地神民以及各种事务的官员，叫作金正、木正、水正、火正、土正五官，各司其职，不相混乱。下民因此能讲忠信，神灵因此能有明德，民和神的事不相混同，恭敬而不亵渎，所以神灵降下吉祥的事物，下民把食物献祭给神，灾祸才不会到来，财用才不会匮乏。

原文

"及少皞[①]之衰也，九黎[②]乱德，民神杂糅[③]，不可方物[④]。夫人作享[⑤]，家为巫史[⑥]，无有要质[⑦]。民匮于祀，而不知其福。烝享[⑧]无度，民神同位。民渎齐[⑨]盟，无有严威[⑩]。神狎[⑪]民则，不蠲[⑫]其为。嘉生不降，无物以享。祸灾荐[⑬]臻，莫尽其气[⑭]。颛顼[⑮]受之，

乃命南正重司天以属神⑯，命火正黎司地以属民，使复旧常，无相侵渎，是谓绝地天通⑰。

注释

①少皞（hào）：金天氏，黄帝之子，传说中古代东夷族的首领。
②九黎：古代南方的少数民族部落。
③杂糅：混杂相扰。
④方物：分辨名实。
⑤享：祭祀。
⑥巫史：能与神灵相通的人。
⑦质：诚信。
⑧烝享：献祭。
⑨齐：同“斋”。
⑩威：畏。
⑪狎：习以为常。
⑫蠲（juān）：清洁。
⑬荐：重，反复。
⑭气：精气，生气。
⑮颛顼：高阳氏，黄帝的曾孙。
⑯正：长，指主管官员。属：会，沟通。
⑰绝地天通：断绝地民与上天的相通之道。

译文

“到少皞氏衰落，南方九黎破坏已有的秩序，地民和天神相混杂，不能分辨名物。人人都举行祭祀，家家都自为巫史，没有了盟誓的诚信。民众因泛滥祭祀而穷于祭祀，因而得不到神灵赐福。祭祀没有法度，地民和天神处于同等位置。民众亵渎斋戒、盟誓，缺乏对天神的敬畏之心。天神对民众的祭祀法则习以为常，也不求祭祀的洁净。祥瑞的事物不再降生，民众没有食物献祭。灾害频频发生，民众不能尽情发挥人之生气而早夭。颛顼受命为王，于是命令南正重主管天来会合众神，命令火正黎主管地来会合众民，让祭祀恢复原来的秩序，不要互相侵犯、轻慢，这就是所说的断绝地民与上天的相通之道。

原文

“其后，三苗[①]复九黎之德，尧复育重、黎之后[②]，不忘旧者，使复典之。以至于夏、商，故重、黎氏世叙[③]天地，而别其分[④]主者也。其在周，程伯休父[⑤]其后也，当宣王时，失其官守，而为司马氏。宠[⑥]神其祖，以取威于民，曰：‘重实上天，黎实下地。’遭世之乱[⑦]，而莫之能御[⑧]也。不然，夫天地成而不变，何比[⑨]之有？”

注释

①三苗：继九黎之后，对南方各部落的总称。

②重、黎之后：指羲氏、和氏。

③叙：同“序”，排序。

④分：名位。

⑤程伯休父：黎氏的后代休父，封为程国伯，曾任周王室大司马。

⑥宠：尊宠。

⑦遭世之乱：指西周幽王时政治动乱。

⑧御：阻挡。

⑨比：接近。

译文

“后来，三苗继承了九黎的凶德，唐尧重新培育了重、黎的后代，使他们不忘先人的事业，让他们重新担任主管天地的官员。一直到夏朝、商朝，仍旧由重、黎的后人世世代代主管天地，分别民与神的位次。到了周朝，程伯休父是他们的后代，周宣王时，程伯休父失去掌管天地的官位，担任大司马。程伯休父的后代为了尊崇、神化他们的祖先，在民众间树立威严，说：‘重能把天向上举，黎能把地向下抑。’后来恰逢周幽王时的动乱，没有谁能制止这种说法。否则，天地形成以后不再变化，天和地哪里有相接近的呢？”

观射父论祀牲

原文

子期祀平王[①]，祭以牛俎于王[②]，王问于观射父，曰：“祀牲何及？”对曰：“祀加于举[③]。天子举以大牢，祀以会；诸侯举以特牛，祀以太牢；卿举以少牢[④]，祀以特牛；大夫举以特牲，祀以少牢；士食鱼炙，祀以特牲；庶人食菜，祀以鱼。上下有序，则民不慢。”

王曰：“其小大何如？”对曰：“郊禘不过茧栗[⑤]，烝尝[⑥]不过把握。”王曰：“何其小也？”对曰：“夫神以精明临民者也，故求备物，不求丰大。是以先王之祀也，以一纯、二精、三牲、四时、五色、六律、七事、八种、九祭、十日、十二辰以致之[⑦]，百姓[⑧]、千品、万官、亿丑，兆民经入畡数以奉之，明德以昭之，和声以听之，以告遍至，则无不受休。毛以示物，血以告杀，接诚拔取以献具，为齐敬也。敬不可久，民力不堪，故齐肃以承之。”

王曰：“刍豢[⑨]几何？”对曰：“远不过三月，近不过浃日[⑩]。”王曰：“祀不可以已乎？”对曰：“祀所以昭孝息民、抚国家、定百姓也，不可以已。夫民气纵则底，底则滞，滞久而不振，生乃不殖。其用不从，其生不殖，不可以封。是以古者先王日祭、月享、时类、岁祀[⑪]。诸侯舍日，卿、大夫舍月，士、庶人舍时。天子遍祀群神品物，诸侯祀天地、三辰[⑫]及其土之山川，卿、大夫祀其礼，士、庶人不过其祖。日月会于龙豵[⑬]，土气含收，天明昌作，百嘉备舍，群神频行。国于是乎蒸尝，家于是乎尝祀，百姓夫妇择其令辰，奉其牺牲，敬其粢盛，洁其粪除，慎其采服，禋其酒醴，帅其子姓，从其时享，虔其宗祝，道其顺辞，以昭祀其先祖，肃肃济济，如或临之。于是乎合其州乡朋友婚姻，比尔兄弟亲戚。于是乎弭其百苛，殄其谗慝，合其嘉好，结其亲暱，亿其上下，以申固其姓。上所以教民虔也，下所以昭事上也。天子禘郊之事，必自射其牲，王后必自舂其粢；诸侯宗庙之事，必自射牛、刲羊、击豕，夫人必自舂其盛。况其下之人，其谁敢不战战兢兢，以事百神！天子亲舂禘郊之盛，王后亲缲其服，自公以下至于庶人，其谁敢不齐肃恭敬致力于神！民所以摄固者也，若之何其舍之也！”

王曰：“所谓一纯、二精、七事者，何也?”对曰：“圣王正端冕[14]，以其不违心，帅其群臣精物以临监享祀，无有苛慝于神者，谓之一纯。玉、帛为二精。天、地、民及四时之务为七事。”王曰：“三事者，何也?”对曰：“天事武，地事文，民事忠信。”王曰：“所谓百姓、千品、万官、亿丑、兆民经入畡数者，何也?”对曰：“民之彻官百。王公之子弟之质能言能听彻其官者，而物赐之姓，以监其官，是为百姓。姓有彻品，十于王谓之千品。五物[15]之官，陪属万为万官。官有十丑，为亿丑。天子之田九畡[16]，以食兆民，王取经入焉，以食万官。”

注释

①平王：指楚平王。

②王：指楚昭王。

③举：指平时宰杀牲畜作为丰盛的食物。

④少牢：祭祀时仅用猪、羊，称少牢。

⑤郊禘：宗庙四时的祭祀之一，指每年夏天举行的夏祭。茧栗：蚕茧和栗子。这里用来形容牲畜的角初生时的形状。

⑥烝尝：冬祭称烝，秋祭称尝。

⑦二精：指玉和帛。七事：指天、地、民和四季。八种：指金、石、丝、

竹、匏、土、革、木八音。九祭：九州助祭。十日：指天干从甲至癸十个日数。十二辰：指地支从子至亥十二个时辰。

⑧百姓：指受姓氏的百官。

⑨刍豢：吃草的牲畜称刍，吃谷的牲畜称豢。

⑩浃日：古代以干支记日，称从甲至癸一周十天为浃日。

⑪月享：每月的祭祀。时类：四季的祭祀。

⑫三辰：指日、月、星。

⑬尨：指龙尾星宿。

⑭端冕：朝服和大冠。

⑮五物：指天、地、民、神、物。

⑯九畡：九州土地。

译文

子期祭祀楚平王，将祭祀的牛肉送给楚昭王，昭王问观射父，说："祭祀用的牲畜有哪些？"观射父回答说："祭祀比平时杀牲的盛馔要丰富得多。天子平时的盛馔用牛、羊、猪齐全的太牢，祭祀时要献上三份太牢；诸侯平时的盛馔用一头牛，祭祀时要献上太牢；卿平时的盛馔用一只羊、一头猪的少牢，祭祀时要献上一头牛；大夫平时的盛馔用一头猪，祭祀时要献上一只羊、一头猪的少牢；士平时的盛馔用鱼肉，祭祀时要献上一头猪；百姓平时吃菜蔬，祭祀时要献上烤鱼。尊卑有别，百姓就不敢怠慢。"

昭王接着问道："祭祀用的牲畜大小如何？"观射父回答说："春夏季节祭祀所使用的牲畜，它的角不超过蚕茧与栗子的大小；秋冬季节的祭祀所使用的牲畜，它的角不超过一把那么长。"昭王说："为何会如此小呢？"观射父回答说："上天的神明依靠精细明察来监临百姓，所以祭品追求的是齐全而不是硕大。因此，先王的祭祀，秉持一颗纯洁的心，再奉献神明玉帛二精、牛羊猪三牲、四季谷物、五种色彩、六种音律、七件大事、金石八音、九州助祭，从干支十日和十二时辰中选择良辰吉日来祭祀神明，百姓、千品、万官、亿类、万兆民众以所有的收成献祭神明，用光明的德行来彰显孝敬，演奏和谐的乐声给神听，遍告神灵都来到，都来享受吉庆。用毛表示颜色，用血表明是刚杀的牲畜，拔毛取血来奉献完备的祭品，以向神表明诚心，为的是显示严肃恭敬。百姓没有那么丰厚的财物来支撑持续太久的祭祀活动，所以牲畜生长一段时间之后就要赶快奉献给神明。”

昭王又问：“祭祀的牲畜一般要喂养多长时间呢？”观射父回答说：“大的是三个月，小的是十天。”昭王说：“这种耗费财力的祭祀可以废除吗？”观射父回答说：“祭祀的目的是宣扬孝道、繁育人口、安抚国家、安定百姓，是万万不能废除的。百姓放纵了就会变得堕落，堕落就会不事生产，到时候会导致百业凋敝、万物不再生长。百姓不服从管教，又不事生产，也就无法使国家富强。因此，天子有每天的祭祀、每月的祭祀、四季的祭祀和每年的祭祀。诸侯舍去每天的祭祀，卿和大夫舍去每月的祭祀，士和百姓舍去四季的祭祀。天子祭祀万物、神明，诸侯祭祀天地、日月星辰及山川，卿和大夫祭祀礼仪规定的五祀与祖先，士和百姓祭祀祖先。日月交会在苍龙七宿的尾宿时，地气收敛，天气晴爽，百姓储备了粮食，群神活动频繁。国这时会进行秋祭和冬祭，家这时也会进行秋祭和冬祭，百姓会选择良辰，献出祭牲，奉上黍稷，打扫卫生，庄重地穿好祭祀的服装，过滤好甜酒，带着子弟和亲族，进行四季的祭祀，主持祭祀的宗祝会虔诚地诵读祷告的祭辞，隆重地祭祀他们的先祖，恭敬有加又济济一堂，如神灵降临一般。这时百姓会集合各地的亲朋好友，兄弟和亲戚之间相互亲近，消除各种纠纷，去除种种怨恨和邪念，大家友好相处，团结一心，上下安定，以发展、巩固自己的族姓。纠纷、怨恨、邪恶都被摒除，大家和谐相处，相亲相爱。国君通过祭祀教导百姓要虔诚，百姓通过祭祀彰显自己的孝义。祭天的时候，天子要亲自射杀牲畜，王后要亲自舂好祭祀的黍稷；祭祀宗庙的时候，诸侯要亲自射牛、宰羊、杀猪，夫人要亲自舂好祭祀的黍稷。更何况在他们之下的人，有谁敢不怀着一份敬畏之心来侍奉神明呢！天子亲自舂好祭天用的黍稷，王后亲自缫丝做成祭服，官吏、百姓又有谁敢不严肃、恭敬地为神出力呢！祭祀的目的就是为了凝聚民心，又如何能废除呢？”

昭王说：“所说的一纯、二精、七事，指的是什么？”观射父回答说：“圣明的君王要将朝服大冠穿戴得端正肃穆，秉持专注、精诚的心率领文武百官向神明献祭，这称为一纯。玉与帛称为二精。天、地、民与四季的事务称为七事。”昭王说：“那三事指的是什么呢？”观射父回答说：“上天的事刚健威武，大地的事柔顺温文，百姓的事忠诚有信。”昭王说：“所说的百姓、千品、万官、亿类和兆民经入畡数，指的是什么呢？”观射父说：“民众呈上名字做官的有上百。王公贵族的子弟本质好，能恪尽职守而呈上名字做官的，依据功劳大小赐予姓氏，让他们做好本职工作，这叫作百姓。有姓氏的百官有众多僚属，是百官的十倍，叫作千品。管理天、地、神、民、物五事的官有上万的陪属，叫作万官。万官有十类，就是亿类。天子统辖四海九州养活万民，君王收取赋税养活万官。”

郧公辛与弟怀或礼于君或礼于父

原文

吴人入楚，昭王奔郧[①]，郧公之弟怀将弑王，郧公辛止之。怀曰：“平王杀吾父[②]，在国则君，在外则雠也。见雠弗杀，非人也。”郧公曰：“夫事君者，不为外内行[③]，不为丰约举[④]，苟君之，尊卑一也。且夫自敌[⑤]以下则有雠，非是不雠。下虐上为弑，上虐下为讨，而况君乎！君而讨臣，何雠之为[⑥]？若皆雠君，则何上下之有乎？吾先人以善事君，成名于诸侯，自斗伯比[⑦]以来，未之失也。今尔以是殃[⑧]之，不可。”怀弗听，曰：“吾思父，不能顾矣。”郧公以王奔随。

注释

①郧：楚国地名。

②父：指蔓成然，字子旗，郧公斗辛之父。

③外：指朝廷之外。内：在朝廷之内。

④丰：兴盛。约：衰亡。举：举动。

⑤敌：敌人。

⑥为：有。

⑦斗伯比：楚武王时臣僚，若敖之子。

⑧殃：败坏。

译文

吴国军队攻入楚国国都，楚昭王出奔到郧邑，郧公之弟斗怀想杀死昭王，郧公斗辛阻止他。斗怀说："楚平王杀了我的父亲，在国都内昭王是君主，在国都外他就是我的仇敌。见到仇敌不杀，那就不算人。"郧公斗辛说："侍奉君主，不能因为在国都内和国都外就改变自己的行为，不能因为国君的兴盛和衰亡而采取不同的举动，只要一日尊奉他为君王，地位的尊卑就是不变的。况且是敌人才谈得上有仇，不是敌人就算不上有仇。下杀上叫作弑，上杀下叫作讨，何况是君主呢！作为君而讨伐臣子，哪有什么仇恨呢？如果人们都去仇恨君主，那还有什么上下之分呢？我们的祖先用善行侍奉君主，在各诸侯国都很出名，自从斗伯比以来，一直没有什么过失。现在你因为这件事而败坏祖先的好名声，不可以这样做。"斗怀不听，说："我怀念父亲，不能顾及这些了。"郧公斗辛只好跟昭王一起逃亡到了随国。

原文

王归而赏及郧、怀，子西谏曰："君有二臣[1]，或可赏也，或可戮也。君王均之，群臣惧矣。"王曰："夫子期之二子耶？吾知之矣。或礼于君，或礼于父，均之，不亦可乎！"

注释

①二臣：指斗辛和斗怀。

译文

楚昭王回国后对斗辛和斗怀进行了赏赐，子西进谏说："您有两位臣子，一个应该赏赐，一个应该杀掉。您却同等赏赐他们，群臣会害怕的。"楚昭王说："您是指子期的两个儿子吗？我知道了。他们一个对君主有礼，一个对父亲有礼，我给他们同样的赏赐，不也是可以的吗！"

王孙圉[1]论国之宝

原文

王孙圉聘于晋，定公[2]飨之，赵简子鸣玉以相[3]，问于王孙圉曰："楚之白珩[4]犹在乎？"对曰："然。"简子曰："其为宝也，几何矣？"

注释

①王孙圉（yǔ）：楚国大夫。

②定公：指晋定公，名午，顷公之子。

③相：赞礼。

④珩（héng）：佩玉上面的横玉，形状略似磬而小。

译文

王孙圉到晋国访问，晋定公设宴招待他，赵简子佩戴着叮咚作响的玉饰担任赞礼，他问王孙圉说："楚国的白珩还在吗？"王孙圉回答说："在。"赵简子问："它作为楚国的国宝，多久了？"

原文

曰："未尝为宝。楚之所宝者，曰观射父，能作训辞[1]，以行事[2]于诸侯，使无以寡君为口实[3]。又有左史倚相[4]，能道训典，以叙百物[5]，以朝夕献善败于寡君，使寡君无忘先王之业；又能上下说于鬼神，顺道其欲恶，使神无有怨痛于楚国。又有薮[6]曰云连徒

洲，金木竹箭之所生也。龟、珠、角、齿、皮、革、羽、毛[7]，所以备赋，以戒不虞[8]者也。所以共币帛，以宾享[9]于诸侯者也。若诸侯之好币[10]具，而导[11]之以训辞，有不虞之备，而皇神相[12]之，寡君其可以免罪于诸侯，而国民保[13]焉。此楚国之宝也。若夫白珩，先王之玩也，何宝之焉？

注释

①训辞：外交辞令。

②行事：出使。

③口实：话柄。

④倚相：楚国史官。

⑤叙：评议等级、次第。百物：指历史掌故。

⑥薮：水少的泽地。

⑦龟：龟甲，用于占卜。珠：珍珠。角：兽角，用于制造弓弩。齿：象牙，用于制造弓饰。皮：虎豹皮革，用于制造箭袋。革：犀牛皮，用于制造甲胄。羽：鸟羽，用于制作旌旗饰物。毛：旄牛尾，用于制作旗杆饰物。

⑧不虞：意料之外，没有考虑到。

⑨享：献赠。

⑩好币：丰盛的币帛。

⑪导：疏导。

⑫相：辅助。

⑬保：安定，保全。

译文

王孙圉回答说："楚国未曾把白珩当作宝物。楚国视为珍宝的，叫观射父，他擅长外交辞令，以便楚人到各诸侯国交往办事，使各国诸侯无法拿我们国君当作话柄。楚国国宝又有左史倚相，他能够讲述古代的典籍，讲论百事井井有条，早晚向楚君提供成败得失的教训，使楚君不忘先王的功业；左史倚相又能取悦天上地下的鬼神，顺应鬼神的好恶，使神灵对楚国没有怨恨。楚国又有大泽叫云梦泽，这里出产金、木、竹箭。又盛产龟甲、珍珠、兽角、象牙、虎皮、犀革、鸟羽、旄牛尾，可以用来制备军赋，预防不测之患。又可以用来提供馈赠的礼品，招待或献赠诸侯。如果诸侯喜爱这些礼物，再用外交辞令来传达楚王之意，有预防不测的武备，又得到天地鬼神的辅佐，楚君大概就可以避免得罪诸侯，楚国民众也因此得以保全了。这些才是楚国的珍宝。至于白珩，不过是先王的玩物，有什么可宝贵的呢？

原文

"圉闻国之宝六而已：明王圣人能制议①百物，以辅相国家，则宝之；玉②足以庇荫嘉谷，使无水旱之灾，则宝之；龟足以宪臧否③，则宝之；珠足以御火灾，则宝之；金足以御兵乱，则宝之；山林薮泽足以备财用，则宝之。若夫哗嚣④之美，楚虽蛮夷，不能宝也。"

注释

①制议：评定。

②玉：祭祀之玉。

③宪：昭示。臧否：指吉凶。

④哗嚣：喧哗躁动。这里指佩玉的撞击声，皆用以讽刺赵简子。

译文

"况且我听说国家的珍宝不过六种而已：明智的人能评议百事，用以辅助国家，就把他作为国宝；祭祀的玉器能够让鬼神庇荫五谷，没有水旱灾害，就把它作为国宝；龟甲足以表明善恶吉凶，就把它作为国宝；珍珠足以防御火灾，就把它作为国宝；金属足以抵御兵乱，就把它作为国宝；山林湖泽足以提供国家财用，就把它作为国宝。至于发出喧哗声响的鸣玉之美，楚国虽然是蛮夷邦国，也不能把它当作国宝啊。"

叶公子高论白公胜必乱楚国

原文

子西使人召王孙胜[①]，沈诸梁[②]闻之，见子西曰："闻子召王孙胜，信乎？"曰："然。"子高曰："将焉用之？"曰："吾闻之，胜直而刚，欲置之境。"

注释

①王孙胜：楚平王的孙子白公胜。

②沈诸梁：楚国左司马沈尹戌之子叶公子高。

译文

子西派人前去召王孙胜，叶公子高听说后，去见子西，说："我听说您要将王孙胜招来，请问可有其事？"子西说："是的。"子高问："您准备如何任用他呢？"子西说："我听说王孙胜正直刚强，可以派他去镇守边疆。"

原文

子高曰："不可。其为人也，展[①]而不信，爱而不仁，诈而不智，毅而不勇，直而不衷[②]，周而不淑[③]。复言[④]而不谋身，展也；爱而不谋长，不仁也；以谋盖[⑤]人，诈也；强忍犯义，毅也；直而

不顾，不衷也；周言弃德，不淑也。是六德者，皆有其华而不实者也，将焉用之。

注释

①展：诚实，诚信。

②衷：衷心。

③周：周密，审慎。淑：完善，完美。

④复言：践行诺言。

⑤盖：算计，戕害。

译文

子高说："不行。王孙胜这个人，表面诚实，事实上并不值得信赖；表面仁慈，事实上并不宽仁；表面上多智，事实上并不高明；表面果毅，事实上并不勇敢；表面直率，事实上内心奸诈；行事周全，但心思恶毒。不顾利害而义无反顾实践诺言，叫作展；表面上对人仁慈而不考虑他人的长远利益，叫作不仁；施展阴谋诡计算计别人，叫作诈；心肠狠毒且遑顾道义，叫作毅；性情耿介而从不照顾他人的感受，叫作不衷；行事周全却不遵循道德，叫作不淑。他所具有的六种品行，都徒有其表，这样的人怎么能委以重任呢？

原文

"彼其父为戮于楚，其心又狷而不洁[①]。若其狷也，不忘旧怨，而不以洁悛[②]德，思报怨而已。则其爱也足以得人，其展也足以复之，其诈也足以谋之，其直也足以帅之，其周也足以盖之，其不洁也足以行之，而加之以不仁，奉之以不义，蔑[③]不克矣。

注释

①狷（juàn）：胸襟狭窄，性情急躁。洁：洁身自好。

②悛：悔改。

③蔑：没有。

译文

“他的父亲在楚国被杀，他心胸狭隘，若不忘旧怨，又不能修养其身、改变德行，那他想的就只有向楚国报仇罢了。那么他所谓的仁爱就会蛊惑众人，他所谓的诚信就能助他实践诺言，他的奸诈完全能让其阴谋报复，他所谓的直率完全可以让众人信服、追随他，他行事周全，完全能隐匿他的罪行，仇恨的内心迟早会促使他采取报复行动，再加上他的不仁，及他奉行的不义，那就没有不成功的了。

原文

“夫造胜之怨①者，皆不在矣。若来而无宠，速其怒也。若其宠之，毅贪无厌，既能得人，而耀之以大利②，不仁以长之，思旧怨以修其心，苟国有衅③，必不居矣。非子职④之，其谁乎？彼将思旧怨而欲大宠，动而得人，怨而有术，若果用之，害可待也。余爱子与司马⑤，故不敢不言。”

注释

①造胜之怨：指陷害白公胜的父亲太子建的事情。

②耀：示，诱。大利：指令尹、司马等高位。

③衅：隙。指有机可乘。

④职：主。指承担主要责任。

⑤司马：指子西的弟弟子期。

译文

“那些造成王孙胜怨恨的人，都已经不在了。若召他来而不恩宠他，只会增加他内心的怨恨。如果恩宠他，他会贪得无厌，设法得到人心，还会以更大的利益引诱别人，用不仁慈来助长他们的私欲，想着旧日的怨恨以激起复仇之心，一旦国家出现危难，他肯定会有所行动。到时候您不承受所有的祸患，又会是谁呢？他不仅要复仇，还想获得更大的恩宠，他的作乱行动肯定有人跟随，复仇也一定有办法，如果您真委以重任，楚国的灾难是指日可待的。我敬重您和子期，所以不敢不直言相告。”

原文

子西曰：“德其忘怨乎！余善之，夫乃其宁。”子高曰：“不然。吾闻之，唯仁者可好也，可恶也，可高也，可下也。好之不偪，恶之不怨，高之不骄，下之不惧。不仁者则不然。人好之则偪，恶之则怨，高之则骄，下之则惧。骄有欲焉，惧有恶焉，欲恶怨偪，所以生诈谋也。子将若何？若召而下之，将戚而惧；为之上者，将怒而怨。诈谋之心，无所靖[1]矣。有一不义，犹败国家，今壹五六，而必欲用之，不亦难乎？吾闻国家将败，必用奸人，而嗜其疾味[2]，其子之谓乎？

注释

①靖：安定。

②嗜：嗜好，贪求。疾味：能够致病的美味。比喻表面美好而暗藏凶险的事物。

译文

子西说："用道德感召他可以忘掉旧怨吧！我善待他，他就会安心。"子高说："不是这样。我听说，只有仁人可以善待他、冷落他，可以让他处在很高的位置，也可以让他处在较低的位置。善待仁人，他不会侵凌君上；冷落仁人，他不会怨天尤人；享有较高的地位，仁人不会骄横；处的地位较低，仁人也不会忧惧。但不仁的人却恰恰相反。别人善待他，他就会侵凌犯上；别人冷落他，他就会心怀怨恨；处的地位高，他会骄横；处的地位低，他会忧惧。骄横滋养贪欲，忧惧就会怨恨，贪欲、恶念、怨恨与威逼，都是产生诈谋的原因。您将怎么安置他？如果召他来，他的地位没您高，他将不安而忧惧；对在他上面的人，他将愤怒而怨恨。他狡诈的内心，也不会安宁。只要具有一种不义的品行，这样的人就会祸乱国家，如今他身上的不义品行多达五六种，而您却执意委以重任，不是很危险吗？我听说一个国家将要败亡，就是因为起用奸人，且嗜好那些容易导致疾病的美味。这说的大概就是您吧？

原文

"夫谁无疾眚！能者早除之。旧怨灭宗，国之疾眚也，为之关籥蕃篱而远备闲之[①]，犹恐其至也，是之为日惕。若召而近之，死无日矣。人有言曰：'狼子野心，怨贼之人也。'其又何善乎？若子不我信，盍求若敖氏与子干、子晳之族而近之[②]？安用胜也，其能几何？

注释

①关：门闩。籥（yuè）：钥匙。蕃篱：篱笆。闲：防御。

②若敖氏：指斗椒。子干、子晳：楚恭王的两个儿子。两人都死于与楚平王的夺嫡之争。

译文

“谁能没有病痛与灾祸！只有那些具有才能的人可以及早发现并消弭灾病。因往日结下的仇怨而灭人宗族，是国家的灾祸，所以，执政者会设置锁钥、筑起篱笆来提防灾祸的到来，并时时予以警惕。若您委以重任，那您的死期也就不远了。俗语说：‘狼子野心，因怨生乱的人啊。’他有什么好的呢？若您不相信我，何不找来若敖氏与子干、子晳的族人加以亲近呢？何必非要起用公孙胜呢，这样能维持多久呢？

原文

“昔齐驺马繻以胡公入于具水①，邴歜、阎职戕懿公于囿竹②，晋长鱼矫③杀三郤于榭，鲁圉人荦杀子般于次④，夫是谁之故也，非唯旧怨乎？是皆子之所闻也。人求多闻善败，以监戒也。今子闻而弃之，犹蒙耳也。吾语子何益，吾知逃也已。”

注释

①驺马繻（rú）：齐国大夫。胡公：姜太公的后代。具水：河流名。

②邴歜（chù）、阎职：齐国的两位大夫。懿公：齐桓公的儿子，名商人。

③长鱼矫：晋国大夫。

④圉人：养马人。荦：人名。子般：鲁庄公的太子。次：临时居所。

译文

“以前齐国的驺马繻将胡公的尸体扔进具水，邴歜与阎职在竹林里杀害了鲁懿公，晋国的长鱼矫在台榭上杀死三郤，鲁国的养马人荦在临时住所杀死子般，这都是为什么呢？不都是因为放不下以往的怨恨吗？这些都是您听到过的。人们都希望多听一些故事中的教训，好来作为自己的借鉴。现在您却抛弃它，就好像堵塞了耳朵。我劝告您又有什么好处呢？我只是想逃避灾难罢了。”

原文

子西笑曰：“子之尚胜也。”不从，遂使为白公。子高以疾闲居于蔡[①]。及白公之乱[②]，子西、子期死。叶公闻之，曰：“吾怨其弃吾言，而德其治楚国，楚国之能平均以复先王之业者，夫子也。以小怨置大德，吾不义也，将入杀之。”帅方城[③]之外以入，杀白公而定王室，葬二子之族。

注释

①蔡：国名。

②白公之乱：白公请求讨伐郑国为父报仇，子西答应了下来。还未出师，恰逢晋国攻打郑国，楚国反而发兵救郑，结盟而还。白公一怒之下，杀了子西和子期。

③方城：楚国山名。

译文

子西笑着说：“您把王孙胜说得太过了。”没有听从子高的劝告，封王孙胜为白公。子高于是托病在蔡地闲居。等到白公叛乱，子西与子期被杀。叶公听闻这个消息后，说：“我恨他没有听从我的劝告，但感激他将楚国治理得这么好，楚国能够平定乱局并恢复先王功业的人，就是子西。因为小的不满而忘记了大的道德，是我的不义，我要进入国都杀了白公。”于是子高领兵进入郢都，杀死白公，安定王室，埋葬了子西、子期以及他们遇害的族人。

吴语

越王句践[①]命诸稽郢行成于吴

原文

吴王夫差[②]起师伐越，越王句践起师逆[③]之。大夫种[④]乃献谋曰："夫吴之与越，唯天所授，王其无庸[⑤]战。夫申胥、华登简服吴国之士于甲兵[⑥]，而未尝有所挫也。夫一人善射，百夫决拾[⑦]，胜未可成也。夫谋必素见成事焉，而后履之，不可以授命。王不如设戎[⑧]，约辞行成，以喜其民，以广侈吴王之心[⑨]。吾以卜之于天，天若弃吴，必许吾成而不吾足也，将必宽然[⑩]有伯诸侯之心焉。既罢弊[⑪]其民，而天夺之食，安受其烬[⑫]，乃无有命[⑬]矣。"

注释

①句践：越国国君，姒姓，公元前497至前465年在位。

②夫差（chāi）：吴国国君，姬姓，公元前495至前473年在位。

③逆：迎战。

④大夫种：文种，越国大夫。

⑤庸：用。

⑥申胥：伍子胥，名员，吴国大夫。华登：吴国大夫。简：挑选。服：训练。

⑦决拾：射箭。

⑧设戎：设兵防守。

⑨侈：大。指野心。

⑩宽然：宽缓的样子。

⑪罢弊：使疲敝。罢，通“疲”。弊，通“敝”。

⑫烬：灰烬。这里指残局。

⑬无有命：没有上天的护佑。

译文

吴王夫差出兵攻打越国，越王句践起兵迎战。大夫文种向句践献计说：“吴国与越国的命运，要凭天意决定了，您不用应战。伍子胥、华登选拔吴国的青年加以训练，还不曾在战场上打过败仗。一个人善于射箭，就会有一百个人拉紧弓弦去仿效他，我们对获胜没有把握。但凡谋划一件事，一定要有预见成功的把握，然后才可以付诸实施，不能冒险白白地送命。您如果不设兵防守，同时用谦卑的辞令讲和，让吴国人欢喜，让吴王称霸的野心膨胀。我们可以以此卜问上天，上天若是抛弃吴国，必定会让吴王答应我们的求和，吴王定会不以我们的求和为满足，他的称霸之心一定会进一步滋生。等到吴国的百姓疲惫不堪，上天又降灾祸夺去他们的粮食时，我们就可以安稳地收拾残局，吴国就会失去上天的护佑。”

原文

越王许诺，乃命诸稽郢[①]行成于吴，曰：“寡君句践使下臣郢不敢显然布币行礼[②]，敢私告于下执事曰：昔者越国见祸[③]，得罪于天王[④]。天王亲趋玉趾[⑤]，以心孤句践，而又宥赦之。君王之于越也，繄[⑥]起死人而肉白骨也。孤不敢忘天灾，其敢忘君王之大赐乎！今句践申祸无良[⑦]，草鄙之人，敢忘天王之大德，而思边垂[⑧]之小怨，以重得罪于下执事？句践用帅二三之老[⑨]，亲委[⑩]重罪，顿颡[⑪]于边。

注释

①诸稽郢：越国大夫。

②显然：公开，公然。布：陈设。

③越国见祸：指越王允常去世。

④天王：本是天子的称呼，此是对吴王的敬称。

⑤亲趋玉趾：指亲自。

⑥繄（yī）：句首语气词。

⑦申祸：再次遭受战争灾祸。指越王起兵迎战。良：善。

⑧垂：通“陲”，边陲，边境。

⑨用：因此。老：家臣。

⑩委：归咎于己。指认罪。

⑪顿颡（sǎng）：礼仪中最重的一种跪拜方式，屈膝下拜，以额头触地，多表示请罪或投降。颡，额头。

译文

越王答应了，于是派大夫诸稽郢去吴国求和，说：“我们国君句践派小臣出使贵国，不敢公开以玉帛表达敬意，只能私下对贵国的办事人员说：从前越国遭祸，得罪了天王。天王亲自起兵，打算灭掉句践，却又宽宥了他。天王对于越国，恩同于让死人复活，让肉重新长出一般。句践不敢忘记上天降下的灾祸，又怎敢忘记天王的大恩大德呢！句践现在再次遭受灾祸而处境不佳，草野鄙贱之人，怎敢忘记天王的大恩大德，而去计较边境上的小怨，以致再次获罪于天王的办事人员呢？句践特地率领几位家臣，亲自承认自己的重罪，在边境叩头求饶，请求天王赦免。

原文

“今君王不察，盛怒属[①]兵，将残伐越国。越国固贡献之邑也，君王不以鞭箠[②]使之，而辱[③]军士使寇令焉。句践请盟：一介嫡女[④]，执箕帚以晐[⑤]姓于王宫；一介嫡男，奉槃匜以随诸御[⑥]；春秋[⑦]贡献，不解[⑧]于王府。天王岂辱裁[⑨]之？亦征[⑩]诸侯之礼也。

注释

①属：会，集结。

②箠：马鞭。

③辱：辱没。

④嫡女：正妻所生的女儿。

⑤晐（gāi）：把女子进献给天子。

⑥槃（pán）：通“盘”，古代洗脸的器具。匜（yí）：用以盛水的器皿。御：供君主驱使的下臣。

⑦春秋：一年四季。

⑧解：通“懈”，懈怠。

⑨裁：制裁。

⑩征：征税。

译文

“现在天王没有体察越王的忠心，盛怒之下调集军队，准备狠狠地讨伐越国。越国本来就是给吴国纳贡的一个城邑，天王用鞭子抽打它就可以了，何必让您的军士屈尊讨伐呢。句践请求缔结盟约：送上一个嫡生的女儿，让她拿着箕帚到王宫里侍奉您；送上一个嫡生的儿子，让他捧着盘匜像仆人一样伺候您；越国会一年四季按时献上贡品，决不懈怠。天王何必屈尊来制裁越国呢？我们是按天子向诸侯征税的礼节来进贡的啊。

原文

“夫谚曰：‘狐埋之而狐搰[①]之，是以无成功。’今天王既封植[②]越国，以明闻于天下，而又刈亡[③]之，是天王之无成劳[④]也。虽四方之诸侯，则何实[⑤]以事吴？敢使下臣尽辞[⑥]，唯天王秉利度义焉！”

注释

①搰（hú）：挖，掘出。

②封植：树立。

③刈（yì）亡：铲除，灭亡。

④劳：功劳。

⑤实：事实。

⑥尽辞：把话说清楚。

译文

“谚语说：‘狐狸埋了东西，又把它挖出来，所以没有功效。’现在天王既已扶植越国，又以圣明闻名于天下，您要是消灭越国，天王对越国的扶植就没有成效了。即使四方诸侯想尊奉吴国，又怎么让他们信服吴国呢？越王派小臣把话说透彻，希望天王根据利害来考虑怎样处置合适！”

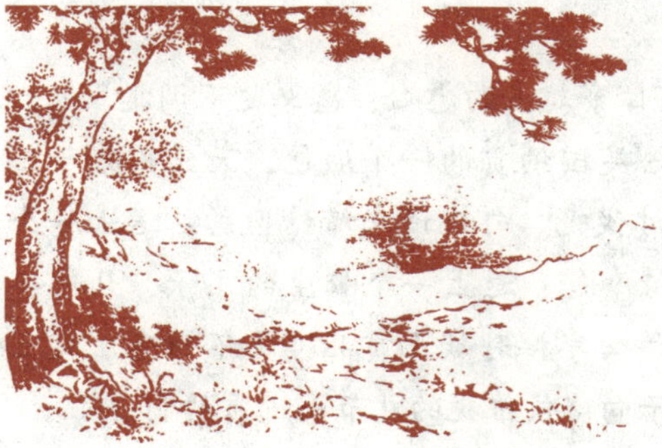

夫差伐齐不听申胥之谏

原文

吴王夫差既许越成，乃大戒师徒，将以伐齐。申胥进谏曰：“昔天以越赐吴，而王弗受。夫天命有反，今越王句践恐惧而改其谋，舍其愆令①，轻其征赋，施民所善，去民所恶，身自约也，裕②其众庶，其民殷众，以多甲兵。越之在吴，犹人之有腹心之疾也。夫越王之不忘败吴，于其心也侙③然，服士以伺吾闲④。今王非越是图，而齐、鲁以为忧。夫齐、鲁譬诸疾，疥癣也，岂能涉江、淮而与我争此地哉？将必越实有吴土。

注释

①舍：废弃。愆：过失，错误。

②裕：丰饶。

③侙（chì）：忧愁，惊慌。

④闲：间隙，时机。

译文

吴王夫差接受了越国的求和之后，就积极地整顿士卒，打算攻伐齐国。伍子胥进谏说：“以前，上天把越国赐给吴国，而您却没有接受。天命会有反复，现今越王句践因为畏惧而改变了他的谋划，舍弃错误的命令，减轻民众的赋税，实施民众喜欢的，除去民众厌恶的，自己生活节俭，而让民众富足起来，他的民众数量很多，足够装备兵甲。越国对于吴国，就好像人心腹之间的疾病一样。越王没有忘记被吴国打败的耻辱，他的内心一定为此忧虑，所以才让士兵勤奋操练以伺机报复。如今您不认真考虑越国的威胁，却去操心齐、鲁二国。把齐、鲁二国比作疾病的话，不过是疥癣之类的小病，难道它们还会越过长江、淮河来跟我们争夺土地？将来必定是越国来侵占吴国的土地。

原文

“王其盍亦鉴于人，无鉴[①]于水。昔楚灵王不君，其臣箴谏以不入。乃筑台于章华之上，阙为石郭[②]，陂[③]汉，以象帝舜。罢弊楚国，以闲陈、蔡。不修方城之内，逾诸夏而图东国[④]，三岁于沮、汾以服吴、越[⑤]。其民不忍饥劳之殃，三军叛王于乾谿。王亲独行，屏营[⑥]彷徨于山林之中，三日乃见其涓人畴[⑦]。王呼之曰：‘余不食三日矣。’畴趋而进，王枕其股以寝于地。王寐，畴枕王以墣[⑧]而去之。王觉而无见也，乃匍匐将入于棘闱[⑨]，棘闱不纳，乃入芋尹申亥[⑩]氏焉。王缢，申亥负王以归，而土埋之其室。此志也，岂遽忘于诸侯之耳乎？

注释

①鉴：镜。

②阙：穿，凿。石郭：石椁，石制的外棺。

③陂：壅塞。

④诸夏：指陈、蔡。东国：指徐、夷、吴、越。

⑤沮、汾：水名，位于楚国东部边境。

⑥屏营：惶恐的样子。

⑦涓人：楚国官名，指宫中的侍卫、近臣。畴：人名。

⑧墣：土块。

⑨棘：楚国城邑。闱：城门。

⑩芋尹申亥：楚国大夫，芋尹无宇之子。

译文

“大王您要以人为鉴，不要以水为鉴。过去楚灵王不行王道，不听臣下的劝谏和忠告。他在章华修建高台，开凿巨石为石椁，阻塞汉水，仿造舜的陵墓。他的行为致使楚国国力日衰，竟还妄图征服陈国与蔡国。他还不修内政，妄图越过中原各国去征服东方诸侯，他用三年时间渡过沮水与汾水，想征服吴国和越国。楚国军民不堪其苦，三军在乾谿发动叛乱。楚灵王只身潜逃，惶惶不安地在山林之中流窜，三天后才遇到他的近侍畴。楚灵王向畴求救：‘我已经饿三天了。’畴快步走到灵王面前，灵王就地枕着他的腿在地上睡着了，灵王睡着后，畴将土块垫在楚灵王的头下抽身离去。灵王醒后找不到畴，爬着想进棘城的大门，但棘城的人拒绝接纳他，最后只有芋尹申亥肯收容。楚灵王上吊自杀，申亥背着灵王的尸体回家，草草地把他葬在屋内。《志》书上赫然记着这段史实，难道这么快就被诸侯遗忘了吗？

原文

“今王[①]既变鲧、禹之功，而高高下下[②]，以罢民于姑苏。天夺吾食，都鄙荐饥。今王将很[③]天而伐齐。夫吴民离矣，体有所倾[④]，譬如群兽然，一个负矢，将百群皆奔，王其无方收也。越人必来袭我，王虽悔之，其犹有及乎？”

王弗听。十二年，遂伐齐。齐人与战于艾陵[⑤]，齐师败绩，吴人有功。

注释

①王：指夫差。

②高高：指修建台榭。下下：指建造池塘。

③很：违背。

④倾：倾覆。

⑤艾陵：齐国地名，在今山东莱芜东北。

译文

"如今您改变了当年鲧和禹治水的功业，大肆筑台修池，使民众为建姑苏台而疲惫不堪。上天降下灾荒夺走我们的粮食，国都、边境饥荒连年。现今您违背天意去讨伐齐国。吴国的民众就要抛弃您了，国家将要倾覆，就如同兽群一般，一头野兽中箭，兽群就会四散逃离，到那时局面就再难挽回了。越国必定会偷袭我们，大王您再后悔，还来得及吗？"

吴王不听劝谏。在他执政的第十二年，率军攻打齐国。齐国军队与吴国军队在艾陵交战，齐军战败，吴国取胜。

申胥自杀

原文

吴王还自伐齐，乃讯①申胥曰："昔吾先王体德明圣，达于上帝，譬如农夫作耦②，以刈杀四方之蓬蒿，以立名于荆③，此则大夫之力也。今大夫老，而又不自安恬逸，而处以念恶④，出则罪吾众，挠乱百度⑤，以妖孽吴国。今天降衷于吴，齐师受服。孤岂敢自多，先王之钟鼓，实式灵之⑥。敢告于大夫。"

注释

①讯：诘问，责问。

②耦（ǒu）：耦耕，两人并耕。

③荆：指楚国。

④处：居。恶：为恶。

⑤挠乱：扰乱。度：法度。

⑥实：确实，实在。式：用，因为。灵：神。

译文

吴王夫差打败齐国归来，便责问伍子胥说："过去我的先王有德行而圣明，通晓上天的旨意，就好像农夫并排耕作一样，先王与您齐心协力割除四方的蒿草，声震荆楚，这些都是您的功劳。如今您老迈了，不肯安度悠闲的生活，却在家中阴谋为害，出则使我的部众受到责难，扰乱法度，危害吴国。如今上天庇佑吴国，齐国战败顺服。我又怎敢说是我的功劳，这完全是先王的军队受到了神灵的庇佑。我冒昧地告诉您这个消息。"

原文

申胥释剑而对曰："昔吾先王世有辅弼之臣，以能遂疑计恶[①]，以不陷于大难。今王播弃黎老[②]，而孩童焉比[③]谋，曰'余令而不违。'夫不违，乃违也。夫不违，亡之阶也。夫天之所弃，必骤近其小喜，而远其大忧。王若不得志于齐，而以觉寤王心，而吴国犹世[④]。吾先君得之也，必有以取之；其亡之也，亦有以弃之。用能援持盈以没[⑤]，而骤救倾以时。今王无以取之，而天禄亟[⑥]至，是吴命之短也。员不忍称疾辟易[⑦]，以见王之亲为越之擒也。员请先死。"遂自杀。将死，曰："以悬吾目于东门，以见越之入，吴国之亡也。"王愠曰："孤不使大夫得有见也。"乃使取申胥之尸，盛以鸱鹈[⑧]，而投之于江。

注释

①遂：决断，判断。计：思虑，辨别。

②播弃：抛弃。黎老：老人。子胥自比。

③比：合。

④世：存世，继世。

⑤没：终。

⑥亟（qì）：屡次。

⑦辟（bì）易：退避。

⑧鸱鹕：革囊，即皮口袋。

译文

伍子胥解下佩剑回答说："过去，先王一直有贤臣辅助，用以决断疑惑、权衡利弊，所以吴国不曾遭遇大难。如今大王您舍弃老臣，只和那些幼稚的年轻人商量国事，说'我的命令不得违背'。这种不违背，才是真正的违背啊！这种不违背，正是导致败亡的阶梯啊！上天若要抛弃哪个国家，必定会在眼前给其一些小利，而把大的祸患留在后面。您如果讨伐齐国失败了，说不定还会有所警觉，这样吴国还能世代延续。先王有所得，必定具备得到的条件；有所失，必定有失败的原因。依靠有才能的人辅佐可以保住王业，并及时挽回危局。现在您不具备获得成功的条件，而上天恩赐的福禄却屡屡降临，这说明吴国的国运不长了。我不忍心称病避让，眼睁睁看着您被越国生擒。我请求先死！"于是自杀了。临死前，伍子胥说："请把我的眼睛悬挂在国都的东门之上，让我看到越国攻入国都，吴国的灭亡。"吴王愤怒地说："我不让他有机会看到。"便派人将伍子胥的尸体装入皮口袋，投进了长江。

吴晋争长未成句践袭吴

原文

吴王夫差既杀申胥，不稔[1]于岁，乃起师北征。阙为深沟，通于商[2]、鲁之间，北属之沂[3]，西属之济[4]，以会晋公午于黄池[5]。

注释

①稔（rěn）：庄稼成熟。

②商：指宋国。

③沂：水名，在鲁国境内。

④济：这里指宋国境内的济水。

⑤晋公午：指晋定公。黄池：地名，也叫黄亭。

译文

吴王夫差逼伍子胥自杀后，不等庄稼成熟，便再度挥军北上。他下令开掘沟渠，直通宋国和鲁国的地界，北面连接沂水，西面连接济水，然后与晋定公在黄池会盟。

原文

于是越王句践乃命范蠡、舌庸[1]，率师沿海溯淮以绝吴路。败王子友于姑熊夷[2]。越王句践乃率中军溯江以袭吴，入其郛[3]，焚其姑苏，徙其大舟[4]。

注释

①范蠡、舌庸：越国两位大夫。
②王子友：夫差的太子。姑熊夷：吴国地名。
③郛（fú）：城郭。
④徙：取。大舟：王舟。

译文

于是越王句践命令范蠡与舌庸，率兵沿海北上行至淮河，以切断吴军的归路。越军在姑熊夷打败了王子友。越王句践率领中军逆江而上袭击吴国，攻陷姑苏外城，烧毁姑苏台，劫走了吴国的王舟。

原文

吴、晋争长未成，边遽[1]乃至，以越乱告。吴王惧，乃合大夫而谋曰："越为不道，背其齐[2]盟。今吾道路修远，无会而归，与会而先晋，孰利?"王孙雒[3]曰："夫危事不齿[4]，雒敢先对。二者莫利。无会而归，越闻章矣，民惧而走，远无正就。齐、宋、徐、夷曰[5]：'吴既败矣！'将夹沟而移[6]我，我无生命矣。会而先晋，晋既执诸侯之柄以临我，将成其志以见天子。吾须之不能，去之不忍。若越闻愈章，吾民恐叛。必会而先之。"

注释

①边遽：指边关警报。遽，传递警报的驿车。

②齐：同。

③王孙雒：吴国大夫。

④齿：年纪。

⑤齐、宋、徐、夷：皆为国名。

⑥胣（chǐ）：从两侧夹击。

译文

吴、晋两国争当盟主还没有结果，吴国的战报就到了，说越国已经攻入了吴国。吴王很害怕，召集大夫商议对策，说："越国不行道义，背弃盟约。如今我们离吴国路途遥远，是停止会盟立即领兵归国，还是同意晋国做盟主后再领兵归国，哪个更有利？"王孙雒说："事态紧急，顾不得长幼次序了，请允许我先冒昧回答。这两种方案都不利。如果不参加会盟就回国，越国的声望就更大了，百姓就会因为恐惧而逃亡，远走他方而无法立足。齐、宋、徐、夷这些国家也会说：'吴国已经败亡了！'将从沟渠两侧向我们发动攻击，那我们就没希望了。如果参加盟会却让晋国做盟主，晋国掌握诸侯之长的权柄之后就会居高临下地指挥我们，志得意满地带领我们一起朝见周天子。那样的话我们既没有逗留的时间，晋国也不会原谅我们随意离开。若越国得到我们会盟失败的消息，一定会越发张狂，吴国的百姓恐怕也会背叛我们。所以，吴国不仅要继续会盟，而且还要争当盟主。"

原文

王乃步就王孙雒曰："先之，图之将若何？"王孙雒曰："王其无疑，吾道路悠远，必无有二命，焉可以济事。"王孙雒进，顾揖诸大夫曰："危事不可以为安，死事不可以为生，则无为贵智矣。

民之恶死而欲富贵以长没[1]也，与我同。虽然，彼近其国，有迁；我绝虑[2]，无迁[3]。彼岂能与我行此危事也哉？事君勇谋，于此用之。今夕必挑战，以广民心。请王励士，以奋其朋[4]势，劝之以高位重畜[5]，备刑戮以辱其不励者，令各轻其死。彼将不战而先我，我既执诸侯之柄，以岁之不获也，无有诛[6]焉，而先罢之，诸侯必说。既而皆入其地，王安挺[7]志，一日惕[8]，一日留[9]，以安步[10]王志。必设以此民也，封于江、淮之间，乃能至于吴。”吴王许诺。

注释

①长没：终老。指寿终正寝。

②绝虑：指路途遥远。

③迁：变动。指回旋的余地。

④朋：群，众人。

⑤重畜：财宝。

⑥诛：指责。

⑦挺：放宽。

⑧惕：急速行走。

⑨留：缓慢行走。

⑩步：进行，实行。

译文

吴王走到王孙雒面前问：“有什么办法能让吴国当上盟主呢？”王孙雒回答道：“请大王您不要犹豫，我们归途遥远，没有第二条出路，只有赶快行动才有可能扭转危局。”王孙雒上前一步，环视众人并作揖，说：“面对危局不能转危为安，面对死局不能求生，那就不能称是高超的智慧。晋国百姓也是怕死的、也是追求富贵长寿的，这一点跟我们相同。虽然如此，但晋军的优势是离晋国近，有退路；而我们距吴国遥远，没有后路。晋国怎么会跟我们进行殊死战斗呢？侍奉君王的勇气和谋略，此时此刻就可以派上用场了。今晚我们一定要挑战晋国，以安定人心。请您激励三军，振奋士气，用高官厚禄来勉励大家，同时用严刑峻法威慑那些不努力作战的人，让大家都无惧死亡。那样晋国就会不战而将盟主的地位让给我们，我们掌握了诸侯之长的权柄，就以年成不好为由，不苛求诸侯的贡赋，让他们先回国，诸侯必定欢喜。等诸侯各回其国，您就可以安下心来，一天快走，一天慢走，安稳地实现计划了。还有，您一定要许诺将江淮一带的土地封赐给那些有功的士兵，这样我们才能顺利返回吴国。”吴王同意了。

吴欲与晋战得为盟主

原文

吴王昏[①]乃戒，令秣马食士。夜中，乃令服兵擐甲[②]，系马舌，出火灶，陈士卒百人[③]，以为彻[④]行百行。行头皆官师[⑤]，拥铎拱稽[⑥]，建肥胡[⑦]，奉文犀之渠[⑧]。十行一嬖大夫[⑨]，建旌提鼓，挟经秉枹[⑩]。十旌一将军，载常[⑪]建鼓，挟经秉枹。万人以为方阵，皆白裳、白旂、素甲、白羽之矰[⑫]，望之如荼[⑬]。王亲秉钺[⑭]，载白旗以中阵而立。左军亦如之，皆赤裳、赤旟、丹甲、朱羽之矰[⑮]，望之如火。右军亦如之，皆玄裳、玄旗、黑甲、乌羽之矰，望之如墨。为带甲三万，以势攻，鸡鸣乃定。既陈[⑯]，去晋军一里。昧明[⑰]，王乃秉枹，亲就鸣钟鼓、丁宁、錞于振铎[⑱]，勇怯尽应，三军皆哗钔[⑲]以振旅，其声动天地。

注释

①昏：傍晚，黄昏。

②服兵：手执兵器。擐（huàn）甲：身穿铠甲。

③陈：排列。士卒：中军士卒。

④彻：通。

⑤行头：排头。官师：士一级的官吏。

⑥铎（duó）：金属制成的大铃。拱：持，拿着。稽：棨（qǐ）戟，有缯衣或油漆的木戟。

⑦肥胡：古代一种窄长的旗子。

⑧文犀之渠：有花纹的犀牛皮制成的盾牌。

⑨嬖大夫：下大夫。

⑩挟：带着，拿着。秉枹：拿着鼓槌。

⑪常：画着日月图案的旗帜。

⑫旂（qí）：画有交叉龙形图案的旗帜，竿头上系有铃铛。素甲：白色的盔甲。矰（zēng）：系着丝绳的短箭。

⑬荼（tú）：茅草、芦苇一类植物开的白花。

⑭钺：兵器名，形似大斧。

⑮旟（yú）：画有鹰隼图案的旗帜。

⑯陈：通"阵"，布阵。

⑰昧明：拂晓，天还没亮。

⑱丁宁：铜钲，形似钟而狭长，在行军时敲打。錞（chún）于：一种铜制的军乐器。

⑲哗釦（kòu）：呼吼。

译文

吴王夫差黄昏时下令，命令士卒饱餐并喂饱战马。半夜时分，吴王下令全军穿好铠甲，拿起武器，缚住马舌，把行军灶里的火移出以便照明，陈列一百名中军士卒排成一行，共排成一百行，组成一万人的方阵。每行排头的都是上士，抱着大铃，拿着木戟，士卒高举肥胡窄旗，旁边立着有花纹的犀牛皮制成的盾牌。每十行由一名下大夫率领，举着旌旗，提着战鼓，挟着剑柄，拿着鼓槌。一百行由一名将军率领，举着画有日月图案的旗帜，支起战鼓，挟着剑柄，拿着鼓槌。一万人组成一个方阵，一律白裳、白旗、白甲、白色羽毛短箭，远看如同一片白茅花。吴王夫差亲自拿着钺，身旁竖起白色旌旗在方阵中间站立。左军也像中军这样列阵，一律红裳、红旗、红甲、红色羽毛短箭，远看如同一片火焰。右军也像中军这样列阵，一律黑裳、黑旗、黑甲、黑色羽毛短箭，远看如同一片黑墨。左中右三军一共甲士三万人，气势十足地向前进攻，鸡叫时才安排妥当。摆定阵势后，吴军开进到距离晋军一里之处。黎明，吴王拿起鼓槌亲自擂响战鼓，士卒敲响金钲、金镎、金铎，三军勇敢的、胆怯的一起响应，齐声呼吼来振奋军威，声浪惊天动地。

原文

晋师大骇不出，周军饬垒[1]，乃令董褐请事[2]，曰："两君偃兵接好[3]，日中为期。今大国越录[4]，而造[5]于弊邑之军垒，敢请乱故。"

注释

①周军：围绕军营。饬垒：修缮营垒。

②董褐：司马寅，晋国大夫。请事：询问情况。

③偃兵：息兵停战。接好：和好。

④越录：超越次第。

⑤造：到达。

译文

晋军大惊，不敢出来应战，环绕军营整治营垒，晋定公于是派董褐前去问话，说："晋吴两国君主商定撤兵和好，约定以中午为期。如今贵国违反约定，来到敝国的军垒之外，我大胆地请问你们扰乱会盟的缘故。"

原文

吴王亲对之曰："天子有命，周室卑约[①]，贡献[②]莫入，上帝鬼神而不可以告[③]。无姬姓之振也[④]，徒遽来告[⑤]。孤日夜相继，匍匐就君[⑥]。君今非王室不平安是忧，亿负晋众庶[⑦]，不式[⑧]诸戎、狄、楚、秦，将不长弟[⑨]，以力征一二兄弟之国[⑩]。孤欲守吾先君之班爵[⑪]，进则不敢，退则不可。今会日薄[⑫]矣，恐事之不集[⑬]，以为诸侯笑。孤之事君在今日，不得事君亦在今日。为使者之无远也，孤用亲听命于藩篱[⑭]之外。"

注释

①约：困窘。

②贡献：进贡物品。

③告：告祭。

④姬姓：指周天子同姓诸侯。振：救援。

⑤徒：步行。遽：传令之车。

⑥匍匐：竭尽全力。就：近，赶到。君：指晋君。

⑦亿：安。负：恃，依靠。

⑧式：用。指征讨。

⑨长弟：长幼顺序。

⑩兄弟之国：指鲁、卫等姬姓诸侯国。

⑪先君之班爵：夫差先君的爵位。

⑫薄：逼近。

⑬集：成，成功。

⑭藩篱：军营。

译文

吴王亲自回答说："周天子有命令，眼下周王室衰微，没有诸侯纳贡，连告祭天帝、鬼神的祭品都不够了。没有姬姓诸侯国出面援救周王室，周王室的使者或步行或乘车来求援。所以我日夜兼程，赶来会见晋君。如今，晋君不为周王室的困境担忧，反而仗着晋国人多势众，不去讨伐藐视王室的戎、狄、楚、秦等国，这是不讲长幼顺序，攻打同姓的兄弟之国。我想保住先君的班次、爵位，进军不敢，退兵不能。如今盟会的日期临近了，我恐怕事情不成功而被诸侯耻笑。屈服于晋君在今日，战胜晋君也在今日。为了使者不必长途奔走，因此我将在贵军军营外听候命令。"

原文

董褐将还，王称左畸曰[①]："摄少司马兹与王士五人[②]，坐于王前。"乃皆进，自刭于客前以酬客[③]。

注释

①称：呼。左畸：军旅的左部。

②摄：执，抓住。少司马：官名。兹：人名。王士：吴王的士卒。

③自刭：自刎。酬：谢客，向客人谢罪。韦昭注："鲁定十四年，吴伐越，越王使罪人自刭以误吴。故夫差效之。"

译文

董褐将要返回，吴王召唤左部的军吏说："把少司马兹和五个吴王的士卒抓来，坐在我面前。"六人便一齐向前，在客使董褐面前自杀以谢客。

原文

董褐既致命，乃告赵鞅①曰："臣观吴王之色②，类③有大忧，小则嬖妾④、嫡子死，不则国有大难；大则越入吴。将毒⑤，不可与战。主其许之先，无以待危，然而不可徒⑥许也。"赵鞅许诺。

注释

①赵鞅：赵简子，晋国正卿。

②色：脸色。

③类：好像。

④嬖妾：爱妾。

⑤毒：凶猛，残忍。

⑥徒：徒劳。

译文

董褐向晋君复命后，便告诉赵简子说："我观察吴王的气色，似乎有大的忧患，小则也许是他的宠妾、嫡子死了，不然就是国内有叛乱；大则也许是越国已攻入吴国。被逼到困境的人将会无比凶残，不可与他交战。您还是先答应让他先歃血，不要等着冒险，陷入危险的境地，但不能白白让他做盟主。"赵简子答应了。

原文

晋乃令董褐复命曰："寡君未敢观兵身见①，使褐复命曰：'曩②君之言，周室既卑，诸侯失礼于天子，请贞于阳卜③，收④文、武之诸侯。孤以下密迩⑤于天子，无所逃罪，讯让⑥日至，曰：昔吴伯父⑦不失，春秋必率诸侯以顾在余一人⑧。今伯父有蛮、荆之

虞[9]，礼世不续[10]，用命孤礼佐周公[11]，以见我一二兄弟之国，以休[12]君忧。今君掩[13]王东海，以淫名闻于天子[14]，君有短垣[15]，而自逾之，况蛮、荆则何有于周室？夫命圭[16]有命，固曰吴伯，不曰吴王。诸侯是以敢辞[17]。夫诸侯无二君，而周无二王，君若无卑天子，以干[18]其不祥，而曰吴公，孤敢不顺从君命长弟[19]！'"

注释

①观兵：动用武力，展示军威。身见：亲自出面。

②曩（nǎng）：从前。

③贞：卜问。阳卜：古人用火烧龟甲以预测祸福。

④收：收复。

⑤密迩：距离近。

⑥讯让：责备，责问。

⑦吴伯父：吴国先君。

⑧顾：朝见。在：存问。

⑨伯父：指吴王夫差。虞：忧患。

⑩礼世不续：朝聘之礼不能继续。

⑪用：因此。周公：周王室太宰。

⑫休：息，停止。

⑬掩：盖。

⑭淫名：僭越的名号。指吴国僭越称王。

⑮短垣：矮墙。比喻礼制。

⑯命圭：古代天子授给诸侯大臣的玉制品。

⑰敢辞：敢于不事吴国。

⑱干：触犯。

⑲长弟：先后。

译文

晋君于是命令董褐去复命说："晋君不敢显示军威，也不敢亲自现身，派我来复命说：'如同刚才贵国国君所说，眼下周王室已经衰微，诸侯对天子失礼，贵国国君准备用龟甲卜问，以便收复周文王、周武王时期诸侯侍奉天子的义务。晋国邻近天子，没有逃避罪责的理由，天子的责问不断地传到晋国，说：从前吴国先君不失礼，一年四季必定率诸侯前来朝聘我。如今吴国国君有蛮、楚之忧患，能继续先君的朝聘之礼，因此命令我们晋国按照礼节辅佐周太宰，率领同姓的兄弟国家朝见天子，以消除周王室的忧虑。如今您在东海称王，僭越之名传到天子耳中，如同一堵短墙，您自己跳过墙去，更何况蛮、楚之人了，他们对周王室还有什么礼仪可言？天子所赐的命圭之上有命令，吴国的国君为吴伯而不称吴王。因此诸侯才不敢尊事吴国。诸侯不能有两个盟主，周王室也不能有两个王，贵国国君如果不藐视天子，并以吴公自称的话，我们晋国怎敢不听从您的命令、不遵守长幼顺序呢！'"

原文

吴王许诺，乃退就幕①而会。吴公先歃②，晋侯亚之。吴王既会，越闻愈章③，恐齐、宋之为己害也，乃命王孙雒先与勇获帅徒师④，以为过宾⑤于宋，以焚其北郛⑥焉而过之。

注释

①幕：军帐。

②歃（shà）：歃血，用嘴饮血。

③闻：名声。章：显著。

④勇获：吴国大夫。徒师：步兵。

⑤过宾：过路的宾客。

⑥北郛（fú）：北面的外城。

译文

吴王答应了，于是退兵进入军帐会盟。吴王先歃血，晋侯排在他后面。吴王参加盟会以后，越国攻入吴国的消息越传越广，吴王担心齐宋两国偷袭自己，于是命令王孙雒先和勇获率领步兵，以回国路过为名来到宋国，放火焚烧宋国国都北面的外城进行恫吓，然后才过境回国。

句践灭吴夫差自杀

原文

吴王夫差还自黄池，息民不戒[①]。越大夫种乃唱谋曰[②]："吾谓吴王将遂涉吾地，今罢师而不戒以忘我，我不可以怠。日[③]臣尝卜于天，今吴民既罢，而大荒荐饥[④]，市无赤米[⑤]，而囷鹿[⑥]空虚，其民必移就蒲蠃于东海之滨[⑦]。天占既兆[⑧]，人事又见，我蔑[⑨]卜筮矣。王若今起师以会，夺之利，无使夫悛[⑩]。夫吴之边鄙远者，罢而未至，吴王将耻不战，必不须[⑪]至之会也，而以中国[⑫]之师与我战。若事幸而从我，我遂践其地，其至者亦将不能之会也已，吾用御儿[⑬]临之。吴王若愠而又战，奔遂可出。若不战而结成[⑭]，王安厚取名而去之[⑮]。"越王曰："善哉！"乃大戒师，将伐吴。

注释

①不戒：不加戒备。

②种：指大夫文种。唱：同“倡”，倡议，发起。

③日：往日，过去。

④荐饥：连年饥荒。荐，频仍，屡次。

⑤赤米：一种劣质米。

⑥囷（qūn）鹿：粮仓。

⑦蒲：水草。蠃（luó）：河蚌一类的软体动物。滨：近水的地方。

⑧兆：显现。

⑨蔑：不用，用不着。

⑩夫：指吴王。悛（quān）：悔改。

⑪须：等待。

⑫中国：指吴国国都。

⑬御儿：越国地名，在今浙江嘉兴一带。

⑭结成：结盟讲和。

⑮安：安稳。取名：获得名声。

译文

吴王夫差从黄池回国后，让将士解甲休息而不加戒备。越国大夫文种便倡议说：“我以为吴王下一步会进攻越国，如今他却让部队休息，不加戒备，似乎忘了我们，我们不可因此而懈怠。以前我曾经卜问上天，如今吴国的民众已经疲惫，而且连年大饥荒，市场上连劣质的红稻米都没有，粮仓都空了，吴国民众不得不迁移到东海边，拾取蒲草、蚌蛤为食。上天已经有了征兆，民众不满的迹象也已显现，我们不必再卜问了。君王如果现在发兵与吴国会战，必定会夺得有利时机，不给吴王悔改、喘息的机会。吴国边境地区的将士路途遥远，刚回家休整而不能及时赶回，吴王定会以不应战为耻，必定不等全国兵力集结，而只用国都现有的士兵与我们交战。如果战事进展顺利，我们就可以攻入吴国，那些从边远地区赶来的吴国援兵即使赶来也不能与国都的军队会合，我们可以用御儿地区的驻军抵御他们。吴王如果愤怒而与我们再战，只会兵败逃亡。吴王如果不战而求和，君王就可以在安稳地获得厚利和名声之后再撤兵。”越王说：“太好了！”于是越王大规模动员军队，准备讨伐吴国。

原文

楚申包胥[①]使于越，越王句践问焉，曰：“吴国为不道，求残[②]我社稷宗庙，以为平原[③]，弗使血食[④]。吾欲与之徼天之衷[⑤]，唯是车马、兵甲、卒伍既具，无以行之。请问战奚以而可？”包胥辞曰：“不知。”王固[⑥]问焉，乃对曰：“夫吴，良国[⑦]也，能博取于诸侯。敢问君王之所以与之战者？”王曰：“在孤之侧者，觞酒、豆肉、箪食，未尝敢不分也。饮食不致味[⑧]，听乐不尽声[⑨]，求以报吴。愿以此战。”包胥曰：“善则善矣，未可以战也。”王曰：“越国之中，疾者吾问之，死者吾葬之，老其老，慈其幼，长其孤，问其病，求以报吴。愿以此战。”包胥曰：“善则善矣，未可以战也。”王曰：“越国之中，吾宽民以子之，忠惠以善之。吾修令宽刑，施民所欲，去民所恶，称其善，掩其恶，求以报吴。愿以此战。”包胥曰：“善则善矣，未可以战也。”王曰：“越国之中，富者吾安之，贫者吾与之，救其不足，裁其有余，使贫富皆利之，求以报吴。愿以此战。”包胥曰：“善则善矣，未可以战也。”王曰：“越国南则楚，西则晋，北则齐，春秋皮币、玉帛、子女以宾服焉，未尝敢绝，求以报吴。愿以此战。”包胥曰：“善哉，蔑以加焉，然犹未可以战也。夫战，智为始，仁次之，勇次之。不智，则不知民之极[⑩]，无以铨度[⑪]天下之众寡；不仁，则不能与三军共饥劳之殃；不勇，则不能断疑以发大计。”越王曰：“诺。”

注释

①申包胥：伍子胥的好友，楚国大夫。
②残：破坏，摧毁。
③平原：平地。
④弗使血食：指祖先得不到祭祀，即国家灭亡。
⑤徼天之衷：求上天裁决赐福予谁。
⑥固：再三，坚决。
⑦良国：强盛的国家。
⑧不致味：不追求美味。
⑨不尽声：不迷恋美妙的音乐。
⑩极：民众的意愿。
⑪铨度：衡量。

译文

楚国大夫申包胥出使越国，越王句践向他咨询，说："吴国不行正道，图谋灭亡我们的社稷宗庙，把它夷为平地，不让我们祖宗的神灵享受祭祀。我想和吴国一起求上天决断祸福，现在我已准备好了车马、兵甲、军队，只是还没有制定用兵的方法和谋略。请问还要具备什么条件与吴国交战才能获胜呢？"申包胥推却说："我不知道。"越王再三询问，申包胥才回答道："吴国，是一个很强大的国家，能凭实力向诸侯征收贡赋。冒昧地问一下，君王靠什么跟吴国开战呢？"越王说："我对周围的人，凡是杯中的酒、盘中的肉、竹篮中的食物，从来不敢不与大家分享。饮食不追求美味，听乐不迷恋音乐，我一心想凭此报复吴国。希望能凭这些与吴国开战。"申包胥说："您做得好倒是好，但只靠这些还不行。"越王又说："越国之中，生病的我去慰问，死去的我来埋葬，敬重老人，爱护幼小，抚育孤儿，体察民间疾苦，我一心想凭此报复吴国。希望能凭这些与吴国开战。"申包胥说："您做得好倒是好，但只靠这些还不行。"越王说："越国之中，我宽厚待民，像对自己的子女一样，忠厚惠爱地善待他们。我修订法令，放宽刑罚，实施民众想要的政策，去除民众厌恶的苛政，称赞民众的优点，制止民众的恶行，我一心想凭此报复吴国。希望能凭这些与吴国开战。”申包胥说：“您做得好倒是好，但只靠这些还不行。”越王说：“越国之中，对富贵之人我让他们安心营生，贫困的人我接济他们，补救不足，向有余的人征税，让贫富两种人都得到利益，我一心想凭此报复吴国。希望能凭这些与吴国开战。”申包胥说：“您做得倒是好，但只靠这些还不行。”越王说：“越国南邻楚国，西接晋国，北连齐国，每年四季，我都向他们赠送皮币、玉帛、美女以表示服从，未曾断绝，我一心想凭此报复吴国。希望能凭这些与吴国开战。”申包胥说：“好啊，没有比您做得更好的了，但是只靠这些还不行。两国交战，智谋是最重要的，仁义次之，勇敢又次之。没有智谋，就不知道民心的向背，就无法衡量双方的力量；没有仁义，就不能和三军将士共同分担饥劳之苦；没有勇敢，就不能果断排除疑难，制定大计。”越王说：“好。”

原文

越王句践乃召五大夫[①]，曰：“吴为不道，求残吾社稷宗庙，以为平原，不使血食。吾欲与之徼天之衷，唯是车马、兵甲、卒伍既具，无以行之。吾问于王孙包胥，既命[②]孤矣；敢访[③]诸大夫，问战奚以而可？句践愿诸大夫言之，皆以情[④]告，无阿[⑤]孤，孤将以举大事。”大夫舌庸乃进对曰：“审赏[⑥]则可以战乎？”王曰：“圣[⑦]。”大夫苦成进对曰：“审罚则可以战乎？”王曰：“猛。”大夫种进对曰：“审物[⑧]则可以战乎？”王曰：“辩[⑨]。”大夫蠡进对曰：“审备[⑩]则可以战乎？”王曰：“巧[⑪]。”大夫皋如进对曰：“审声[⑫]则可以战乎？”王曰：“可矣。”王乃命有司大令于国曰：“苟任戎[⑬]者，皆造[⑭]于国门之外。”王乃命于国曰：“国人欲告者来告[⑮]，告孤不审[⑯]，将为戮[⑰]不利，及五日必审之，过五日，道[⑱]将不行。”

注释

①五大夫：指越国的五位重臣舌庸、苦成、文种、范蠡、皋如。
②命：告诉。
③访：询问，咨询。
④情：实情。
⑤阿：阿谀，曲从。
⑥审赏：赏不失劳。审，审慎。
⑦圣：通达。
⑧物：指旗帜的颜色。
⑨辩：同“辨”，明辨，辨别。
⑩备：守备。
⑪巧：巧妙。
⑫声：指行军作战时指挥进退的钲鼓之声。
⑬任戎：参军。
⑭造：到……去。
⑮告：告知意见。
⑯不审：不审慎。
⑰戮：革除。
⑱道：办法。指国人所提的意见。

译文

于是越王句践召见五位辅政的大夫，说：“吴国不行正道，图谋灭亡我们的社稷宗庙，并夷为平地，不让我们祖宗的神灵享受祭祀。我想和吴国一起求上天决断祸福，现在我已准备好了车马、兵甲、军队，只是还没有制定用兵的方法和谋略。我向申包胥请教伐吴大计，他已经给了我建议；现在我再冒昧咨询诸位大夫，请问还要具备什么条件，与吴国交战才能获胜呢？希望诸位大夫发表意见，告诉我你们的真实想法，不要曲意迎合我，我准备发起大事。”大夫舌庸上前回答说：“审慎地奖赏，凭此可以取胜吗？”越王说：“通达。”大夫苦成上前回答说：“审慎地惩罚，凭此可以取胜吗？”越王说：

"勇猛。"大夫文种上前回答说："审慎地制定军旗徽帜，凭此可以取胜吗?"越王说："明辨。"大夫范蠡上前回答说："审慎地进行守备，凭此可以取胜吗?"越王说："巧妙。"大夫皋如上前回答说："审慎地运用钲鼓进退之声，凭此可以取胜吗?"越王说："可以了。"于是命令相关人员向全国发布命令："愿意加入军队的，都到国都门外集合。"越王在那里发布命令："你们中想提建议的都来，指出我的不审慎之处，我会去除不好的地方，五天之内请审慎对待，超过五天，你们提的建议就不会被采纳了。"

原文

王乃入命夫人。王背屏①而立，夫人向屏。王曰："自今日以后，内政无出②，外政无入③。内有辱，是子也；外有辱，是我也。吾见子于此止矣。"王遂出，夫人送王，不出屏，乃阖左阖④，填之以土，去笄侧席而坐⑤，不扫。王背檐而立，大夫向檐。王命大夫曰："食土不均⑥，地之不修⑦，内有辱于国，是子也；军士不死，外有辱，是我也。自今日以后，内政⑧无出，外政⑨无入，吾见子于此止矣。"王遂出，大夫送王不出檐，乃阖左阖，填之以土，侧席而坐，不扫。

注释

①屏：寝室内的屏风。
②内政：指内宫之政。无出：不出宫门。
③外政：指朝堂政务。无入：不准进入宫门。
④阖左阖：关闭左边的宫门。
⑤侧席而坐：单独一席而坐。
⑥食土：分配土地。均：平。
⑦修：治理，开垦种植。
⑧内政：对内的国政。
⑨外政：对外的军政。

译文

越王于是又进后宫命令夫人。越王背向屏风站立，夫人面向屏风。越王说："从今以后，后宫的内务不许出宫门，外朝的政事不许入宫门。后宫的内务有差错，是您的责任；外朝的政事有差错，是我的责任。我来见您，就到这里为止了。"越王于是离开后宫出来，夫人送他，不出屏风，关上左侧的宫门，用土填塞，摘去头上的簪笄，侧身而坐，不再洒扫内宫。越王出宫后背对屋檐而立，大夫面向屋檐。越王命令大夫说："田地分配不均，土地垦殖得不好，国家的内政有差错，是您的责任；将士不拼死作战，战事有差错，是我的责任。从今以后，对内的国政不出朝，对外的军政不入朝，我见你们，就在这里为止了。"越王于是离开朝堂，大夫们送他，不走出屋檐，关上左侧的门户，用土填塞，侧身坐在席上，不再洒扫朝廷。

原文

王乃之坛列①，鼓而行之，至于军，斩有罪者以徇②，曰："莫如此以环瑱通相问也③。"明日徙舍④，斩有罪者以徇，曰："莫如此不从其伍之令。"明日徙舍，斩有罪者以徇，曰："莫如此不用⑤王命。"明日徙舍，至于御儿，斩有罪者以徇，曰："莫如此淫逸⑥不可禁也。"

注释

①之：到。坛列：郊外的土坛。

②徇：对众宣示，示众。

③通：行贿乱军。相问：收受贿赂。

④徙舍：更换营地。

⑤用：遵守。

⑥淫逸：放任自流。

译文

越王于是去郊外的土坛，击鼓出发，来到军营，杀了有罪的人并斩首示众，说："不准有人像他们这样用金环、玉瑱进行贿赂，破坏军纪。"第二天军队移驻新的营地，杀了有罪的人并斩首示众，说："不准有人像他们这样不服从军令。"第三天军队又迁移驻新的营地，杀了有罪的人并斩首示众，说："不准有人像他们这样不听王命。"第四天军队又迁移驻新的营地，到达御儿，杀了有罪的人并斩首示众，说："不准有人像他们这样放纵、散漫而不可禁止。"

原文

王乃命有司大徇于军，曰："有父母耆老[①]而无昆弟者，以告。"王亲命之曰："我有大事，子有父母耆老，而子为我死，子之父母将转[②]于沟壑，子为我礼已重矣。子归，殁[③]而父母之世。后若有事，吾与子图之。"明日徇于军，曰："有兄弟四五人皆在此者，以告。"王亲命之曰："我有大事，子有昆弟四五人皆在此，事若不捷[④]，则是尽[⑤]也。择子之所欲归者一人。"明日徇于军，曰："有眩瞀[⑥]之疾者，以告。"王亲命之曰："我有大事，子有眩瞀之疾，其归若已。后若有事，吾与子图之。"明日徇于军，曰："筋力不足以胜甲兵[⑦]、志行不足以听命者归，莫告。"明日，迁军接和[⑧]，斩有罪者以徇，曰："莫如此志行不果[⑨]。"于是人有致死之心。王乃命有司大徇于军，曰："谓二三子[⑩]归而不归，处而不处[⑪]，进而不进，退而不退，左而不左，右而不右，身斩，妻子鬻[⑫]。"

注释

①耆老：六十岁的老人。

②转：遗尸。

③殁：送终。

④捷：成功，取胜。

⑤尽：指全部丧命。

⑥眩瞀（mào）：眼睛昏花，看不清东西。

⑦筋力：体力。甲兵：武器，此指打仗。

⑧迁军：调集军队。和：和谐，调和。

⑨果：果断。

⑩二三子：指众将士。

⑪处：止。

⑫鬻：卖。

译文

越王又命令有关官员通告全军，说："家中有父母老人而没有兄弟的，报告上来。"越王亲自对他们说："我要与吴国开战，你们家中有父母老人，而你们为我效力而死，你们的父母将遗尸山谷沟壑之中，你们为我所尽的礼已经很重了。请你们回去，为你们的父母送终。如果以后国家有事，我再跟你们商量。"第二天又通告全军，说："有兄弟四五人都在军队中的，报告上来。"越王亲自对他们说："我要与吴国开战，你们有兄弟四五人都在军队里，仗如果打不赢，那么你们兄弟四五人就可能全部殉难。你们自行选一个愿意回家的人。"第三天又通告全军，说："有眼睛昏花的，报告上来。"越王亲自对他们说："我要与吴国开战，你们眼睛昏花，就请回家去吧。如果以后国家有事，我再跟你们商量。"第四天又通告全军，说："有体力虚弱、品行不端、不服从军令的，请回去吧，不用报告。"第五天全军转移，建立军门，杀了有罪的人示众，说："不准像他们这样行为不果决。"于是越军将士人人有决一死战的准备。越王又命令有关官员通告全军，说："你们当中有让回防而不回防、让停止而不停止、让前进而不前进、让后退而不后退、让向左而不向左、让向右而不向右的，一律斩首，卖掉妻子儿女为奴。"

原文

于是吴王起师，军于江[①]北，越王军于江南。越王乃中分其师以为左右军，以其私卒[②]君子六千人为中军。明日将舟战于江，及昏，乃命左军衔枚溯江五里以须[③]，亦令右军衔枚逾江[④]五里以须。夜中，乃命左军、右军涉江鸣鼓中水[⑤]以须。吴师闻之，大骇[⑥]，曰："越人分为二师，将以夹攻我师。"乃不待旦[⑦]，亦中分其师，将以御越。越王乃令其中军衔枚潜涉[⑧]，不鼓不噪以袭攻之，吴师大北[⑨]。越之左军、右军乃遂涉而从之，又大败之于没[⑩]，又郊败之，三战三北，乃至于吴。越师遂入吴国，围王台[⑪]。

注释

①江：松江。

②私卒：指诸侯的宗族亲军。

③枚：古代行军时，士卒口衔用以防止喧哗的器具，形如筷子。须：待命。

④逾江：渡江。

⑤中水：水中央。

⑥骇：惊惧。

⑦旦：天明。

⑧潜涉：偷渡。

⑨北：军队败走。

⑩没：吴国地名。

⑪王台：指吴王夫差修建的姑苏台。

译文

于是吴王夫差起兵，驻扎在松江北岸，越王句践驻扎在松江南岸。越王把军队分成左右两军，把亲近他又有志气的六千士卒编为中军。次日在江上进行舟战，到黄昏时，越王便命令左军衔枚溯江上行五里待命，又命令右军衔枚沿江下行五里待命。半夜时分，越王命令左右两军同时击鼓渡江，在中流待命。吴军听到鼓声，大为惊骇，说："越人分为两部分准备夹击我们了。"于是吴军不等天亮，也把军队分成两部分，准备抵御越军。越王就命令中军将士衔枚偷偷渡江，不击鼓、不喧哗，发动突然袭击，吴军大败。这时越国的左军、右军乘机渡江掩袭，在没地大败吴军，继而又在吴国国都的郊外大败吴军，吴军三战三败，越军便攻入吴国都城，包围了吴王藏身的姑苏台。

原文

吴王惧，使人行成。曰："昔不穀[①]先委制于越君，君告孤请成，男女服从。孤无奈越之先君何，畏天之不祥，不敢绝祀，许君成，以至于今。今孤不道，得罪于君王，君王以亲辱于弊邑。孤敢请成，男女服为臣御[②]。"越王曰："昔天以越赐吴，而吴不受；今天以吴赐越，孤敢不听天之命，而听君之令乎？"乃不许成。因使人告于吴王曰："天以吴赐越，孤不敢不受。以民生[③]之不长，王其无死！民生于地上，寓[④]也，其与[⑤]几何？寡人其达王于甬句东[⑥]，夫妇[⑦]三百，唯王所安，以没王年。"夫差辞曰："天既降祸于吴国，不在前后[⑧]，当[⑨]孤之身，实失宗庙社稷，凡吴土地人民，越既有之矣，孤何以视于天下！"夫差将死，使人说[⑩]于子胥曰："使死者无知，则已矣；若其有知，君何面目以见员也！"遂自杀。

注释

①不穀：不善。君主的谦称。
②臣御：臣仆。
③民生：人生。
④寓：寄居。
⑤与：参与。此指生存。
⑥达：送到。甬句东：越国地名，在今浙江舟山群岛。
⑦夫妇：男女臣仆。
⑧前后：指夫差的先君和继承者。
⑨当：值。
⑩说：告祭。

译文

吴王害怕了，派人到越国求和。说："以前我臣服于越君，越君向我讲和，愿将宫中男女送到吴国服役。我碍于两国先君的友谊，害怕上天降下不祥，所以不敢灭绝越国的宗庙祭祀，因此答应了越君的讲和，一直到现在。如今我不遵天道，得罪了君王，君王亲自来到敝国。我冒昧地请求讲和，吴国宫中男女愿做君王的臣仆。"越王说："以前上天把越国赐给吴国，而吴国没有接受；如今上天又把吴国赐给越国，我岂敢不听上天的命令，而听从你的命令呢？"于是没有答应讲和。越王派人告诉吴王说："上天把吴国赐给越国，我不敢不接受。因为人生并不长，君王不能轻易死去！人活在世上，只不过是个过客，能有多少时日呢？我将送君王到甬句东这个地方养老，让君王挑选三百对男女奴仆供君王使唤，让君王颐养天年。"夫差推辞说："上天已经给吴国降下灾祸，不在我之前，不在我之后，正在我执政期间，我失去了国家的宗庙社稷，凡是吴国的土地和人民，越国已经全拥有了，我有什么脸面见天下人！"夫差临死前，派人告祭伍子胥说："假如死者没有知觉，也就罢了；假如死者有知觉，我还有何面目去见伍子胥啊！"于是自杀了。

原文

越灭吴，上征上国[1]，宋、郑、鲁、卫、陈、蔡执玉之君[2]皆入朝。夫唯能下[3]其群臣，以集[4]其谋故也。

注释

①上：指向北、北上。上国：中原诸侯国。

②执玉之君：指周天子分封的诸侯。玉，命圭。

③下：指待人谦谨。

④集：成。

译文

越王灭了吴国之后，又北上征服了中原诸侯国，宋、郑、鲁、卫、陈、蔡等国都拿着玉器来朝拜。这是越王句践谦虚地对待群臣，并集中群臣智谋的缘故。

越语上

句践灭吴

原文

越王句践栖于会稽之上①，乃号令于三军曰："凡我父兄昆弟及国子姓②，有能助寡人谋而退吴者，吾与之共知③越国之政。"大夫种④进对曰："臣闻之贾人⑤，夏则资⑥皮，冬则资絺，旱则资舟，水则资车，以待乏⑦也。夫虽无四方之忧，然谋臣与爪牙之士⑧，不可不养而择也。譬如蓑笠，时雨既至必求之。今君王既栖于会稽之上，然后乃求谋臣，无乃后⑨乎？"句践曰："苟得闻子大夫之言，何后之有？"执其手而与之谋。

注释

①栖：指兵败退居。会稽：山名，在今浙江绍兴。

②昆弟：弟兄。国子姓：与王同姓的宗族。

③知：掌管，处理。

④大夫种：文种，字子禽，越国大夫。

⑤贾（gǔ）人：商人。

⑥资：积蓄，储备。

⑦待乏：待到物资缺乏。

⑧爪牙之士：得力的助手，特指武将。

⑨后：晚。

译文

越王句践兵败退守在会稽山上，向三军传令说："凡属我父老兄弟及同姓的越国子民，有能帮助我打退吴兵的人，我愿同他共同治理越国。"大夫文种上前回答说："我听说做生意的人，在夏天就要储备皮货，冬天就储备细葛布，大旱的季节就储备舟船，水涝的季节就储备车辆，这样做是为了等缺货时卖个大价钱。越国平时即使没有四方的忧虑，谋臣和武将一类的人才，却不可不事先进行培养。譬如蓑衣和斗笠，在雨季到来后一定会派上用场。如今您退守在会稽山上，才想到寻找谋臣，这未免太晚了吧？"句践说："只要能听到您的话，有什么晚的？"于是越王拉着文种的手和他商量退吴的谋略。

原文

遂使之行成[①]于吴，曰："寡君句践乏无所使，使其下臣种，不敢彻声闻于天王[②]，私于下执事[③]曰：寡君之师徒[④]不足以辱君矣，愿以金玉、子女赂君之辱[⑤]，请句践女女于王[⑥]，大夫女女于大夫，士女女于士。越国之宝器毕从。寡君帅越国之众，以从君之师徒，唯君左右之。若以越国之罪为不可赦也，将焚宗庙，系妻孥，沉金玉于江，有带甲五千人将以致死，乃必有偶[⑦]。是以带甲万人事君也，无乃即伤君王之所爱乎？与其杀是人也，宁其得此国[⑧]也，其孰利乎？"

注释

①行成：请求和解。

②彻声：大声。天王：指吴王夫差。

③下执事：吴王手下的办事人员。

④师徒：军队。

⑤赂君之辱：赔偿吴王屈尊伐越的损失。

⑥女女于王：送出女儿作为吴王的奴婢。第二个"女（nǜ）"作动词

讲，意为充当奴婢。

⑦乃必有偶：意谓五千甲士虽少，拼死一战会爆发出成倍的战斗力。

⑧此国：指越国。

译文

于是越王派文种去吴国求和，说："我们国君句践手下缺人，没有人可派遣，派下臣文种前来，不敢当面与天王说话，私下跟天王的办事人员说：越王的军队已不值得天王屈尊讨伐了，我们愿意用金玉、美女赔偿天王屈尊伐越的损失，请让句践的女儿给吴王做奴婢，大夫的女儿给吴国大夫做奴婢，士的女儿给吴国的士人做奴婢。越国的财宝、重器全都进贡给吴国。我们越王率领的军队，听从吴国的调遣，听凭天王随意处置。如果天王觉得越国的罪责不可宽恕，那越国只得烧掉宗庙，把妻子儿女捆绑起来，把金玉沉到江底，我们还有五千甲士能拼死一战，无不以一当二。所以，等于有一万甲士为国君效死，难道不会伤害吴王心爱的部下吗？与其让这些人互相残杀，还不如不战而得到越国，哪个更有利呢？"

原文

夫差将欲听与之成，子胥[①]谏曰："不可。夫吴之与越也，仇雠敌战之国也[②]。三江[③]环之，民无所移，有吴则无越，有越则无吴，将不可改于是[④]矣。员闻之，陆人居陆，水人居水。夫上党[⑤]之国，我攻而胜之，吾不能居其地，不能乘其车。夫越国，吾攻而胜之，吾能居其地，吾能乘其舟。此其利也，不可失也已，君必灭之。失此利也，虽悔之，必无及已。"

注释

①子胥：伍子胥。

②仇雠：仇恨多，积怨深厚。敌战：正面作战。

③三江：吴江、钱塘江、浦阳江。

④不可改于是：不能改变这种地理格局。

⑤上党：地名，在今山西太原一带。这里代指中原多陆地的诸侯国。

译文

夫差准备听从文种的话与越国讲和，伍子胥劝谏说："不行。吴国和越国是互为仇雠的两个国家。外有三条大江环绕着两国，民众无法迁移，有吴国就不能有越国，有越国就不能有吴国，这种地理格局是不能改变的。我听说，陆地上的人习惯住在内陆，水边人习惯住在水边。上党那些内陆的诸侯国，我们即使攻下了，也不能居住在他们的国土上，不能乘坐他们的车辆。而越国，我们攻下了，就能居住在他们的土地上，能乘坐他们的舟船。这就是利益，是不可错失的良机啊，君王您一定要灭了越国。失掉这个利益，就算后悔，也一定来不及了。"

原文

越人饰美女八人纳之太宰嚭①，曰："子苟赦越国之罪，又有美于此者将进之。"太宰嚭谏曰："嚭闻古之伐国者，服之而已。今已服矣，又何求焉？"夫差与之成②而去之。

注释

①饰：打扮。太宰嚭：伯嚭，吴国太宰。

②与之成：与越国讲和。

译文

越人把打扮好的八个美女进献给太宰伯嚭，说："您如果能宽赦越国的罪过，还有比这些更美的女子献给您。"于是太宰伯嚭劝谏吴王说："我听说古代讨伐别的敌国，只要降服敌国就可以了。越国现在已经臣服了，还要求什么呢？"夫差跟越国讲和后，就打发文种回去了。

原文

句践说[①]于国人曰："寡人不知其力之不足也，而又与大国执雠[②]，以暴露百姓之骨于中原[③]，此则寡人之罪也。寡人请更[④]。"于是葬死者，问伤者，养生者，吊有忧[⑤]，贺有喜，送往者，迎来者，去民之所恶，补民之不足。然后卑事夫差，宦士三百人于吴，其身亲为夫差前马[⑥]。

注释

①说：解说，解释。
②执雠：结仇。
③中原：原野之中。
④更：更正错误。
⑤吊有忧：吊唁有丧事者。
⑥前马：马前卒，在马前护卫、开路。

译文

句践对国人说："我不知道我们的国力不足，却与强大的吴国结仇，因此连累百姓的尸骸暴露在原野上，这是我的罪过啊！请允许我改正错误。"于是越王埋葬那些战死的人，慰问那些受伤的人，抚养那些活着的人，吊唁那些有丧事的人，祝贺那些有喜事的人，对离去的人给予帮助，对迁来的人给予安排，除去人民厌恶的规章制度，弥补民众认为做得不够的事情。然后再谦卑地侍奉吴王夫差，派三百个士人到吴国当奴仆，句践亲自充当夫差的马前卒。

原文

句践之地，南至于句无[①]，北至于御儿，东至于鄞[②]，西至于姑蔑[③]，广运百里[④]。乃致其父母昆弟而誓之曰："寡人闻，古之贤君，四方之民归之，若水之归下也。今寡人不能，将帅二三子夫妇以

蕃[5]。”令壮者无取老妇，令老者无取壮妻。女子十七不嫁，其父母有罪；丈夫二十不娶，其父母有罪。将免[6]者以告，公[7]令医守之。生丈夫[8]，二壶酒，一犬；生女子，二壶酒，一豚。生三人，公与之母[9]；生二人，公与之饩[10]。当室者[11]死，三年释其政[12]；支子[13]死，三月释其政。必哭泣葬埋之，如其子。令孤子、寡妇、疾疹[14]、贫病者，纳宦其子[15]。其达士[16]，洁其居，美其服，饱其食，而摩厉之于义[17]。四方之士来者，必庙礼[18]之。句践载稻与脂[19]于舟以行，国之孺子之游者，无不馆[20]也，无不歠[21]也，必问其名。非其身之所种则不食，非其夫人之所织则不衣，十年不收于国，民俱有三年之食。

注释

①句无：越国地名，在今浙江诸暨。
②鄞（yín）：越国地名，在今浙江鄞县。
③姑蔑：越国地名，在今浙江衢州龙游。
④广运百里：方圆百里。
⑤蕃：繁衍生息。
⑥免：通“娩”，孕妇分娩。
⑦公：公家。
⑧丈夫：指男孩。
⑨公与之母：公家配给乳母。
⑩饩（xì）：粮食。
⑪当室者：家中嫡长子。
⑫释：免除。政：徭役，赋税。
⑬支子：庶子。
⑭疹（chèn）：通“疢”，疾病。
⑮纳宦其子：将其子交公家收养并在官府安排差事。
⑯达士：显贵之士。
⑰摩厉：磨砺。义：道义。
⑱庙礼：在庙堂上接待，以示尊重。

⑲脂：肥肉。

⑳铺：供给食物。

㉑歠（chuò）：通“啜”，给他喝水。

译文

句践的国土，南面到句无，北面到御儿，东面到鄞县，西面到姑蔑，方圆百里。句践召集了越人的父母兄弟，对他们发誓说：“我听说，古代的贤君，四方的民众都愿意归附他，就好比水往低处流一样。如今我没有这个能耐，只能带领你们繁衍生息。”于是下令壮年人不准娶老年妇女，老年人不准娶壮年妻子。女子到十七岁还不嫁人，其父母就有罪；男子二十岁不娶妻，其父母就有罪。有即将分娩的女子要上报公家，公家派医生守护。生了男孩，奖励两壶酒，一条狗；生了女孩，奖励两壶酒，一头猪。生了三胞胎，公家安排乳母；生了双胞胎，公家提供食物。家中嫡子死了，免除三年徭役；家中庶子死了，免除三个月徭役。对死者，官员一定要哭着予以埋葬，像对待自己的儿子一样。命令凡是孤儿、寡妇、疾病以及贫病的家庭，公家供给其子女生活费用。对国中显达之士，给他们整洁的住房，华美的衣服，让他们吃饱喝足，让他们切磋以崇尚道义。对各地来投奔的士人，一定要在庙堂里以礼接待。句践用船载着稻米和肥肉，遇到流浪的年轻人，就给他食物吃，给他水喝，同时记下他们的姓名。不是句践亲自种出的粮食，就不吃，不是他夫人亲自织出的布，就不穿。整整十年不向国人征税，民众家里都储备有三年的粮食。

原文

国之父兄请曰：“昔者夫差耻吾君于诸侯之国，今越国亦节[①]矣，请报之。”句践辞曰：“昔者之战也，非二三子之罪也，寡人之罪也。如寡人者，安与知耻？请姑无庸战[②]。”父兄又请曰：“越四封之内[③]，亲吾君也，犹父母也。子而思报父母之仇，臣而思报君之雠，其有敢不尽力者乎？请复战。”句践既许之，乃致[④]其众而誓之曰：“寡人闻古之贤君，不患其众之不足也，而患其志行之少耻也。今夫差衣水犀之甲者亿有三千[⑤]，不患其志行之少耻也，而患其众之不足也。今寡人将助天灭之。吾不欲匹夫之勇也，欲其旅进

旅退[6]也。进则思赏，退则思刑，如此则有常赏[7]。进不用命，退则无耻，如此则有常刑。”果行，国人皆劝，父勉其子，兄勉其弟，妇勉其夫，曰：“孰是君也，而可无死乎?”是故败吴于囿[8]，又败之于没[9]，又郊败之。

注释

①节：有节度。此指国力恢复，发展步入正轨。

②姑：暂且。庸：通“用”。

③四封之内：指举国上下。

④致：使之来，召集。

⑤水犀之甲：犀牛皮做成的铠甲。亿：古代计数十万为一亿。有：通“又”。

⑥旅进旅退：共同进退，步调一致。

⑦常赏：常规奖励。

⑧囿：指笠泽，后人一般用作吴淞江的别称。

⑨没：吴国地名。

译文

越国的父老兄弟向句践请命说：“以前夫差在诸侯面前使您蒙受耻辱，如今越国已恢复国力，我们请求报仇。”句践推辞说：“以前的战争失利，并非你们的罪过，是我的罪过。像我这样的人，哪里值得你们跟我共同承担耻辱？请大家姑且不要言战。”越国父兄又请命说：“越国四境之内，百姓爱戴我们的君王，就像爱戴自己的父母一样。子女想为父母报仇，臣民想为国君报仇，谁敢有不尽全力的？请求再与吴国决战。”句践于是答应了他们的请命，召集民众发誓说：“我听说古代的贤君，不担忧他的军队人数不够，而担心他本人的志向、操行不够高尚。如今夫差拥有穿着犀牛皮的甲士十万三千人，他不担心自己的志向操行不够高尚，而是担心军队的人数不够。如今我要帮助上天灭掉它。我不要只有匹夫之勇的士兵，希望大家步调一致、共进退。前进时就想到受赏，后退时就想到受罚，这样才能得到常规的赏赐。前进时不听命令，后退时没有羞耻感，这样就会受到常规的刑罚。”越军按时出发，国人彼此勉励，父亲勉励儿子，哥哥勉励弟弟，妻子勉励丈夫，说：“谁有我们这样好的国君啊，我们能不为他拼死作战吗？”所以越军在囿地打败吴军，又在没地打败吴军，最后又在吴国国都郊外打败吴军。

原文

夫差行成，曰："寡人之师徒，不足以辱君矣。请以金玉、子女赂君之辱。"句践对曰："昔天以越予吴，而吴不受命；今天以吴予越，越可以无听天之命，而听君之令乎！吾请达王甬句东①，吾与君为二君乎②。"夫差对曰："寡人礼先壹饭矣③。君若不忘周室④，而为弊邑宸宇，亦寡人之愿也。君若曰：'吾将残汝社稷，灭汝宗庙。'寡人请死，余何面目以视于天下乎！"越君其次⑤也，遂灭吴。

注释

①王：指夫差。甬句：甬江和句章，都是越国地名。

②二君：指共同做越国国君。此是婉拒吴王求和之词。

③礼先壹饭：指夫差曾在会稽向句践求和。

④不忘周室：吴国与周王室同姓，夫差希望句践能看在周王室的分上做决定。

⑤次：军队临时驻扎。此指占领。

译文

夫差求和，说："我的军队已经不值得您屈尊讨伐了。请允许我把吴国的金玉、美女进献给您作为赔罪。"句践回答说："从前，上天把越国赐给吴国，吴国却没有接受天命；现在，上天又把吴国赐给越国，越国难道要不听天命而听从你的命令吗？我想把你送到甬句东去，我和你共同做越国的国君吧。"夫差回答说："我先前在会稽已经有礼在先了。您如果还念在周王室的情面上，请给吴国一点儿屋檐下的地方立脚，这也是我的愿望。您如果说：'我将摧毁你的社稷，灭掉你的宗庙。'那我只求一死，还有什么脸面对天下人呢！"于是越王进攻吴国，最终灭掉了吴国。

越语下

范蠡进谏句践持盈定倾节事[1]

原文

越王句践即位三年而欲伐吴，范蠡进谏曰："夫国家之事，有持盈，有定倾，有节事。"王曰："为三者，奈何?"对曰："持盈者与天[2]，定倾者与人[3]，节事者与地[4]。王不问，蠡不敢言。天道盈而不溢，盛而不骄，劳而不矜其功。夫圣人随时[5]以行，是谓守时。天时不作[6]，弗为人客[7]；人事[8]不起，弗为之始[9]。今君王未盈而溢，未盛而骄，不劳而矜其功，天时不作而先为人客，人事不起而创为之始，此逆于天而不和于人。王若行之，将妨[10]于国家，靡王躬身[11]。"王弗听。

注释

①范蠡：字少伯，越国大夫。持盈：保持强盛的局面。定倾：在危难时刻匡扶国家。节事：处理国家政事要得当。

②与天：顺从天道。

③与人：注重人和。

④与地：重视地利。

⑤随时：顺从天时。

⑥作：起。

⑦为人客：攻打别国。

⑧人事：国家发生人为的灾祸。

⑨始：事端。

⑩妨：妨害。

⑪靡：损害，伤及。躬身：自身。

译文

越王句践即位后的第三年就想去讨伐吴国，范蠡进谏说：“治理国家有三件事要注意，国家强盛时要设法保持下去，国家倾覆时要设法转危为安，平时处理国家政事要得当。”越王问：“这三点，要怎么做呢？”范蠡回答说：“保持国家强盛就应顺从天道，使国家转危为安就应注重人和，要妥善地处理国家政事就应重视地利。君王不问，我不敢说。天道要盈满而不溢出，气盛而不骄傲，辛劳而不自夸有功。圣人顺应天时行动，这就叫守时。如果对方没有发生天灾，就不要发起进攻；如果对方没有发生人祸，就不要挑起事端。如今君王未等到国家富足就过早行动，未等到国家强盛就骄傲起来，未付出劳动就夸耀功劳，对方没有发生天灾就要发起进攻，对方没有发生人祸就要挑起事端，这种做法会违背天意并且失去人和。君王真要这样做的话，必将危害国家、伤及自身。”越王不听范蠡的劝谏。

原文

范蠡进谏曰：“夫勇者，逆①德也；兵者，凶器也；争者，事之末②也。阴谋逆德③，好用凶器，始于人者，人之所卒也；淫佚④之事，上帝之禁也，先行此者，不利。”王曰：“无是贰言⑤也，吾已断⑥之矣！”果兴师而伐吴，战于五湖⑦，不胜，栖⑧于会稽。

注释

①逆：违反，悖逆。

②末：最后的手段。

③阴谋逆德：暗中谋划忤逆德行之事。

④淫佚：过分。

⑤贰言：异言。此指上文范蠡劝谏的话。

⑥断：决定。

⑦五湖：指蒌湖、游湖、莫湖、贡湖、胥湖。一说，五湖即太湖。

⑧栖：据守，滞留。

译文

范蠡进谏说："凶狠好斗，是违背道德的行为；作战的兵器，是不吉祥的器物；双方作战，是最后的选择。暗中谋划忤逆道德的事，喜欢使用不吉祥的器物，首先向他人挑起事端，最终会被他人所害；过分的事情是上天禁止的，最先做过分的事情，绝不会有好处。"越王说："不要再说了，这是混淆视听，我已经拿定主意了！"越王出兵攻打吴国，在五湖之战中战败，退守会稽山。

原文

王召范蠡而问焉，曰："吾不用子之言，以至于此，为之奈何？"范蠡对曰："君王其忘之乎？持盈者与天，定倾者与人，节事者与地。"王曰："与人奈何？"对曰："卑辞尊礼①，玩好②女乐，尊之以名③。如此不已，又身与之市④。"王曰："诺。"乃令大夫种行成⑤于吴，曰："请士女女于士，大夫女女于大夫，随之以国家之重器⑥。"吴人不许。大夫种来而复往，曰："请委管籥⑦属国家，以身随之，君王制⑧之。"吴人许诺。王曰："蠡为我守于国。"对曰："四封⑨之内，百姓之事，蠡不如种也。四封之外，敌国之制，

立断之事，种亦不如蠡也。”王曰：“诺。”令大夫种守于国，与范蠡入宧⑩于吴。

注释

①卑辞尊礼：谦卑的辞令，恭敬的礼仪。
②玩好：珍玩宝物。
③尊之以名：尊称以高贵的名号。
④身与之市：把身体出卖给他做奴仆。
⑤行成：讲和，求和。
⑥国家之重器：国家的镇国之宝。
⑦管籥：国库的锁和钥匙。
⑧制：裁制，安排。
⑨四封：四方边境。
⑩入宧：入吴为奴仆。

译文

越王召见范蠡向他请教，说：“我不听您的话，才到了这步田地，现在该怎么办呢?”范蠡说：“难道君王忘记了吗?保持国家强盛要顺从天道，转危为安要注重人和，处理政事得当要重视地利。”越王问：“怎样注重人和呢?”范蠡回答说：“派使者以谦卑的辞令、恭敬的礼仪去见吴王，献上珍玩宝物和女乐，尊称吴王以高贵的名号。如果还不行，君王就只有把身体出卖给他做奴仆了。”越王说：“好吧。”于是派大夫文种去吴国求和，说：“越国愿意把士人的女儿送给吴国的士人做奴婢，大夫的女儿送给吴国的大夫做婢妾，并把越国的镇国宝器一并献给吴国。”吴国不答应求和。文种再次前往吴国，说：“越王愿意把国库的钥匙交给吴国，把整个国家托付给吴国，越王也将亲自到吴国做奴仆，听凭吴王处置。”吴国答应了。越王说：“范蠡替我留守国家。”范蠡说：“在四境之内，治理百姓的事，范蠡不如文种。在四境之外，对付敌国、要当机立断的事，文种不如范蠡。”越王说：“好吧。”于是命令文种留守越国，越王亲自带着范蠡到吴国做奴仆。

原文

三年[1]，而吴人遣之。归及至于国，王问于范蠡曰："节事奈何?"对曰："节事者与地。唯地能包万物以为一[2]，其事不失[3]。生万物，容畜[4]禽兽，然后受其名而兼其利[5]。美恶皆成，以养其生。时[6]不至，不可强生[7]；事不究[8]，不可强成。自若[9]以处，以度[10]天下，待其来者而正[11]之，因时之所宜而定[12]之。同男女之功，除民之害，以避天殃。田野开辟，府仓实，民众殷[13]。无旷[14]其众，以为乱梯[15]。时将有反[16]，事将有间[17]，必有以知天地之恒制[18]，乃可以有天下之成利[19]。事无间，时无反，则抚民保教以须之[20]。"

注释

①三年：句践入吴三年后，即公元前 491 年。

②为一：成为一个整体。

③失：遗漏。

④畜（xù）：畜养。

⑤兼其利：兼得万物之利。

⑥时：时机。

⑦强生：强制生长。

⑧究：穷。指事物到了发展的转折点。

⑨自若：镇定自如。

⑩度：揣度。

⑪正：匡正。意谓变不利为有利。

⑫定：稳定，巩固。

⑬殷：富裕，富足。

⑭旷：浪费。

⑮乱梯：祸乱发生的阶梯。

⑯反：反转。

⑰间：间隙，漏洞。

⑱恒制：常法。

⑲成利：既成的利益。

⑳抚民：抚恤民众。保教：抚育教养。须：等待。

译文

三年后，吴王打发句践回越国。回到越国，越王问范蠡说："怎样妥善地处理国家政事呢？"范蠡回答说："妥善地处理国家政事要重视地利。只有大地能够包容万物，使之成为一个整体，不会遗漏一物。大地生长万物，畜养各种飞禽走兽，然后承担载物之名而兼得万物之利。凡物不论好坏，大地都会使之生长，人类才赖以生息。时机未到，不能让万物勉强生长；事物不到转折点，不能勉强促其成功。君王处于当世要顺应自然，以揣度天下事物，等到时机来临时，变不利为有利，顺应适宜的时机而巩固有利的条件。君王应和民众一起参与耕织，为民消除祸害，以防止上天降下灾祸。把荒废的田野开辟出来，让府库仓廪充实起来，让民众富足起来。不要浪费民众的时间，以免成为祸乱发生的阶梯。天时会有反转，人事也会有间隙可乘，只有懂得天地的常道，才能获得天下既成的利益。如果人事暂时没有间隙可乘，天时也没有转机的迹象，那就抚恤、教育民众并耐心等待。"

原文

王曰："不穀之国家，蠡之国家也，蠡其图之！"对曰："四封之内，百姓之事，时节三乐①，不乱民功②，不逆天时，五谷睦熟③，民乃蕃滋④，君臣上下交⑤得其志，蠡不如种也。四封之外，敌国之制，立断之事，因阴阳之恒，顺天地之常，柔而不屈，强而不刚，德虐之行⑥，因以为常⑦；死生因天地之刑⑧，天因人⑨，圣人因天；人自生之，天地形之，圣人因而成之。是故战胜而不报⑩，取地而不反⑪，兵胜于外，福生于内，用力甚少而名声章明⑫，种亦不如蠡也。"王曰："诺。"令大夫种为之。

注释

①时节三乐：按时节让民众乐于农事。
②民功：指农事。
③熟：成熟。
④蕃滋：繁殖，增益。
⑤交：相互，都。
⑥德：奖赏。虐：惩罚。
⑦常：常法。
⑧死生：掌握生杀大权。因：顺应。
⑨天因人：民为神主。
⑩不报：无法报复。
⑪不反：无法夺回。
⑫章明：彰显。

译文

越王说："我的国家，就是范蠡你的国家，请你为国家出谋划策吧！"范蠡回答说："在四境以内，治理百姓的事，按照时节让民众总是乐于农事，不扰乱民众的农事，不违背天时，五谷因天时、地利、人和而成熟，人口繁衍增加，君臣上下都能抒发自己的志向，在这些方面范蠡不如文种。在四境以外，做出应对敌国的政策，遇事刚毅果决，顺应阴阳的变化和天地的常规，柔顺而不受屈，坚强而不僵硬，刑和罚都以顺应天地为常法，生和杀都以掌握天地为准则，上天顺应民众的意志，圣人顺应上天的意志；人类的吉凶是自然发生的，其征兆也是自然出现的，圣人顺应天地的规律而成就大事。所以能战胜敌人而使之无法报复，夺取敌人的土地而使之无法夺回，军队在国外取得胜利，给国内带来福泽，用力很少却声名卓著，在这些方面文种不如范蠡。"越王说："好吧。"于是命文种治理国内事务。

范蠡劝句践无蚤图吴

原文

四年，王召范蠡而问焉，曰：“先人就世①，不穀即位。吾年既少，未有恒常，出则禽荒，入则酒荒。吾百姓之不图，唯舟与车。上天降祸于越，委制于吴。吴人之那②不穀，亦又甚焉。吾欲与子谋之，其可乎?”对曰：“未可也。蠡闻之，上帝不考③，时反是守，强索者不祥，得时不成，反受其殃。失德灭名，流走死亡。有夺，有予，有不予，王无蚤④图。夫吴，君王之吴也，王若蚤图之，其事又将未可知也。”王曰：“诺。”

注释

①先人：指句践之父允常。就世：去世。

②那：对待。

③考：成全。

④蚤：通“早”。

译文

越王从吴国返回的第四年，召见范蠡，并向他询问，说：“先王去世，我刚继承王位。我年纪轻，缺乏定性，出则沉迷于田猎，入则沉迷于饮酒。不考虑百姓的事，只是坐车、乘船四处游逛。因此上天降下灾祸，才有我兵败被囚于吴国的事。但是吴国对待我，压迫得太过分。我想同您商讨复仇之事，可以吗?”范蠡回答说：“现在还不行。我听说，上天不愿成全，应当守护家业以等待天意转变，强行索求的并不吉祥，时机成熟了不去行动，也会有祸患。不守天时的结果是威德丧失、身败名裂，流亡在外以致死亡。上天有时会夺回已经赐予的东西，有时会赐予帮助，有时又不会赐予帮助，还请您不要过早地图谋吴国。吴国，早晚会是您的吴国，您若图谋过早，事情就难以预料了。”越王说：“好吧。”

范蠡谓人事与天地相参乃可以成功

原文

又一年，王召范蠡而问焉，曰：“吾与子谋吴，子曰‘未可也’。今其稻蟹不遗种，其可乎?”对曰：“天应至矣，人事未尽也，王姑待之。”王怒曰：“道固然乎，妄其欺不穀耶？吾与子言人事，子应我以天时；今天应至矣，子应我以人事。何也?”范蠡对曰：“王姑勿怪。夫人事必将与天地相参，然后乃可以成功。今其祸新[①]民恐，其君臣上下，皆知其资财之不足以支长久也，彼将同其力，致其死，犹尚殆。王其且驰骋弋猎，无至禽荒；宫中之乐，无至酒荒；肆与大夫觞饮，无忘国

常。彼其上将薄其德，民将尽其力，又使之望而不得食，乃可以致天地之殛②，王姑待之。”

注释

①祸新：指吴国的天灾还没结束。

②殛：诛杀，杀死。此指惩罚。

译文

又过了一年，越王召见范蠡，向他询问，说：“上一次我跟您商量报复吴国，您说‘还不可以’。如今吴国遭遇了天灾，稻米和螃蟹都没有了，您看可以报复吴国了吗？”范蠡回答道：“上天的报应是到了，但人事方面还没有完全成熟，您姑且忍耐吧。”越王发怒说：“真的是这样吗，还是你在用所谓的天道来欺骗我呢？我跟你谈人事，你说天时未至；如今天意降临，你又说等人事，这又是什么道理？”范蠡回答道：“请您先不要见怪。只有人事与天道相互配合，然后才可以成功。如今吴国虽遭遇了天灾，但吴国上下也因此有了戒惧之心，他们自知本国物资匮乏，无法持久，因此一定会勠力同心，拼命抵抗，所以现在攻打吴国还有危险。您只管外出田猎，但不要沉湎于田猎；只管饮酒取乐，但不要沉迷酒色；只管纵情宴饮，但不要耽误国家的政事。这样，吴王就会不再防备越国而荒于政事，吴国百姓就会精疲力竭，使他们怨恨吴王而得不到食物，那时我们就能上承天意、下顺民心，一举诛灭吴国，您姑且忍耐吧。”

越兴师伐吴而弗与战

原文

至于玄月①，王召范蠡而问焉，曰："谚有之曰，觥饭不及壶飧②。今岁晚矣，子将奈何？"对曰："微③君王之言，臣故将谒④之。臣闻从时者，犹救火、追亡人也，蹶⑤而趋之，唯恐弗及。"王曰："诺。"遂兴师伐吴，至于五湖。

注释

①玄月：指九月。

②觥饭：指丰盛的酒宴。壶飧：指普通饮食。

③微：无。

④谒：请求。

⑤蹶（guì）：飞跑。

译文

到了这年九月，越王召见范蠡，向他询问说："俗话说得好，饿着等好吃的，不如一碗糙米饭。今年将要过完了，您看该怎么办？"范蠡说："即使您不问，我也会请求您发兵攻打吴国。我听说，捕捉时机好比扑灭大火、追捕逃犯，拼命追赶还来不及呢。"越王说："好。"于是起兵攻打吴国，军队抵达五湖。

原文

吴人闻之，出而挑战，一日五反。王弗忍，欲许之。范蠡进谏曰："夫谋之廊庙①，失之中原，其可乎？王姑勿许也。臣闻之，得时无怠，时不再来，天予不取，反为之灾。赢缩②转化，后将悔之。天节固然，唯谋不迁。"王曰："诺。"弗许。

注释

①廊庙：祖庙。

②赢缩：进退。

译文

吴国人听说越军来犯，向越军挑战，一天之内连续五次。越王忍不住，准备出战。范蠡进谏说："在朝堂内谋划得好好的，一到战场就改变计划，您觉得这样行吗？您还需要暂且忍耐。我听说，得到了时机就不能怠慢，时机稍纵即逝。上天授予而不接受，反而会有灾祸。进退变化中，如果拿不定主意，日后必会后悔。天道变化历来就是这样，谋划好了的事最好不要轻易改动。"越王说："好。"于是没有出战吴军。

原文

范蠡曰："臣闻古之善用兵者，赢缩以为常，四时以为纪①，无过天极②，究③数而止。天道皇皇，日月以为常，明者以为法，微者则是行。阳至而阴，阴至而阳；日困④而还，月盈而匡⑤。古之善用兵者，因天地之常，与之俱行。后则用阴，先则用阳；近则用柔，

远则用刚。后无阴蔽，先无阳察，用人无艺，往从其所。刚强以御，阳节不尽，不死其野。彼来从我，固守勿与。若将与之，必因天地之灾，又观其民之饥饱劳逸以参之。尽其阳节，盈吾阴节而夺之。宜为人客[6]，刚强而力疾；阳节不尽，轻而不可取。宜为人主，安徐而重固；阴节不尽，柔而不可迫。凡陈[7]之道，设右以为牝[8]，益左以为牡[9]，蚤晏无失，必顺天道，周旋无究。今其来也，刚强而力疾，王姑待之。"王曰："诺。"弗与战。

注释

①纪：法。

②极：极限，极致。

③究：穷尽。

④困：穷，达到极点。

⑤匡：亏。

⑥客：指在战争中获得主动权的一方强行进入敌国领土。

⑦陈：同"阵"，列兵布阵。

⑧牝（pìn）：与"牡"相对，指雌兽，代指阴。在古代，右军为阴，主要负责防守。

⑨牡：与"牝"相对，指雄兽，代指阳。在古代，左军为阳，主要负责进攻。

译文

范蠡又说："我听说古代善于领兵作战的人，以星辰变化和四时转换的规律为准，不超过天道的极限，到了一定的限度就停止。天道分明，日月的运行是天道的依据，日月盛满时可作为进攻的法则，日月晦暗时可作为退守的依据。阳到极点会转为阴，阴到极点会转为阳。太阳升了又落下，月亮圆了又缺。古代善于用兵的人，都懂得顺应天地的变化规律来采取行动。防守时采用阴之道，进攻时采用阳之道。敌人逼近时采用柔之道，敌人远遁时采用刚之道。防守时不能过于阴柔被动，进攻时不能过于阳刚显露。用兵之道无一定之规，需要依据战场环境随机应变。若敌方的战斗力还很强，说明敌军的阳气还未衰竭，就要避免与他们作战。当敌方主动向我们求战，我们就避战坚守。如果准备主动出击，一定要乘敌方应对天灾的时候，而且还要看敌方民众的饥饱、劳逸等情况，将其作为战与不战的参考。直到耗尽敌方的阳气，蓄满我方的阴气，这样才能战胜敌人。若适合采取攻势，就应该果断出击。但在敌方阳气还未消耗殆尽之前，不可贸然进攻。若需要采取守势，就应该坚守避战。在我方阴气还未消耗殆尽之前，虽然柔弱但不会陷入险境。布阵行军的方法很重要，右翼可以布阵严整，但并不是主力，左翼应加强，使之成为主力，时时刻刻都不能懈怠，顺应天道，进退有据而变化无穷。如今吴军前来，刚猛而迅速，您还是暂且忍耐吧。”越王说：“好。”于是没有和吴军交战。

范蠡谏句践勿许吴成卒灭吴

原文

居军三年，吴师自溃。吴王帅其贤良，与其重禄[①]，以上姑苏[②]。使王孙雒行成于越，曰：“昔者上天降祸于吴，得罪于会稽。今君王其图不榖，不榖请复会稽之和。”王弗忍，欲许之。范蠡进谏曰：“臣闻之，圣人之功，时为之庸[③]。得时不成，天有还形[④]。天节[⑤]不远，五年复反[⑥]，小凶[⑦]则近，大凶则远。先人有言曰：‘伐柯者其则不远[⑧]。’今君王不断[⑨]，其忘会稽之事乎?”王曰：“诺。”不许。

注释

①重禄：指吴国重臣。

②姑苏：吴王夫差所筑高台，在今江苏苏州一带。

③庸：用。

④还：反。形：通“刑”，惩罚。

⑤节：期限。

⑥复反：轮回。

⑦凶：凶险。

⑧伐柯：伐木作为斧柄。则：式样，法则。

⑨断：决断。

译文

越军出兵围困吴国三年，吴军自行溃散。吴王率领他的谋士和重臣退守姑苏台。派王孙雒向越国求和，说：“以前上天降大祸给吴国，害得您栖居会稽山。如今越王如肯怜悯于我，我请求重复当年会稽讲和的经历。”越王心存不忍，准备答应讲和。范蠡进谏说：“我听说，圣人之所以能成功，是他善于利用天时。得到天时而不能成功，天意就会转回原来的局面。天意循环为期不会遥远，五年就会有一个轮回，小的凶险近在眼前，大的凶险远在后面。古人有话说：‘伐木做斧柄的人，手里拿的就是现成的式样。’现在君王犹豫不决，难道忘记了当年会稽山上蒙受的耻辱了吗？”越王说：“好吧。”就没有答应吴人的求和。

原文

使者往而复来，辞愈卑，礼愈尊，王又欲许之。范蠡谏曰：“孰使我蚤朝而晏罢①者，非吴乎？与我争三江、五湖之利者，非吴耶？夫十年谋之，一朝而弃之，其可乎？王姑勿许，其事将易冀②已。”王曰：“吾欲勿许，而难对其使者，子其对之。”范蠡乃左提

鼓，右援[3]枹，以应使者曰：“昔者上天降祸于越，委制于吴，而吴不受。今将反此义[4]以报此祸，吾王敢无听天之命，而听君王之命乎？”王孙雒曰：“子范子，先人有言曰：‘无助天为虐，助天为虐者不祥。’今吴稻蟹不遗种，子将助天为虐，不忌[5]其不祥乎？”范蠡曰：“王孙子，昔吾先君固周室之不成子[6]也，故滨于东海之陂[7]，鼋鼍鱼鳖之与处[8]，而蛙黾[9]之与同渚。余虽靦然[10]而人面哉，吾犹禽兽也，又安知是諓諓[11]者乎？”王孙雒曰：“子范子将助天为虐，助天为虐不祥。雒请反辞于王[12]。”范蠡曰：“君王已委制于执事之人矣。子往矣，无使执事之人得罪于子。”使者辞反[13]。范蠡不报于王，击鼓兴师以随使者，至于姑苏之宫，不伤越民，遂灭吴。

注释

①蚤朝而晏罢：早听朝，晚罢朝。

②冀：希冀。

③援：引，拽。

④反此义：一反此道。

⑤忌：忌讳。

⑥子：子爵。

⑦滨：临近。陂：岸。

⑧鼋（yuán）：鳖。鼍（tuó）：鳄。

⑨黾（měng）：古书上说的一种蛙。

⑩靦（tiǎn）然：羞愧的样子。

⑪諓（jiàn）諓：诡辩。

⑫反辞于王：向越王辞行。

⑬反：通“返”，返回。

译文

吴国使者去而复返，措辞越发谦卑，礼节越来越恭敬，越王又准备答应吴人求和。范蠡劝谏说："是谁迫使我们一早上朝，很晚才罢朝呢？不就是吴国吗？与我们争夺三江、五湖利益的，难道不是吴国吗？我们用了十年时间辛苦谋划伐吴，如今却要一朝抛弃，这样怎么能行呢？君王暂且不要答应他们，胜利就在眼前了。"越王说："我本不同意，可我难以面对吴国使者，还是您去答复他吧。"于是范蠡左手提战鼓，右手拿鼓槌，去回复吴国使者说："上天曾给越国降下灾祸，使越国举国受制于吴国，但吴国却不接受上天的礼物。现在老天反过来要把灾祸降在你们身上，我们的君王敢不听从上天的命令，而听从吴王的命令吗？"王孙雒说："尊敬的范大夫，古人曾说：'不要助天为虐，助天为虐的人不吉利。'现在吴国稻谷和螃蟹都吃得精光，您还要助天为虐，就不怕自己成为不祥之人吗？"范蠡说："尊敬的王孙大夫，从前先王本来连做周朝子爵的资格都没有，只能在东海岸边居住，与鼋鼍鱼鳖相处，和青蛙、金钱蛙同居一个小洲。我们虽然表面上像人的模样，实际上和禽兽相差不大，我又哪里懂得您这些巧辩的言辞呢？"王孙雒说："尊敬的范大夫一定要助天为虐，助天为虐的人不吉祥。请允许我当面向越王辞行。"范蠡说："君王已经全权委托给我了。你请回吧，免得让我得罪你。"吴国使者告辞返回。而范蠡没有禀报越王，就擂起战鼓，挥师尾随吴国使者，一直追到姑苏台，最后越人没有任何伤亡就灭掉了吴国。

范蠡乘轻舟以浮于五湖

原文

反至五湖，范蠡辞于王曰："君王勉之，臣不复入越国矣。"王曰："不穀疑子之所谓者何也？"对曰："臣闻之，为人臣者，君忧臣劳，君辱臣死。昔者君王辱于会稽，臣所以不死者，为此事①也。今事已济②矣，蠡请从③会稽之罚。"王曰："所不掩子之恶，扬子之美者，使其身无终没于越国。子听吾言，与子分国。不听吾言，身死，妻子为戮。"范蠡对曰："臣闻命矣。君行制④，臣行意⑤。"遂乘轻舟以浮于五湖，莫知其所终极。

注释

①此事：指句践复仇之事。

②济：成功。

③从：接受。

④制：法令，法规。

⑤意：志向。

译文

灭吴返回途中走到五湖，范蠡向越王告辞说："君王努力治国吧，我不再返回越国了。"越王说："您这样说是为何？"范蠡回答说："我听说过，为人臣子，如果君主心怀忧虑，臣子就应该辛勤操劳，如果君主身受耻辱，臣子就应该以死谢罪。过去君王受辱于会稽，那时我之所以没有死，就是为了一雪国耻啊。如今复仇大事已经成功，范蠡请求接受君王会稽受辱时就应该受的处罚。”越王说：“今后我如果有不原谅您的过失、不宣扬您的美德的行为，让我客死他乡。如果您听从于我，我会和您共同分管越国。否则，您会被杀死，妻子儿女也一并处死。”范蠡回答说：“君王的命令，我已经听到。君王可以行使法令，臣子也要按自己的意愿行事。”于是范蠡泛舟于五湖之上，无人清楚他最终的去向。

原文

王命工以良金写范蠡之状①而朝礼之，浃日②而令大夫朝之，环③会稽三百里者以为范蠡地，曰：“后世子孙，有敢侵蠡之地者，使无终没于越国，皇天后土、四乡地主正之④。”

注释

①写范蠡之状：意谓模拟范蠡的样貌铸造金像。

②浃（jiā）日：十天。

③环：围绕，四周。

④四乡：四方。地主：地祇。正：通“证”，作证。

译文

越王命令工匠用上乘黄金铸造范蠡像，并每天亲自朝拜施礼，又下令越国大夫每隔十日向范蠡像朝拜施礼，同时把会稽周围三百里的土地封给范蠡，说：“后世的子孙，如果敢侵犯范蠡的封地，要让他在越国无法善终，皇天后土、四方地祇为此作证。”